Marcos Laureano

Lógica de Programação
Uma abordagem em Pascal

Ou Pascal em alguns minutos

EDITORA CIÊNCIA MODERNA

Lógica de Programação: uma abordagem em Pascal
Copyright© Editora Ciência Moderna Ltda., 2010.

Todos os direitos para a língua portuguesa reservados pela EDITORA CIÊNCIA MODERNA LTDA.

De acordo com a Lei 9.610, de 19/2/1998, nenhuma parte deste livro poderá ser reproduzida, transmitida e gravada, por qualquer meio eletrônico, mecânico, por fotocópia e outros, sem a prévia autorização, por escrito, da Editora.

Editor: Paulo André P. Marques
Supervisão Editorial: Aline Vieira Marques
Revisão: Paula Regina Pilastri
Capa: Paulo Vermelho
Diagramação: Janaína Salgueiro
Assistente Editorial: Vanessa Motta

Várias **Marcas Registradas** aparecem no decorrer deste livro. Mais do que simplesmente listar esses nomes e informar quem possui seus direitos de exploração, ou ainda imprimir os logotipos das mesmas, o editor declara estar utilizando tais nomes apenas para fins editoriais, em benefício exclusivo do dono da Marca Registrada, sem intenção de infringir as regras de sua utilização. Qualquer semelhança em nomes próprios e acontecimentos será mera coincidência.

FICHA CATALOGRÁFICA

LAUREANO, Marcos Aurelio Pchek
Lógica de Programação: uma abordagem em Pascal
Ou Pascal em alguns minutos
Rio de Janeiro: Editora Ciência Moderna Ltda., 2010

1. Informática, 2. Linguagem de programação
I — Título

ISBN: 978-85-7393-935-4   CDD 001.642

Editora Ciência Moderna Ltda.
R. Alice Figueiredo, 46 – Riachuelo
Rio de Janeiro, RJ – Brasil   CEP: 20.950-150
Tel: (21) 2201-6662 / Fax: (21) 2201-6896
LCM@LCM.COM.BR
WWW.LCM.COM.BR

Como este material foi feito

Este material foi preparado com base na experiência do autor em lecionar a disciplina, os programas de exemplo estão na linguagem Pascal e foram compilados no *GNU Pascal Compiler* (gpc) ou *Free Pascal* (fpc), ambos no Linux. As imagens foram preparadas utilizando *Inkscape* e todo o texto foi preparado usando o L^AT_EX.

Todas as respostas dos exercícios foram preparadas para demonstrar uma resposta didática, de fácil compreensão e entendimento. Isso significa que também podem ser encontradas outras respostas, mais otimizadas e melhoradas.

Devido às características dos compiladores (implementação de padrões), algumas funções ou comandos podem não funcionar no *Free Pascal*.

Agradecimentos

Agradeço aos meus colegas e alunos que ajudaram na evolução deste material.

Agradecimento especial ao professor Carlos Maziero que me passou várias dicas e o seu antigo material de Pascal para consulta e uso.

Parte deste material não sairia sem a ajuda da minha especial Rosa.

Luiz Otavio, este também é para você!

Sumário

1 Lógica   1

1.1 O funcionamento do computador visto como um algoritmo/programa de computador 1
1.2 Conceitos Básicos sobre Lógica 1
    1.2.1 Para que estudar Lógica? 1
    1.2.2 Afinal, o que é Lógica? 2
    1.2.3 E o que é Sequência Lógica? 3
    1.2.4 O que são Instruções? 3
    1.2.5 O que são Operações Lógicas? 3
    1.2.6 Exercícios 4
1.3 O que é Algoritmo? 9
    1.3.1 Pseudocódigo 10
    1.3.2 Passos para a construção de um bom algoritmo 12
1.4 Exercícios 13

2 Fluxograma   15

2.1 Sequência 17
2.2 Decisão/Seleção com duas alternativas 18
2.3 Decisão/Seleção com uma alternativa 19
2.4 Decisão/Seleção com N alternativas 20
2.5 Repetição com teste no início 21
2.6 Repetição com teste no final 21
2.7 Repetição com número pré-definido de ciclos 22

3 Introdução ao Pascal   25

3.1 Formato Básico de um Programa em Pascal 25
3.2 Bloco de comandos 26
3.3 Comandos para saída de dados 26
3.4 Conceito de Variável 29

3.4.1 Declaração de variáveis 30
3.4.2 Tipos de Dados...............31
3.4.3 Nomenclatura de variáveis 31
3.4.4 Constantes...............34
3.5 Comandos para Leitura de dados...............34
3.6 Indentação de programas...............35
3.7 Comentários...............36
3.8 Regras práticas para a construção de programas legíveis...............37
3.9 Exercícios...............37

4 Operadores e Funções   41

4.1 Operadores Aritméticos 41
4.2 Funções Matemáticas...............45
4.3 Outras funções matemáticas interessantes...............47
4.4 Operadores Relacionais...............48
4.5 Operadores Lógicos...............51
4.6 Linearização de expressões...............55
   4.6.1 Regra de Precedência de Operadores...............55
   4.6.2 Prioridades e parênteses...............56
4.7 Manipulação de strings ou caracteres...............56
   4.7.1 Função SubStr...............56
   4.7.2 WriteStr...............57
   4.7.3 Trim...............58
   4.7.4 Val...............58
   4.7.5 Chr e Ord...............60
   4.7.6 Length...............61
4.8 Exercícios...............61

5 Estruturas de Condição   67

5.1 Desvio Condicional Simples (*if..then*)...............68
5.2 Desvio Condicional Composto (*if..then..else*)...............70
5.3 Desvio Condicional Encadeado ou Aninhado 73

5.4 Desvio Condicional com Múltiplas opções (*case..of*) 74
5.5 Exercícios 82

6 Estruturas de Repetição — 85

6.1 Repetição com for...to/downto..do 86
    6.1.1 Exercícios 90
6.2 Repetição com while..do 90
    6.2.1 Exercícios 97
6.3 Repetição com repeat...until 98
    6.3.1 Exercícios 102
6.4 Variáveis Contadoras, Somadoras ou Acumuladoras 103
    6.4.1 Contadores 104
    6.4.2 Somatórios 105
    6.4.3 Produtórios 107
6.5 Formas de Controle das Estruturas de Repetição 109
6.6 Interrompendo uma estrutura de repetição 113
6.7 Exercícios 116

7 Estruturas de dados — 119

7.1 Dados Homogêneos e Heterogêneos 120
7.2 Dado Homogêneo - Conhecendo os vetores 120
    7.2.1 Resolvendo um problema passo a passo 131
    7.2.2 Exercícios 134
7.3 Dado Heterogêneo ou Registro 136
    7.3.1 Exercícios 143
7.4 Dados Homogêneos e Heterogênios - Combinando registros e vetores 143
    7.4.1 Exercícios 147
7.5 Dado Homogêneo - Trabalhando com Matrizes 150
    7.5.1 Alguns Exemplos de uso de matrizes 152
    7.5.2 Comando *type* 169
    7.5.3 Exercícios 171

8 Programação Modular — 175

    8.1 Escopo de Variáveis 176
        8.1.1 Variáveis Globais 177
        8.1.2 Variáveis Locais 177
    8.2 Procedimento (*procedure*) 177
        8.2.1 Procedures, variáveis locais e globais 180
        8.2.2 Parâmetros 184
        8.2.3 Projetando um procedimento 188
        8.2.4 Exemplo de simplificação de código (modularização) 191
        8.2.5 Exercícios 195
    8.3 Função 195
        8.3.1 Exercícios 198
    8.4 Recursividade 199
        8.4.1 Função para cálculo de Fatorial 199
        8.4.2 Número triangular 203
        8.4.3 Números de Fibonacci 207
        8.4.4 Cuidados com Recursividade 211
        8.4.5 Vantagens 211
        8.4.6 Exercícios 212

9 Pesquisa e Ordenação — 213

    9.1 Pesquisa Sequencial 213
    9.2 Ordenação com BubleSort 217
    9.3 Pesquisa Binária 220
    9.4 Exercícios 223

10 Resolução dos exercícios — 225

    10.1 Exercícios da seção 1.2.6 225
    10.2 Exercícios da seção 3.9 227
    10.3 Exercícios da seção 4.8 232
    10.4 Exercícios da seção 5.5 252
    10.5 Exercícios da seção 6.1.1 265

10.6 Exercícios da seção 6.2.1 269
10.7 Exercícios da seção 6.3.1 276
10.8 Exercícios da seção 6.7 282
10.9 Exercícios da seção 7.2.2 300
10.10 Exercícios da seção 7.3.1 314
10.11 Exercícios da seção 7.4.1 315
10.12 Exercícios da seção 7.5.3 329
10.13 Exercícios da seção 8.2.5 348
10.14 Exercícios da seção 8.3.1 351
10.15 Exercícios da seção 8.4.6 362
10.16 Exercícios da seção 9.4 363

1 Lógica

> Lógica é um método sistemático de chegar à conclusão errada com confiança.
>
> Arthur Bloch

Para programar um computador precisamos descrever exatamente o que queremos que ele execute, usando linguagens específicas para esse fim. Devemos modelar a situação que queremos representar internamente no computador com todas as características e propriedades importantes, para que nossa implementação seja correta e cumpra seus objetivos.

1.1 O funcionamento do computador visto como um algoritmo/programa de computador

Quando um programa de computador pede as suas informações pessoais (numa livraria virtual, por exemplo), as informações que você digitou são impressas ou visualizadas no monitor. Porém, o que acontece por trás desse processo?

As informações digitadas são transferidas para a memória do computador num espaço reservado, especificamente, para guardar essas informações. Após essa etapa, as informações são impressas no monitor para sua visualização. Pode haver outras etapas tais como a consistência do CPF ou confirmação dos dados digitados.

1.2 Conceitos Básicos sobre Lógica

A lógica de programação é necessária para as pessoas que desejam trabalhar com o desenvolvimento de sistemas e de programas, pois ela permite definir a sequência lógica para o desenvolvimento.

1.2.1 Para que estudar Lógica?

O aprendizado da lógica é essencial para a formação de um bom programador, servindo como base para o aprendizado de todas as linguagens de programação, estruturadas ou não.

Portanto, a coisa mais importante a fazer quando se está aprendendo lógica é manter o foco de atenção nos conceitos e evitar se perder em detalhes técnicos. O objetivo de aprender lógica de programação é converter-se num bom programador, ou seja, tornar-se mais hábil no desenvolvimento de programas e/ou sistemas.

1.2.2 Afinal, o que é Lógica?

Lógica é a técnica de encadear pensamentos, numa determinada sequência coerente, para chegar a um determinado objetivo. Lógica também pode ser definida como *coerência de raciocínio, de ideias, sequência coerente, regular e necessária de acontecimentos e de coisas.*

Poderíamos dizer, também, que a Lógica é a arte de pensar corretamente e, visto que a forma mais complexa do pensamento é o raciocínio, a Lógica estuda, ou tem em vista, a *correção do raciocínio*. Podemos, ainda, dizer que a Lógica tem em vista a *ordem da razão*. Isso dá a entender que a nossa razão pode funcionar desordenadamente, ou pode, ainda, pôr as coisas de pernas para o ar. Por isso, a Lógica ensina a colocar *Ordem no Pensamento*.

Exemplos:

- Todo mamífero é animal. Todo cavalo é mamífero. Portanto, todo cavalo é animal.

- Kaiton é um país do planeta Stix. Todos os Xinpins são de Kaiton. Portanto, todos os Xinpins são Stixianos.

Sempre que pensamos, a lógica ou a ilógica nos acompanham, necessariamente. Quando falamos também, pois a palavra falada é a representação do pensamento; e, visto que a palavra escrita é a representação da palavra falada, também pensamos quando escrevemos, utilizando a lógica ou a ilógica. Assim, percebemos a importância da lógica em nossa vida, não apenas na teoria, como também na prática, uma vez que quando queremos pensar, falar ou escrever corretamente precisamos colocar *Ordem no Pensamento*, isto é, utilizar a lógica.

Exemplos:

- A gaveta está fechada. A bala está na gaveta. Preciso primeiro abrir a gaveta, para depois pegar a bala.

- Anacleto é mais velho que Felisberto. Felisberto é mais velho que Marivaldo. Portanto, Anacleto é mais velho que Marivaldo.

- Moramos em três pessoas. Nenhum de nós dois quebrou o vaso de porcelana. Quem quebrou o vaso?

1.2.3 E o que é Sequência Lógica?

Sequência Lógica são os passos executados até atingir um objetivo ou a solução de um problema. Esses passos podem ser definidos como uma sequência de instruções, que devem ser seguidas para cumprir uma determinada tarefa.

Um exemplo de sequência lógica:

- O número sete é menor que o número oito;

- O número nove é maior que o número oito;

- Logo, sete é menor que nove.

1.2.4 O que são Instruções?

Na linguagem comum, entende-se por instruções *um conjunto de regras ou normas definidas para a realização ou emprego de algo*.

Em informática, instrução nada mais é do que uma informação que indica a ação que o computador deve realizar. Porém, apenas uma instrução não é capaz de fazer com que ele chegue ao fim do processo, para isso é necessário um conjunto de instruções colocadas em uma ordem sequencial lógica.

Por exemplo: O processo de comprar um sapato. Você vai até a loja, escolhe o sapato, experimenta-o, etc... até efetuar a compra. Não será possível comprar o sapato sem antes escolhê-lo. Por isso, é evidente que essas instruções devem estar na sequência lógica de acontecimento ou de *Operações Lógicas*.

1.2.5 O que são Operações Lógicas?

Operações Lógicas são utilizadas quando é necessário tomar decisões, as quais terão sempre como resposta o resultado VERDADEIRO ou FALSO.

Como no exemplo do algoritmo *CHUPAR UMA BALA*. Imaginemos que algumas pessoas não gostem de chupar bala de morango, nesse caso teremos que modificar o algoritmo para:

1. Pegar a bala.
2. A bala é de morango?
3. Se sim, não chupe a bala.
4. Se não, continue com o algoritmo.
5. Retirar o papel.
6. Chupar a bala.
7. Jogar o papel da bala no lixo.

1.2.6 Exercícios

1. Meu pai tem 42 anos de idade. Meu cachorro tem oito. Se fosse um ser humano, a idade de meu cachorro seria 56 anos. Quantos anos meu pai teria se ele fosse um cachorro?

    (a) 5

    (b) 6

    (c) 7

    (d) 8

    (e) 9

2. Um senhor, olhando para um retrato, diz:

    - O pai desse homem é o pai de meu filho.

    Ele está olhando para o:

    (a) seu próprio retrato

    (b) retrato de seu pai

    (c) retrato de seu filho

(d) retrato de seu avô

(e) retrato de seu neto

3. No segundo domingo do mês de maio comemora-se o dia das mães. Esse dia poderá cair:

   (a) de 7 a 14 de maio

   (b) de 8 a 15 de maio

   (c) de 8 a 14 de maio

   (d) de 6 a 15 de maio

   (e) de 7 a 13 de maio

4. Certa bactéria se multiplica tão rapidamente que seu número dobra a cada minuto. Num casco de vidro ela se multiplica de tal maneira que, em 60 minutos enche a metade do mesmo. Em quanto tempo estará cheio totalmente?

   (a) 61 minutos

   (b) 90 minutos

   (c) 120 minutos

   (d) 180 minutos

   (e) 240 minutos

5. Em uma jarra cabe um litro mais meia jarra. A capacidade da jarra é de:

   (a) 1 litro

   (b) 1,5 litros

   (c) 2 litros

   (d) 2,5 litros

   (e) 3 litros

6. Numa árvore pousam pássaros. Se pousarem dois pássaros em cada galho, fica um galho sem pássaros. Se pousar um pássaro em cada galho, fica um pássaro sem galho. O número de pássaros é:

   (a) 2

   (b) 3

   (c) 4

   (d) 5

   (e) 6

7. Sabendo-se que seis raposas, em seis minutos, pegam seis galinhas, pergunta-se: quantas raposas, em cem minutos, pegarão cem galinhas?

   (a) 100

   (b) 36

   (c) 18

   (d) 6

   (e) 1

8. Uma pessoa que goste somente das pessoas que não gostam de si mesmas:

   (a) gosta de si mesma

   (b) não gosta de si mesma

   (c) gosta de alguém

   (d) não gosta de ninguém

   (e) não existe

9. Em uma urna existem 38 bolas que se diferenciam apenas pela cor: 15 vermelhas, 15 amarelas e oito azuis. Uma pessoa com os olhos vendados retira uma bola de cada vez da caixa. Qual o número mínimo de bolas que deve ser retirado para que ela tenha certeza que saíram duas bolas da mesma cor?

(a) 16

(b) 9

(c) 8

(d) 4

(e) 3

10. Dispõe-se de alguns livros de Física do autor A, outros do autor B e outros do autor C. Da mesma forma, temos alguns livros de Química do mesmo autor A, outros de B e outros de C. Todos os livros devem ser colocados em duas caixas com o seguinte critério: na primeira caixa devem-se colocar todos os livros que satisfaçam a seguinte condição: *se for do autor A, então não pode ser de Física*. Na segunda caixa, os livros que não satisfaçam a essa proposição. A primeira caixa deve conter exatamente:

(a) todos os livros de Física ou de Química dos autores B e C mais todos os livros de Química do autor A.

(b) todos os livros de Química do autor A mais todos os livros de Física dos autores B e C.

(c) todos os livros de Física dos autores B e C.

(d) todos os livros de Física do autor A.

(e) todos os livros de Química dos autores A, B e C.

11. Eu tenho três bolas: A, B e C. Pintei uma de vermelho, uma de branco e outra de azul, não, necessariamente, nessa ordem. Somente uma destas afirmações é verdadeira:

- A é vermelha

- B não é vermelha

- C não é azul

As cores das bolas A, B, e C são, respectivamente:

(a) vermelha, branca, azul

(b) branca, vermelha, azul

(c) branca, vermelha, azul

(d) branca, azul, vermelha

(e) azul, vermelha, branca

12. Guilherme, Álvaro e Mané acabaram de terminar um lanche. Um dos três rapazes comeu um lanche de presunto, outro um lanche de peru, e o terceiro, um lanche de frango. Apenas uma das afirmações abaixo é verdadeira:

- Guilherme comeu o lanche de peru

- Guilherme não comeu o lanche de frango

- Álvaro não comeu o lanche de frango

- Álvaro não comeu o lanche de presunto

Então, Guilherme, Álvaro e Mané comeram, respectivamente, os lanches de:

(a) presunto, frango, peru

(b) presunto, peru, frango

(c) peru, frango, presunto

(d) peru, presunto, frango

(e) frango, presunto, peru

13. Fred mente às segundas-feiras e nos outros dias da semana diz a verdade. Beto, seu irmão, mente às quintas-feiras e diz a verdade nos demais dias da semana. Certo dia, um deles afirmou:

- Amanhã é terça-feira.

- Amanhã estarei mentindo.

Em que dia da semana isso aconteceu?

(a) segunda-feira

(b) terça-feira

(c) quarta-feira

(d) quinta-feira

(e) sexta-feira

1.3 O que é Algoritmo?

Um Algoritmo é uma sequência de instruções ordenada de forma lógica para a resolução de uma determinada tarefa ou problema. Todo algoritmo tem uma estrutura formal de definição (figura 1.1).

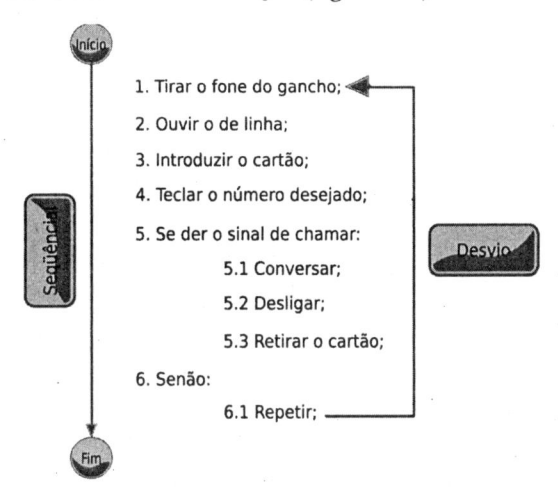

```
Início

                    1. Tirar o fone do gancho;
                    2. Ouvir o de linha;
                    3. Introduzir o cartão;
                    4. Teclar o número desejado;
   Sequência        5. Se der o sinal de chamar:        Desvio
                         5.1 Conversar;
                         5.2 Desligar;
                         5.3 Retirar o cartão;
                    6. Senão:
                         6.1 Repetir;

Fim
```

Figura 1.1: Estrutura formal de um algoritmo.

Como observamos, podemos pensar em algoritmos como sendo receitas para a execução da tarefa proposta.

Assim, qualquer tarefa que siga determinada sequência para ser resolvida pode ser descrita por um algoritmo, como por exemplo: *Como fazer um bolo* ou *Como calcular o estoque de uma empresa*.

Por exemplo, vejamos qual seria o algoritmo usado para trocar um pneu furado:

1. Pegar o macaco e o estepe no porta-malas do carro.
2. Levantar o carro usando o macaco.
3. Retirar o pneu furado.
4. Colocar o estepe em seu lugar.
5. Abaixar o carro.
6. Guardar o macaco e o pneu furado.

Esses passos devem ser detalhados até que o algoritmo represente completamente a situação que desejamos modelar, eliminando todas as dúvidas, imprecisões e ambiguidades. Por exemplo, a etapa dois poderia ser refinada em:

Levantar o carro usando o macaco.

(a) Colocar o macaco sob o carro, próximo ao pneu a ser trocado.

(b) Girar a manivela do macaco até que o pneu se eleve do chão.

Para ser convertido em um programa de computador, um algoritmo deve ser descrito de forma clara e estruturada. Esse tipo de descrição ajuda inclusive na compreensão do algoritmo e na correção de eventuais erros.

1.3.1 Pseudocódigo

Outra forma de descrever um algoritmo é usando construções similares às usadas nas linguagens de programação reais, por isso chamadas de *pseudocódigo*. Essa abordagem facilita mais tarde a programação do algoritmo assim especificado. A descrição de um algoritmo em pseudocódigo se baseia em construções chamadas *estruturas básicas de controle* que podem ser combinadas entre si. As estruturas básicas de controle mais empregadas são:

Alternativa: permite escolher entre duas ações diferentes, em função de uma condição dada. Sua estrutura segue a forma:

```
se condição então
    ação A
senão
    ação B
fim
```

A segunda parte (opção *senão* e **ação B**) pode ser omitida quando não for necessária. Um exemplo de uso dessa estrutura seria:

```
se X < 0 então
    escreva 'X não tem raiz real'
senão
    escreva a raiz de X
fim
```

Repetição: essa estrutura permite definir a repetição de uma ou mais ações até que uma determinada condição seja verdadeira:

```
repita
    ação A
    ação B
    ...
até que condição
```

Na estrutura acima, a condição somente é testada no final de cada iteração. Uma forma alternativa de estrutura de repetição permite testar uma condição dada no início de cada iteração; as ações designadas serão efetuadas enquanto a condição indicada for verdadeira:

```
enquanto condição faça
    ação A
    ação B
    ...
fim
```

Vejamos exemplos de uso dessas estruturas:

```
enquanto o parafuso está frouxo faça
    gire o parafuso no sentido horário
fim
repita
    mexa a colher
até que a massa esteja homogênea
```

Como vimos nos exemplos acima, as instruções englobadas por uma estrutura de controle são deslocadas levemente à direita em relação às linhas que definem a estrutura de controle propriamente dita. Essa técnica é chamada *indentação* e ajuda a indicar as dependências entre as instruções, permitindo, assim, uma melhor visualização do algoritmo e facilitando sua compreensão. Podem existir diversos níveis de indentação no caso de estruturas de controle aninhadas (uma dentro da outra), como mostra o exemplo abaixo:

```
se condição 1 então
    ação A
    repita
        ação B
        ação C
    até que condição 2
senão
    ação D
fim
```

1.3.2 Passos para a construção de um bom algoritmo

1. Ler atentamente o enunciado para compreender o problema, analisando a situação a ser representada;

2. identificar as entradas e as saídas de dados, ou seja, as informações a serem fornecidas ao programa e os resultados que esse deve retornar;

3. determinar o que deve ser feito para transformar as entradas recebidas nas saídas desejadas;

4. dividir o problema em suas partes principais (módulos) para facilitar a compreensão do todo (estratégia *dividir para conquistar*);

5. analisar a divisão obtida para garantir sua coerência;

6. subdividir as partes mal compreendidas;

7. construir o algoritmo;

8. executar manualmente o algoritmo, para testá-lo

Entretanto, para montar um algoritmo precisamos dividir o problema em três fases fundamentais (figura 1.2).

```
ENTRADA ──▶ PROCESSAMENTO ──▶ SAÍDA
```

Figura 1.2: Fases fundamentais de um algoritmo.

Onde temos:

- **ENTRADA**: São os dados de entrada/interação do algoritmo.

- **PROCESSAMENTO**: São os passos utilizados para chegar ao resultado final.

- **SAÍDA**: São os dados já processados.

1.4 Exercícios

1. Crie uma sequência lógica para tomar banho.

2. Descreva a sequência lógica para trocar um pneu de um carro.

3. Crie uma sequência lógica para abastecer um carro.

4. Crie uma sequência lógica para comprar um par de sapatos, verificando ao menos três lojas.

5. Você possui um robô que aceita os seguintes comandos:

    - pegue o *objeto*,

    - pressione o *objeto*,

    - gire a garra (*ângulo positivo ou negativo*),

- mova o *objeto* para tal *lugar*,

- desloque-se para tal *lugar*.

Ele também é capaz de perceber quando um comando não pode mais ser executado. Que sequência de ordens você daria ao robô para trocar uma lâmpada?

2 Fluxograma

> Não é importante que você entenda o que estou fazendo ou por que você está me pagando tanto dinheiro. O importante é que você continue a fazer assim.
>
> Anônimo.

Um *Fluxograma* ou *Diagrama de Fluxo* é uma representação gráfica que emprega formas geométricas padronizadas para indicar as diversas ações e decisões que devem ser executadas para resolver um problema. Cada uma dessas formas se aplica a uma determinada ação como está indicado na figura 2.1.

Logo, os fluxogramas são representações gráficas dos algoritmos, construídas utilizando blocos para indicar as ações e decisões e setas para indicar a sequência dos passos. Cada bloco tem uma forma diferente que identifica sua função: entrada, saída, ação, decisão, etc.

Existem outras formas que podem ser aplicadas, no entanto, para nós, estas formas serão suficientes para os exemplos que serão mostrados.

- **Conector**: Utilizado para indicar o início ou o fim da execução de um programa, função ou procedimento.

- **Processamento**: Indica todas as operações de processamento, como atribuição de variáveis ou execução de algum comando específico.

- **Saída de dados**: Demonstra que os dados serão impressos para o usuário.

- **Entrada de dados**: Indica que o usuário deverá informar algum valor.

- **Decisão ou Seleção**: Utilizado para demonstrar as alternativas do caminho a ser seguido.

- **Inicialização com Decisão**: Utilizado para inicializar uma variável antes de uma decisão.

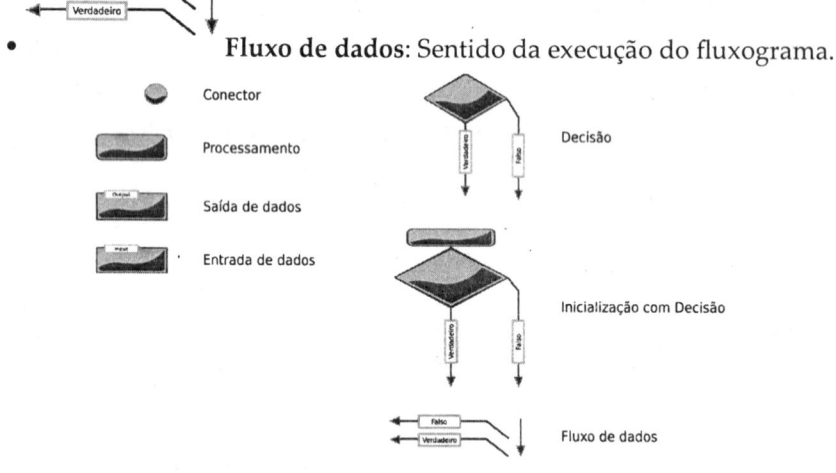

- **Fluxo de dados**: Sentido da execução do fluxograma.

Figura 2.1: Legenda dos fluxogramas utilizados.

Qualquer programa pode ser construído através da combinação de três estruturas básicas de controle: sequência, decisão (seleção) e repetição (figura 2.2.)

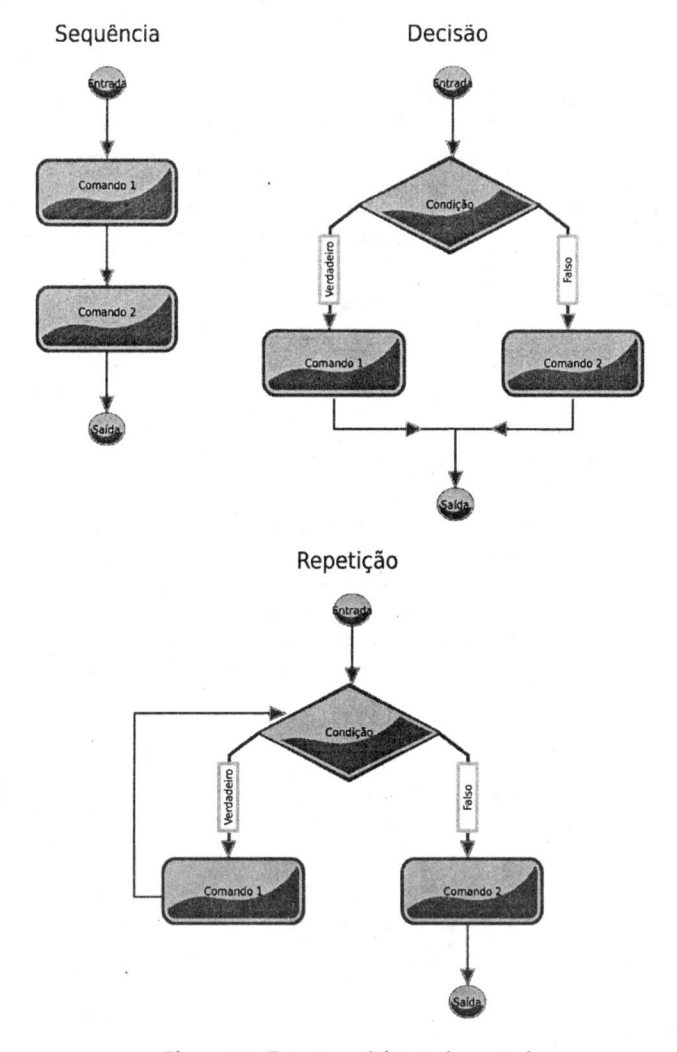

Figura 2.2: Estruturas básicas de controle.

2.1 Sequência

Numa sequência é processado um conjunto de ações ou instruções em série. Não há qualquer possibilidade de alterar a ordem de processamento das ações, isto é, após processar a 1ª ação processa-se a 2^a, depois da 2ª processa-se a 3^a e assim por diante, até processar a última ação (figura 2.3).

Como estamos estudando Pascal, uma sequência é um *bloco* de instruções que começa com *begin* e termina com *end*. A utilização de blocos de instruções deixa claro onde a sequência de instruções inicia (*begin*) e termina (*end*). Um bloco apresenta o início e o término do conjunto de instruções que será executado em sequência. Todo programa tem pelo menos um bloco de instruções que indica o início e o final do próprio programa.

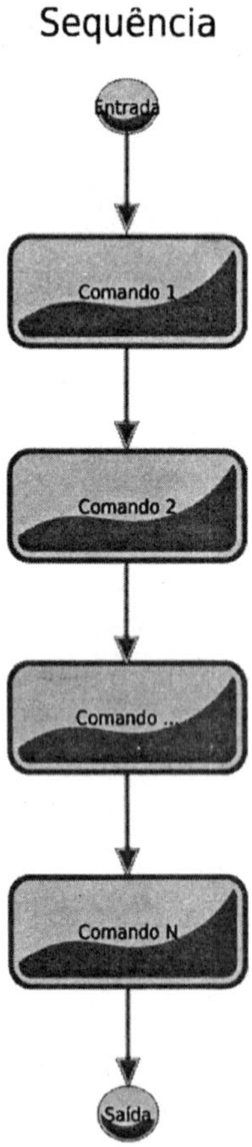

Sequência

Figura 2.3: Fluxograma em sequência.

2.2 Decisão/Seleção com duas alternativas

Uma estrutura de seleção é também designada por estrutura de decisão. Nesse caso, o fluxo de processamento segue por uma das duas alternativas, dependendo do valor lógico (verdadeiro ou falso) da expressão avaliada no início da estrutura. Se o fluxo de processamento só passa por uma alternativa, então só uma das ações é realizada ou processada (figura 2.4). Em Pascal, uma estrutura de seleção com duas alternativas é a instrução *if..then..else*.

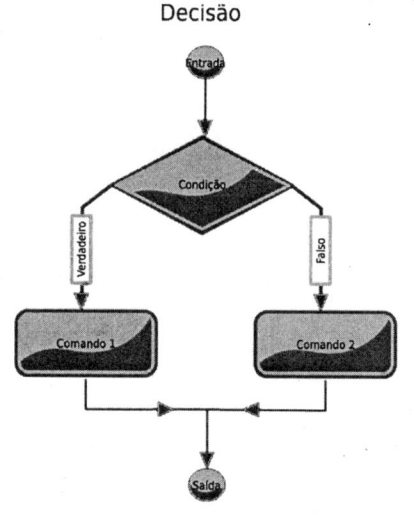

Decisão

Figura 2.4: Fluxograma com Decisão/Seleção com duas alternativas.

2.3 Decisão/Seleção com uma alternativa

Neste caso, se a expressão lógica tiver resultado falso, nenhuma ação é processada dentro da estrutura de seleção. Só é processada uma ação dentro da estrutura de seleção se a expressão lógica for verdadeira; daí o nome de seleção com uma alternativa (figura 2.5). Em Pascal, uma estrutura de seleção com uma alternativa é a instrução *if..then*.

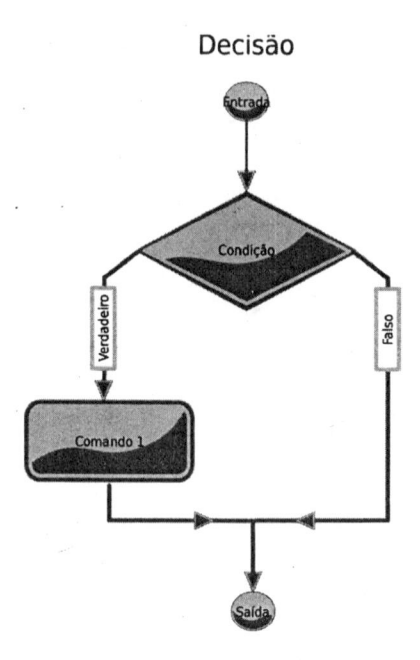

Figura 2.5: Fluxograma com Decisão/Seleção com uma alternativa.

2.4 Decisão/Seleção com N alternativas

Neste caso, a decisão não é feita com base numa expressão lógica porque há mais do que dois resultados possíveis. Também, só são processadas a ação ou as ações encontradas numa via (figura 2.6). Em Pascal, uma estrutura de seleção com **n** vias é a instrução *case..of* (com a opção de se utilizar a cláusula *else*).

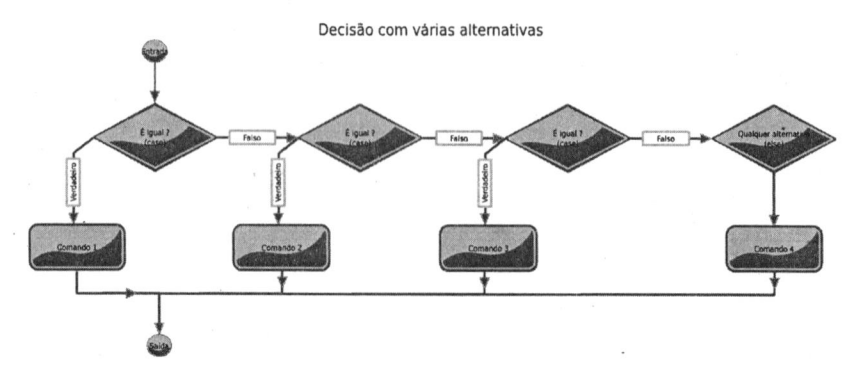

Figura 2.6: Fluxograma com Decisão/Seleção com N alternativas.

2.5 Repetição com teste no início

Neste caso, também há a necessidade de tomar uma decisão com base no valor lógico de uma expressão. No entanto, a mesma ação será executada repetidamente enquanto o resultado da expressão lógica se mantiver verdadeiro. O teste da expressão lógica precede a ação teste no início, antes de começar o bloco de comandos. O teste é importante porque funciona como uma condição de parada dos laços de repetições, quando a condição for falso, (figura 2.7). Em Pascal, uma estrutura de repetição desse tipo é a instrução *while..do*.

Repetição com teste no início

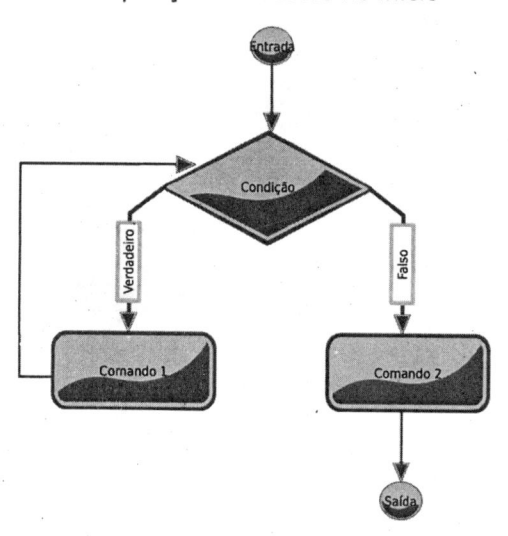

Figura 2.7: Fluxograma de Repetição com teste no início.

2.6 Repetição com teste no final

Esta estrutura de repetição é idêntica, em tudo, à estrutura de repetição vista na seção 2.5. A diferença é que o teste é feito após o processamento da ação. O teste da expressão lógica sucede a ação teste no final, depois de executar o bloco de comandos (figura 2.8). Em Pascal, uma estrutura de repetição desse tipo é a instrução *repeat..until*.

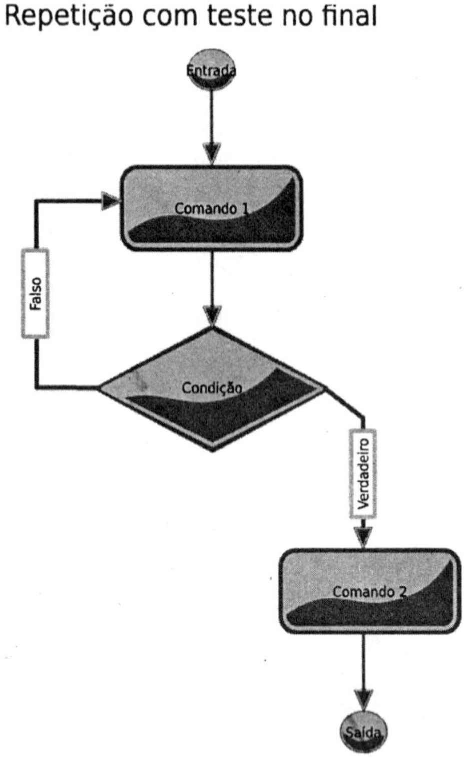

Repetição com teste no final

Figura 2.8: Fluxograma de Repetição com teste no final.

2.7 Repetição com número pré-definido de ciclos

Essa estrutura de repetição é idêntica às estruturas de repetição vistas anteriormente (seções 2.5 e 2.6), a diferença é que, logo no início, é especificado o número de ciclos ou iterações que serão efetuados, isto é, o número de vezes que a ação será processada (figura 2.9). Em Pascal, a estrutura de repetição *for.. to/downto..do* é a representante desse tipo de instrução.

Repetição com ciclos pré-definidos

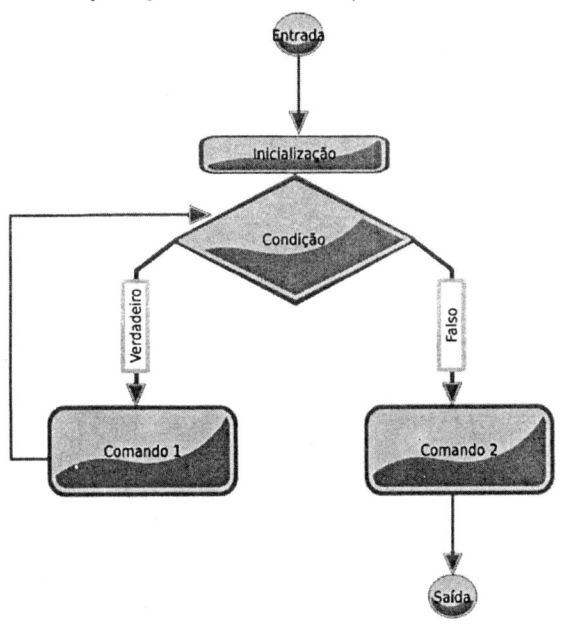

Figura 2.9: Fluxograma de Repetição com número pré-definido de ciclos.

3 Introdução ao Pascal

> Trate bem a terra. Ela não foi doada a você pelos seus pais. Ela foi emprestada a você pelos seus filhos.
>
> Antigo provérbio queniano.

3.1 Formato Básico de um Programa em Pascal

Um programa escrito na linguagem Pascal pode ser, basicamente, estruturado em três regiões significativas:

1. um cabeçalho, que dá nome ao programa;

2. uma seção de definição e declaração de dados;

3. uma seção de comandos, que contém as instruções do programa.

O cabeçalho de um programa é iniciado com a palavra reservada[1] *Program*, seguido de um nome identificador do programa e um ponto e vírgula (;).

O formato genérico de um programa escrito na linguagem Pascal tem estrutura conforme o programa 3.1.

Programa 3.1: Estrutura básica de um programa pascal.

```
1  (* ExemploIniciando01.pas *)
2
3  Program <nome do programa> ;
4      <Seção de definições e declarações>
5  Begin
6      <Bloco de Comandos>
7  End.
```

---

1 O termo *palavra reservada* é utilizado para identificar palavras de uso exclusivo da linguagem.

3.2 Bloco de comandos

Um bloco de comandos é limitado pela utilização dos comandos *begin* e *end* e permite agrupar vários comandos para tratá-los como um só. Seu uso é, geralmente, associado às demais estruturas de controle, pois essas consideram, normalmente, um único comando (programa 3.2).

Programa 3.2: Bloco de comandos.

```
1  (* ExemploIniciando02.pas *)
2
3  Begin
4     <comando 1>;
5     <comando 2>;
6     <comando 3>;
7     ...
8     <comando N>;
9  End.
```

3.3 Comandos para saída de dados

A impressão de dados na tela ou qualquer outro dispositivo é dado pelos comandos *write* e *writeln*. A diferença entre os dois comandos é que o *writeln* acrescenta uma quebra de linha ao fim do conteúdo impresso. Observe o programa 3.3.

Programa 3.3: Exemplo de saída de dados utilizando *write* e *writeln*.

```
1  (* ExemploImprimindoNaTela01.pas *)
2  Program ExemploImprimindoNaTela01 ;
3   Begin
4     write('Esta linha será impressa em quebra de linha.');
5     writeln('Esta linha será impressa com uma quebra de linha.');
6     writeln('Percebeu a quebra ?');
7   End.
```

A sintaxe dos dois comandos é a mesma:

- *writeln (expressão-01, expressão-02, expressão-03, ..., expressão-N);*

- *write (expressão-01, expressão-02, expressão-03, ..., expressão-N);*

A impressão de uma linha em branco é obtida com a chamada do comando *writeln* sem nenhum argumento[2]. Observe o programa 3.4.

Programa 3.4: Exemplo de saída de dados utilizando *writeln*.

```
1   (* ExemploImprimindoNaTela02.pas *)
2   Program ExemploImprimindoNaTela02 ;
3    Begin
4      (* observe que as frases devem ser colocadas entre aspas
    simples *)
5      writeln('Expressão 01 ', 'Expressão 02');
6      writeln;
7      writeln('Percebeu a linha em branco ?');
8      writeln('Eu tenho 33 anos!'); (* números podem ser impressos
    no meio de uma frase *)
9      (* ou em separado, neste caso 'Eu tenho ' é uma ex-
    pressão, 33 outra expressão e ' anos!' a terceira ex-
    pressão!*)
10     writeln('Eu tenho ', 33, ' anos!');
11   End.
```

No programa 3.4, fica claro que as expressões são separadas por vírgulas (,). Frases devem ser colocadas entre aspas simples (") e a impressão de números e letras podem ser combinadas de diversas formas.

Os comandos *write* e *writeln* permitem a impressão formatada. A impressão formatada é obtida através da seguinte sintaxe:

- **expressão: tamanho**: utilizado para strings ou números inteiros.

- **expressão: tamanho: casas decimais**: utilizado para números reais.

---

[2] Argumento é o nome dado à lista de valores/expressões passadas dentro de parênteses.

Programa 3.5: Impressão formatada.

```pascal
1   (* ExemploImprimindoNaTela03.pas *)
2   Program ImprimindoNaTela03 ;
3   Begin
4     writeln('Impressão de uma frase |', 'Expressão 01':40, '|');
5     writeln('Impressão de uma frase |', 'Expressão 02':-40, '|');
6     writeln('Impressão de números inteiros |', 20:7, '|');
7     writeln('Impressão de números inteiros |', 20:-7, '|');
8     writeln('Impressão de números reais |', 10.5:8:4 , '|');
9     writeln('Impressão de números reais |', 10.5:-8:4 , '|');
10    writeln;
11    writeln('Percebeu a diferença na impressão da expressão 01 e expressão 02?');
12  End.
```

Analisando o código do programa 3.5:

Tabela 3.1: Impressão formatada - análise do programa 3.5.

Código	Significado
'Expressão 01':40	Imprime uma string reservando 40 espaços alinhados à esquerda.
'Expressão 01':-40	Imprime uma string reservando 40 espaços alinhados à direita.
20:7	Imprime um número inteiro, reservando sete espaços alinhados à esquerda.
20:-7	Imprime um número inteiro, reservando sete espaços alinhados à direita.
10.5:8:4	Imprime um número real, reservando oito espaços, com quatro casas decimais alinhadas à esquerda.
10.5:-8:4	Imprime um número real, reservando oito espaços, com quatro casas decimais alinhadas à direita.

Observação: No caso da impressão formatada, o *tamanho* indica a quantidade de espaços minímos para a impressão e não o limite para impressão. Observe o programa 3.6.

Programa 3.6: Impressão formatada.

```
1   (* ExemploImprimindoNaTela04.pas *)
2   Program ImprimindoNaTela04 ;
3   Begin
4      writeln('Impressão de números inteiros |', 1:3, '|');
5      writeln('Impressão de números inteiros |', 10:3, '|');
6      writeln('Impressão de números inteiros |', 100:3, '|');
7      writeln('Impressão de números inteiros |', 1000:3, '|');
8   End.
```

Veja como fica o resultado da execução do programa 3.6. Os números um e 10 foram impressos com a reserva de espaços miníma (nesse caso, três). O número 100 foi impresso no limite e o número 1000 ultrapassou a reserva mínima.

```
Impressao de números inteiros |  1|
Impressao de números inteiros | 10|
Impressao de números inteiros |100|
Impressao de números inteiros |1000|
```

3.4 Conceito de Variável

Um programa, para ser executado pelo computador, possui as seguintes fases:

1. coleta das informações de que o programa precisa;

2. processamento;

3. apresentação dos resultados.

Todo programa lida com informações. Um programa para computador também precisa trabalhar com informações. No computador, essas informações são sempre representadas em *variáveis*.

Para efeito de estudo de programa, a memória é o local mais importante do computador, pois é nela que ficam gravados os programas que estão em execução pelo computador e os dados que estão sendo processados por ele.

Memória é o local do computador no qual os dados e as instruções de um programa a serem executados são armazenados, posteriormente recuperados para processamento e para onde os resultados desses processamentos são enviados. Cada posição ou localização da memória principal é identificada por um endereço.

Quando o computador está executando um programa, todas as informações necessárias precisam estar na memória. Para o programa poder usar essas informações, ele precisa saber onde elas estão, ou seja, seu *endereço na memória* do computador.

É muito difícil, e, está sujeito a erros, trabalhar com esses endereços. A solução é bem simples. O que precisamos é uma forma mais natural de fazer referência ao endereço na memória: utilizando um *nome*.

Variáveis são espaços de memória que podem ter seu conteúdo alterado durante a execução do programa onde ela foi definida e são declaradas no início dos programas.

3.4.1 Declaração de variáveis

O início da seção de declaração de variáveis é indicada através da palavra reservada *var*. A palavra reservada *var* deve aparecer somente uma única vez dentro da seção de definição e declaração de dados. A sintaxe pode ser observada no programa 3.7:

Programa 3.7: Declaração de variáveis.

```
1   var
2       Identificador1, identificador2, .... , identificadorn : tipo ;
```

Podem-se definir, em uma mesma linha, mais de uma variável, bastando para isso colocar os nomes das variáveis separados por vírgulas. Isso deve ser usado somente quando as variáveis são simples e não se precisa explicar o uso delas. Como sugestão, deve-se colocar sempre uma única variável por linha e, após a definição da mesma, colocar um comentário com a descrição mais completa.

3.4.2 Tipos de Dados

A memória do computador é um espaço no qual se pode colocar qualquer coisa, mas para isso deve-se fazer uma *reserva*. A reserva é que garantirá que os bytes necessários para armazenar programas e dados estarão disponíveis quando forem necessários. Os tipos de dados pré-definidos na linguagem Pascal são:

boolean : Define dois valores lógicos: FALSE e TRUE (falso e verdadeiro). Um dado do tipo booleano ocupa um byte de espaço na memória.

char: Define os elementos do conjunto de caracteres que compõem o alfabeto ASCII, adicionados dos caracteres representados pelos códigos de 128 a 255. Um dado do tipo char ocupa um byte de espaço na memória.

integer: Define os valores inteiros compreendidos no intervalo de -2.147.483.647 até 2.147.483.647. Um dado do tipo *integer* ocupa quatro bytes de espaço na memória.

real : Define os valores reais definidos no intervalo de $3.4*(10**-38)$ até $3.4 * (10**+38)$. Um dado do tipo *real* ocupa quatro bytes de espaço na memória.

string : Define uma cadeia de caracteres. Se nenhuma restrição de tamanho for especificada, um dado do tipo *string* é capaz de armazenar uma sequência contendo até 255 caracteres, onde cada caractere ocupa um byte de espaço na memória. Uma cadeia de caracteres pode ter seu tamanho definido contendo menos de 255 caracteres, onde o tamanho especifica o número máximo de caracteres contidos na cadeia. Essa especificação deve ser indicada entre colchetes, logo após a palavra reservada *string*.

3.4.3 Nomenclatura de variáveis

Para o nome da variável deveremos seguir algumas regras básicas:

- devem começar por um caractere alfabético;
- podem conter caracteres numéricos;
- não é permitido o uso de caracteres especiais;

- pode-se usar (_) *sublinhado, underline* ou *underscore*;
- não deve existir espaço em branco.

O processo de escolha do nome de uma variável é importante para a legibilidade de um programa em manutenções posteriores. Veja algumas regras básicas que, se seguidas, irão melhorar muito a futura manutenção do programa.

- Não utilize nomes que não tenham significados com o uso da variável. Por exemplo: uma variável *cont* utilizada para se guardar a soma de um procedimento. Melhor seria utilizar uma variável com o nome de *soma*.

- Se uma variável for utilizada para guardar a soma de um valor, por exemplo, total de descontos, além da função, coloque também o conteúdo da mesma, chamando a variável de *SomaDesconto*.

- Se desejar, coloque uma letra minúscula no início indicando o tipo da variável. Isso facilita muito o entendimento na fase de manutenção. Essa técnica é chamada de *Notação Húngara*. Procure utilizá-la em todo o programa e mantenha uma única maneira de se indicar o tipo, pois pior do que não ter uma indicação de tipos de variáveis em seu nome é ter duas maneiras diferentes de indicar isso. Pode-se juntar mais de uma letra, caso o tipo de uma variável seja composta (veja a tabela 3.2).

- Procure usar somente abreviaturas conhecidas, como: *Vlr, Cont, Tot, Deb, Cred*, etc. Quando o significado não pode ser abreviado, utilize a forma integral. Exemplos: *Balanceamento, GiroSemanal*, etc.

- Se a variável possui mais de uma palavra em seu nome, procure colocar sempre a primeira letra maiúscula e as demais minúsculas em cada palavra. Exemplos: *GiroSemanal, ContContasNegativas, SomaValorSaldo, TotDebitos*.

- Utilize as combinações dos prefixos. Um vetor de inteiros poderá ser iniciado por 'a' (*array*) + 'i' (inteiro).

Tabela 3.2: Sugestão para declaração de variáveis.

Tipo	Prefixos	Exemplo
char	(c)	cOpt
int	(i)	iNum
real	(r)	rImposto
string	(s)	sTela
boolean	(b)	bTrocas
ponteiros	(p)(tipo)	pcOpt
arrays (vetores)	(a)(tipo)	aiVetor
registros	(reg)(tipo)	regFuncionario

O programa 3.8 mostra a declaração de cinco variáveis dos tipos booleano, inteiro, caractere, real e string, respectivamente.

Programa 3.8: Declaração de variáveis.

```
1   (* ExemploDeclaracaoVariavel01.pas *)
2   Program ExemploDeclaracaoVariavel01 ;
3    var
4    bBooleano: boolean;
5    iInteiro: integer;
6    cCaractere: char;
7    sString: string[20];
8    rReal:real;
9
10  Begin
11     bBooleano := true;
12     writeln('Digite um valor inteiro');
13     readln(iInteiro);
14     writeln('Digite um valor caractere');
15     readln(cCaractere);
16     writeln('Digite um valor real');
17     readln(rReal);
18     writeln('Digite uma frase');
19     readln(sString);
20
21     writeln('Booleano = ', bBooleano);
```

```
22      writeln('Inteiro = ', iInteiro);
23      writeln('Caractere = ', cCaractere);
24      writeln('Real = ', rReal);
25      writeln('String = ', sString);
26
27      writeln('O valor ASCII de ', cCaractere, ' é ', ord(cCaractere));
28   End.
```

3.4.4 Constantes

Constante é, por definição, aquilo que não muda. Em termos de programação, constante é uma informação que não muda. Por exemplo, o valor de r (3,141592654...) possui a mesma informação, ao longo de qualquer programa.

Variáveis constantes são espaços de memória que têm seu conteúdo fixo durante a execução do programa onde ela foi definida.

3.5 Comandos para Leitura de dados

A leitura de dados é dada pelos comandos *read* e *readln*. A diferença entre os comandos *read* e *readln* é que o que *readln* processa quebras de linha (no caso de leituras de arquivos) e espaços em brancos (frases).

A sintaxe dos dois comandos é a mesma:

- *read (variável-01, variável-02, variável-03, ..., variável-n);*

- *readln (variável-01, variável-02, variável-03, ..., variável-n);*

Programa 3.9: Exemplodeusodoreadereadln.

```
1    (* ExemploLeituraDoTeclados01.pas *)
2    Program ExemploLeituradoTeclados01 ;
3    var
4      sNome:String[40];
5      iIdade:integer;
6    Begin
7
```

```
8      writeln('Por favor, entre com o seu nome e idade:');
9      readln(sNome, iIdade);
10     writeln('Bem vindo ao curso ', sNome, ' você tem ',
11         iIdade, ' anos!');
12 End.
```

3.6 Indentação de programas

A indentação, distância das margens, são espaços que um programador deixa no início de cada bloco de programa. A indentação não é requerida pela linguagem Pascal. Entretanto, seria ótimo que todos os programadores a utilizassem (três espaços são o suficiente), veja os programas 3.10 e 3.11:

Programa 3.10: Programa sem indentação.

```
1   program Estupido; const a=5; b=385.3; var alpha,beta:
    real; begin alpha := a + b; beta:= b / a end.
```

Programa 3.11: Programa com indentação.

```
1   program NaoEstupido;
2
3   const
4     a = 5;
5     b = 385.3;
6
7   var
8     alpha,
9     beta : real;
10
11  begin (* main *)
12    alpha := a + b;
13    beta := b / a
14  end. (* main *)
```

3.7 Comentários

Programas extensos (+ de 50 linhas) podem ter o seu entendimento confuso. Para facilitar o entendimento de um programa[3], devem-se incluir comentários no meio do código. A finalidade dos comentários é documentar o algoritmo e permitir que outra pessoa entenda facilmente o programa. O Pascal permite colocar comentários de duas formas:

- utilizando { e } (abre e fecha chaves);

- utilizando (* e *) (abre parênteses seguido de asterisco e fecha parênteses seguido de asterisco).

O programa 3.12 apresenta vários exemplos de utilização de comentários.

Programa 3.12: Uso de comentários no meio de programas.

```
1   (* ExemploComentario01.pas *)
2   Program ExemploComentario01 ;
3   Begin
4      (* Este comentário não será interpretado pelo pascal *)
5      writeln('Comentários podem ser feitas de várias formas.'); (* Na mesma linha*)
6      writeln('Comentários podem ser feitas em várias linhas também.');
7      (* Este é um comentário que vai ocupar 2 linhas *)
8      writeln('Comentários também podem ser feitos com {}.'); {Tudo é possível}
9      {
10     inclusive utilizar comentários com chaves em
11     várias linhas
12     }
13     writeln('Enfim, use comentários, eles são seus amigos.');
14  End.
```

---

[3] O termo programa também será utilizado para referenciar-se a algoritmos.

3.8 Regras práticas para a construção de programas legíveis

1. Procure incorporar *comentários* no programa, pelo menos para descrever o significado das variáveis utilizadas (veja a seção 3.7). Os comentários deverão acrescentar alguma coisa e não apenas parafrasear os comandos. O conjunto de comandos nos diz o que está sendo feito e os comentários deverão nos dizer o *porquê*.

2. Escolha nomes de variáveis que sejam *significativos* (veja a seção 3.4.3), isto é, que traduzam o tipo de informação a ser armazenada na variável.

3. *Padronize* a sua forma de escrever os comandos da linguagem. Os comandos do Pascal poderiam ser escritos sempre com a primeira letra em maiúscula e demais minúsculas (*For, End, If, ...*).

4. Procure *alinhar* os comandos de acordo com o nível a que pertencem (veja a seção 3.6), isto é, destaque a estrutura na qual estão contidos. Utilize espaços em branco para melhorar a *legibilidade*. Espaços em branco, inclusive linhas em branco, são valiosíssimos para melhorar a aparência de um algoritmo. Exemplos de uso:

    (a) deixar uma linha em branco entre as declarações e o corpo do programa;

    (b) deixar uma linha em branco antes e outra depois de um comentário;

    (c) separar grupos de comandos que executam funções lógicas distintas por uma ou mais linhas em branco;

    (d) utilizar brancos para indicar precedência de operadores. Ao invés de utilizar A + B ★ C, poderia ser utilizado A + B ★   C.

3.9 Exercícios

1. Implemente um programa que escreva na tela a frase 'O primeiro programa a gente nunca esquece!'.

2. Elabore um programa que escreva seu nome completo na primeira linha, seu endereço na segunda e o CEP e o telefone na terceira.

3. Faça um programa que mostre na tela algumas frases assassinas, ou seja, frases que fazem com que muitas idéias sejam perdidas antes que amadureçam ou sejam aprofundadas. Eis alguns exemplos (invente as suas também):

   - 'Isto não vai dar certo.'

   - 'Você nunca vai conseguir.'

   - 'Você vai se estrepar.'

   - 'Não vai dar em nada.'

   - 'Está tudo errado!

4. Escreva uma mensagem para uma pessoa de quem você goste. Implemente um programa que imprima essa mensagem, chame a pessoa e execute o programa na frente dela.

5. Escreva um bilhete ao seu professor, informando seus objetivos nessa disciplina e o que espera dela e do professor. Implemente um programa que mostre seu bilhete na tela.

6. Faça um programa que leia o nome, o telefone, a idade e a nota de um aluno. E depois imprima na sequência.

7. Faça um algoritmo para imprimir um desenho na tela (veja o exemplo):

```
    +---+
   /     \
  /  o o  \
  \   ^   /
   \ === /
    \   /
     +-+
```

8. Elabore um programa para produzir na tela a letra X usando a própria. Se fosse 'L', seria assim:

    L
    L
    L
    LLLL

9. *Emoticons* são sequências de caracteres que mostram rostos e expressões, vistos de lado e usados, frequentemente, em correios eletrônicos e bate-papos na Internet. Existem dezenas; veja alguns:

    - sorriso :-)

    - tristeza :-(

    - mostrando a língua :-p

    - espanto :-o

    - cabelo partido ao meio {:-)

    - usa bigode :-{

    - beijo :-*

    Elabore um programa que mostre na tela os emoticons, um em cada linha, com a descrição de cada um.

10. Escreva um programa que leia duas cadeias de caracteres de tamanho 10 e mostre-as concatenadas na tela.

4 Operadores e Funções

> Torture os números e eles confessarão qualquer coisa.
>
> Gregg Easterbrook.

Uma das características importantes da programação é a capacidade de resolver expressões. Há, basicamente, três tipos de expressões:

- expressões aritméticas (seção 4.1);
- expressões relacionais (seção 4.4);
- expressões lógicas (seção 4.5).

É comum, na programação, surgirem situações em que a execução de uma ação ou sequência de subações, esteja sujeita a certa condição. Essa condição é representada por meio de uma expressão lógica, que é a expressão cujos operadores são lógicos os operandos são relações constantes e/ou variáveis do tipo lógico.

4.1 Operadores Aritméticos

Na tabela 4.1 são apresentados todos os operadores aritméticos da linguagem. Todas essas operações exigem dois operandos. Observe os exemplos de uso deles no programa 4.1.

Tabela 4.1: Operadores Aritméticos.

Operador	Equivalência
( )	Parênteses de agrupamentos
+ (mais)	Operação executada: No caso de inteiros e reais, o operando à esquerda do + é somado ao operando a sua direita, sendo o tipo do resultado dessa operação dependente de seus operandos: • Se os dois operandos são inteiros, o resultado da soma é um valor inteiro. • Se os dois operandos são reais, o resultado da soma é um valor real. • Se um dos operandos é real e o outro é inteiro, o resultado da soma é um valor real. No caso de ambos operandos serem cadeias de caracteres, o resultado da operação é dado pela cadeia obtida pela concatenação da cadeia dada pelo primeiro operando com a cadeia dada pelo segundo operando.
- (menos)	Operação executada: O operando à esquerda do - é subtraído do operando a sua direita, sendo o tipo do resultado dessa operação dependente de seus operandos: • Se os dois operandos são inteiros, o resultado da operação é inteiro. • Se os dois operandos são reais, o resultado da operação é real. • Se um dos operandos é real e o outro é inteiro, o resultado da operação é real.

* (asterisco)	Operação executada: O operando à esquerda do * é multiplicado pelo operando a sua direita, sendo o tipo do resultado dessa operação dependente de seus operandos: • Se os dois operandos são inteiros, o resultado da operação é um valor inteiro. • Se os dois operandos são reais, o resultado da operação é um valor real. • Se um dos operandos é real e o outro é inteiro, o resultado da operação é um valor real.
/ (barra)	Operação executada: O operando à esquerda do / é dividido pelo operando a sua direita, sendo o resultado dessa operação real.
mod	Resto da divisão de inteiros (módulo). O resultado é um número inteiro.
div	Resultado da divisão de inteiros. O resultado é um número inteiro.

Alguns dos operadores comuns têm diferentes significados com diferentes tipos de dados. Por exemplo: o operador + pode ser usado para somar dois números, concatenar duas strings, fazer a união de dois conjuntos e, até mesmo, adicionar um deslocamento a um ponteiro PChar. Entretanto, não se podem somar dois caracteres.

Outro operador *estranho* é div. Em Pascal, podem-se dividir quaisquer dois números (reais ou inteiros) com o operador / resultando, invariavelmente, em um número real. Caso se precise dividir dois inteiros, obtendo um resultado inteiro, deve-se usar o operador div.

Programa 4.1: Exemplo de uso dos operadores ariméticos

```
1   (* ExemploOperadorAritmetico01.pas *)
2   Program ExemploOperadorAritmetico01 ;
3   var
4   rDivisao: real;
5   iNumero_1, iNumero_2, iResultado: integer;
6
7   Begin
```

```
8       writeln('Entre com 02 números inteiros:');
9       readln(iNumero_1, iNumero_2);
10      iResultado := iNumero_1 + iNumero_2;
11      writeln('A soma de ', iNumero_1, ' e ', iNumero_2, ' é
        ', iResultado);
12
13      writeln('É possível realizar a operação de soma direto,
        observe ->', iNumero_1 + iNumero_2);
14      writeln('A operação direta pode ser feita com qualquer
        operador ou função matemática');
15
16      iResultado := iNumero_1 - iNumero_2;
17      writeln(iNumero_1, ' menos (-) por ', iNumero_2, ' =
        ', iResultado);
18
19      iResultado := iNumero_1 * iNumero_2;
20      writeln(iNumero_1, ' vezes (*) por ', iNumero_2, ' =
        ', iResultado);
21
22      (* O resultado de uma divisão deve ser atribuido para
        uma variável do tipo real *)
23      rDivisao := iNumero_1 / iNumero_2;
24      writeln(iNumero_1, ' dividido (/) por ', iNumero_2, '
        = ', rDivisao);
25
26      iResultado := iNumero_1 MOD iNumero_2;
27      writeln( 'O resto da divisão de ', iNumero_1,.' por ',
        iNumero_2, ' é ', Resultado);
28
29      (* Para dividir inteiros basta usar o comando DIV *)
30      iResultado := iNumero_1 DIV iNumero_2;
31      writeln( iNumero_1, ' dividido (DIV) por ', iNumero_2,
        ' = ', Resultado);
32
33  End.
```

4.2 Funções Matemáticas

Na tabela 4.2 são apresentadas todas as principais funções matemáticas da linguagem.

Observe os exemplos de uso dessas funções no programa 4.2.

Tabela 4.2: Funções Matemáticas.

Função	Objetivo
abs(n)	Retorna o valor absoluto de um número n.
sqrt(n)	Retorna o quadrado de um número n.
sqr(n)	Eleva um número n ao quadrado.
trunc(n)	Trunca um valor real n em um valor inteiro.
frac(n)	Retorna a parte fracionária de n.
ln(n)	Logaritmo natural do número n.
exp(n)	Eleva um número n na base e (Euler).

A exponenciação é obtida pelo uso conjunto das funções *ln* e *exp*. Exemplo: Para fazer Z igual a X elevado a Y utilize: `Z = exp(Y * ln(X));`.

Programa 4.2: Exemplo de uso das funções matemáticas.

```
1   (* ExemploFuncoesMatematica01.pas *)
2
3   Program ExemploFuncoesMatematica01 ;
4   var
5     rNumero_1, rNumero_2, rNumero_3, rResultado, rRaiz: real;
6     rPotencia, rTruncado, rFracionado: real;
7
8   Begin
9      writeln('Entre com 02 números reais:');
10     readln(rNumero_1, rNumero_2);
11     writeln('Entre com um número negativo:');
12     readln(rNumero_3);
13
14     rResultado := abs(rNumero_3);
15     writeln('O número absoluto de ', rNumero_3, ' é ', rResultado);
16
```

```
17      rRaiz := sqrt(rNumero_1); (* esta operação pode ser feita
        com números inteiros *)
18      writeln('A raiz quadrada de ', rNumero_1, ' é ',
        rRaiz);
19
20      rPotencia := sqr(rNumero_2); (* esta operação pode ser
        feita com úmeros inteiros *)n
21      writeln(rNumero_2, ' elevado ao quadrado é ', rPotencia);
22
23      rTruncado := trunc(rNumero_1); (* esta operação somente
        com números reais *)
24      writeln(rNumero_1, ' truncado é ', rTruncado);
25
26      rFracionado := frac(rNumero_1); (* esta operação somente
        com números reais *)
27      writeln(rNumero_1, ' fracionado é ', rFracionado );
28
29      writeln('Entre com um número para cálculo do logaritmo/
        exponenciação:');
30      read(rNumero_1);
31      rResultado := ln(rNumero_1);
32      writeln('O logaritmo de ', rNumero_1, ' é ', rResultado);
33      rResultado := exp(rNumero_1);
34      writeln('A exponenciação de ', rNumero_1, ' é ', rResultado);
35
36      writeln('Entre com com 02 números para elevar o
        primeiro pelo segundo (exponenciação):');
37      read(rNumero_1, rNumero_2);
38
39      rResultado := exp( rNumero_2 * ln(rNumero_1));
40      writeln( rNumero_1, ' elevado a ', rNumero_2, ' é =',
        rResultado);
41 End.
```

4.3 Outras funções matemáticas interessantes

Na tabela 4.3 são apresentadas outras funções matemáticas da linguagem. Observe os exemplos de uso dessas funções no programa 4.3.

Tabela 4.3: Outras funções matemáticas.

Função	Objetivo
random(n)	Retorna um número randômico entre um e *n*.
pred(n)	Retorna *n-1* pode ser aplicado com *char*.
succ(n)	Retorna *n+1* pode ser aplicado com *char*.
round(n)	Retorna *n* arredondado.
sin(n)	Seno de *n*.
arctan(n)	Arcotangente de *n*.
cos(n)	Cosseno de *n*.

Programa 4.3: Outro exemplo de uso das funções matemáticas.

```
1    (* ExemploFuncoesMatematica02.pas *)
2
3    Program ExemploFuncoesMatematica02 ;
4    var
5       iRandomico, iPredecessor, iSucessor, iNumero : integer;
6       rNumero, rArredondado: real;
7       rSeno, rCosseno, rArcoTangente: real;
8    Begin
9       write('Entre com um número positivo:');
10      readln(iNumero);
11
12      iRandomico := random(iNumero);
13      iPredecessor := pred(iNumero);
14      iSucessor := succ(iNumero);
15
16      writeln('Número randômico gerado é ', iRandomico);
17      writeln('Predecessor de ', iNumero, ' é ', iPredecessor );
18      writeln('Sucessor de ', iNumero, ' é ', iSucessor );
19
20      write('Entre com um número real:');
21      read(rNumero);
```

```
22
23      rArredondado := round(rNumero);
24      rSeno := sin(rNumero); (* pode ser usado com integer
        *)
25      rCosseno := cos(rNumero); (* pode ser usado com integer *)
26      rArcoTangente := arctan(rNumero); (* pode ser usado com
        integer)
27
28      writeln(rNumero, ' arredondado é ', rArredondado );
29      writeln('Seno de ', rNumero, ' é ', rSeno);
30      writeln('Cosseno de ', rNumero, ' é ', rCosseno);
31      writeln('Arcotangente de ', rNumero, ' é ', rArcotangente);
32 End.
```

4.4 Operadores Relacionais

Os operadores relacionais são elementos de fundamental conhecimento dada a sua importância na elaboração de um programa. Em todos os programas são utilizadas expressões relacionais e lógicas para a tomada de decisões e, consequente, desvio do fluxo do programa. Os operadores relacionais servem para realizar a comparação de dois valores distintos. A implementação da linguagem Pascal retorna como resultado dessas operações os seguintes valores:

- **false**: Operação obteve o resultado falso;
- **true**: Operação obteve o resultado verdadeiro.

A tabela 4.4 apresenta os operadores relacionais da linguagem Pascal. O programa 4.4 demonstra a utilização dos operadores relacionais com números inteiros (a mesma lógica é válida para números reais). A comparação de caracteres também é possível (ver programa 4.5), mas, nessa situação, a comparação ocorre de forma diferente, ou seja, é considerada a tabela ASCII[4] para a comparação. Por exemplo, nessa tabela, a letra *A* vem antes da letra *B* e, consequentemente, a comparação 'A' > 'B' retornaria falso.

Já o programa 4.6. demonstra a comparação de strings. A exemplo da comparação com caracteres, a comparação de strings utiliza a tabela ASCII.

---

4 ASCII - (*American Standard Code for Information Interchange*) é uma codificação de caracteres de sete bits baseada no alfabeto inglês.

Tabela 4.4: Operadores relacionais.

Operador	Equivalência
>	Maior que
<	Menor que
>=	Maior ou igual que
<=	Menor ou igual que
=	Igual
<>	Diferente
:=	Atribuição

Programa 4.4: Uso de operadores relacionais com números.

```
1   (* ExemploOperadorbRelacional01.pas *)
2   Program ExemploOperadorbRelacional01 ;
3   var
4   iNumero_1, iNumero_2: integer;
5   bRelacional: boolean;
6   Begin
7       writeln('Entre com 2 números inteiros');
8       readln(iNumero_1, iNumero_2);
9
10      bRelacional := iNumero_1 = iNumero_2;
11      writeln(iNumero_1, ' = ', iNumero_2, ' ? ', bRelacional);
12
13      bRelacional := iNumero_1 > iNumero_2;
14      writeln(iNumero_1, ' > ', iNumero_2, ' ? ', bRelacional);
15
16      bRelacional := iNumero_1 >= iNumero_2;
17      writeln(iNumero_1, ' >= ', iNumero_2, ' ? ', bRelacional);
18
19      bRelacional := iNumero_1 < iNumero_2;
20      writeln(iNumero_1, ' < ', iNumero_2, ' ? ', bRelacional);
21
22      bRelacional := iNumero_1 <= iNumero_2;
23      writeln(iNumero_1, ' <= ', iNumero_2, ' ? ', bRelacional);
24
25      bRelacional := iNumero_1 <> iNumero_2;
```

```
26      writeln(iNumero_1, ' <> ', iNumero_2, ' ? ', bRelacional);
27  End.
```

Programa 4.5: Uso de operadores relacionais com caracteres.

```
1   (* ExemploOperadorbRelacional02.pas *)
2   Program ExemploOperadorbRelacional02 ;
3   var
4   cCaractere_1, cCaracter_2: char;
5   bRelacional: boolean;
6   Begin
7       writeln('Entre com 2 caracteres');
8       readln(cCaractere_1, cCaracter_2);
9
10      bRelacional := cCaractere_1 = cCaractere_2;
11      writeln(cCaractere_1, ' = ', cCaractere_2, ' ? ',
    bRelacional);
12
13      bRelacional := cCaractere_1 > cCaractere_2;
14      writeln(cCaractere_1, ' > ', cCaractere_2, ' ? ',
    Relacional);
15
16      bRelacional := cCaractere_1 >= cCaractere_2;
17      writeln(cCaractere_1, ' >= ', cCaractere_2, ' ? ',
    bRelacional);
18
19      bRelacional := cCaractere_1 < cCaractere_2;
20      writeln(cCaractere_1, ' < ', cCaractere_2, ' ? ',
    bRelacional);
21
22      bRelacional := cCaractere_1 <= cCaractere_2;
23      writeln(cCaractere_1, ' <= ', cCaractere_2, ' ? ',
    bRelacional);
24
25      bRelacional := cCaractere_1 <> cCaractere_2;
26      writeln(cCaractere_1, ' <> ', cCaractere_2, ' ? ',
    bRelacional);
27  End.
```

Programa 4.6: Uso de operadores relacionais com strings.

```pascal
1   (* ExemploOperadorbRelacional03.pas *)
2   Program ExemploOperadorbRelacional03 ;
3   var
4      sString_1, sString_2: string[10];
5      bRelacional: boolean;
6   Begin
7      write('Entre com 1 palavra:');
8      readln(sString_1);
9
10     write('Entre com outra palavra:');
11     readln(sString_2);
12
13     bRelacional := sString_1 = sString_2;
14     writeln(sString_1, ' = ', sString_2, ' ? ', bRelacional);
15
16     bRelacional := sString_1 > sString_2;
17     writeln(sString_1, ' > ', sString_2, ' ? ', bRelacional);
18
19     bRelacional := sString_1 >= sString_2;
20     writeln(sString_1, ' >= ', sString_2, ' ? ', bRelacional);
21
22     bRelacional := sString_1 < sString_2;
23     writeln(sString_1, ' < ', sString_2, ' ? ', bRelacional);
24
25     bRelacional := sString_1 <= sString_2;
26     writeln(sString_1, ' <= ', sString_2, ' ? ', bRelacional);
27
28     bRelacional := sString_1 <> sString_2;
29     writeln(sString_1, ' <> ', sString_2, ' ? ', bRelacional);
30  End.
```

4.5 Operadores Lógicos

Um valor lógico pode estar em apenas um dos estados: verdadeiro (*true*) ou falso (*false*) e os seus valores estão presentes em qualquer comparação (ver operadores relacionais na seção 4.4).

Os operadores lógicos consideram dois operandos como valores lógicos (verdadeiro e falso) e realizam a operação binária correspondente. Essas operações, quando aplicadas, irão retornar *true* ou *false*, conforme o resultado seja verdadeiro ou falso. Na tabela 4.5 são apresentados os operadores lógicos da linguagem.

Tabela 4.5: Operadores lógicos.

Operador	Equivalência	Significado
not	Não lógico (ou negação)	Inverte o estado, de verdadeiro passa para falso e vice-versa.
or	Ou lógico (ou disjunção)	Basta que uma parte seja verdadeira para retornar verdadeiro.
and	E lógico (ou conjunção)	Retorna verdadeiro, caso ambas as partes sejam verdadeiras.

Considerando uma proposição qualquer como sendo: uma variável lógica, uma relação ou uma expressão lógica composta, duas proposições podem ser combinadas por um operador lógico e formar uma nova proposição.

Considere as seguintes variáveis e proposições:

- A ← *10* (variável);
- B ← *5* (variável);
- C ← *27* (variável);
- D ← *−5* (variável);
- A > B (proposição);
- C < D (proposição).

Nesse caso, se utilizarmos o operador *and*, estamos fazendo uma *conjunção* das proposições originais. A conjunção de duas proposições é verdadeira se, e somente, **ambas** as proposições forem verdadeiras. Como exemplo; temos a proposição composta A > B *and* C < D.

O resultado dessa proposição é falso (*false*), embora 10 > 5 seja verdadeiro, a proposição 27 < -5 é falsa e a regra da conjunção diz: para que uma proposição composta seja considerada verdadeira **ambas** deverão ser verdadeiras.

Se utilizarmos o operador *or*, estamos fazendo uma *disjunção* das proposições originais. A disjunção de duas proposições é verdadeira se, e somente se, pelo menos **uma** delas for verdadeira. Utilizando o mesmo exemplo, temos a proposição composta A > B *or* C < D. O resultado dessa proposição é verdadeiro (true), pois mesmo que a proposição 27 < -5 seja falsa, a regra da disjunção diz: para que uma proposição composta seja considerada verdadeira **apenas uma** das proposições precisa ser verdadeira.

Caso seja utilizado o operador *not* em uma proposição, estamos fazendo uma *negação* da proposição original. Então, se negarmos a proposição C < D (**not** 27 < -5) obteremos o valor verdadeiro (*true*).

Como a função de um operador lógico é gerar um único resultado (verdadeiro ou falso), chegamos à tabela verdade (tabela 4.5).

Tabela 4.6: Tabela verdade.

A	B	A and B	A or B	not A
true	true	true	true	false
true	false	false	true	false
false	true	false	true	true
false	false	false	false	true

O programa 4.7 demonstra algumas possíveis utilizações dos operadores lógicos.

Programa 4.7: Uso dos operadores lógicos.

```
1    (* ExemploOperadorbLogico01.pas *)
2
3    Program ExemploOperadorbLogico01 ;
4    var
5       bLogico: boolean;
6    Begin
7       (* utilizando o operador AND dentro da fução writeln *)
8       writeln('true and true = ', true and true );
9       writeln('true and false = ', true and false);
10      writeln('false and true = ', false and true);
11      writeln('false and false = ', false and false);
12
```

```
13      (* linha em branco *)
14      writeln;
15
16      (* utilizando o operador OR com variáveis. Observação:
        qualquer operador lógico pode ser utilizado com variáveis
17      ou dentro de funções/comandos.Este programa usa as 2 formas
        a título de exemplo *)
18
19      bLogico := true or true;
20      writeln('bLogico = ', bLogico );
21      bLogico := true or false;
22      writeln('bLogico = ', bLogico );
23      bLogico := false or true;
24      writeln('bLogico = ', bLogico );
25      bLogico := false or false;
26      writeln('bLogico = ', bLogico );
27
28      (* linha em branco *)
29      writeln;
30
31      (* o operador NOT inverte o valor lógico de uma
        variável ou expressão *)
32      writeln('not true = ', not true );
33      bLogico := not false;
34      writeln('bLogico = ', bLogico );
35
36      (* a mistura de operadores relacionais com lógicos
        exige a utilizacao de parênteses para 'isolar' a operação
        relacional *)
37
38      writeln('2 = 2 ', not (2 = 2));
39      writeln('2 <> 2 ', not (2 <> 2));
40   End.
```

4.6 Linearização de expressões

Para a construção de programas, todas as expressões aritméticas devem ser linearizadas, ou seja, colocadas em linhas. É importante também ressalvar o uso dos operadores correspondentes da aritmética tradicional para a computacional. Além disso, devemos tomar cuidado com a ordem de precedência matemática de cada operador.

Considere a expressão: $\frac{2}{3}+(5-\frac{3}{7})+\sqrt{25}$.

Um computador não entende essa expressão, pois não está linearizada. A mesma expressão linearizada ficaria assim: $(2/3)+(5-(3/7))+sqrt\,(25)$. Dessa forma, o computador entede a expressão, pois estamos utilizando os símbolos corretos, ao mesmo tempo incluímos alguns parênteses para melhor entendimento do programador.

Numa equação ou representação simbólica, existe uma ordem de avaliação ou processamento. O computador passa analisando e resolvendo a representação simbólica obedecendo à ordem de precedência.

4.6.1 Regra de Precedência de Operadores

Em Pascal, ao contrário da maioria das linguagens de programação, os operadores *and* e *or* têm precedência sobre os operadores relacionais. Assim, se você escrever a < b *and* c < d o compilador tentará resolver a operação *and* primeiro, resultando em um erro de compilação. Por essa razão, sempre se deve colocar cada expressão relacional entre parênteses: (a < b) and (c < d).

Para o desenvolvimento de programas em Pascal é importante saber quais são as regras de precedência dos operadores, ou seja, qual operação será executada primeiro. Veja a tabela 4.7.

Tabela 4.7: Regra de precedência.

Precedência	Operador
1ª precedência	NOT (operador lógico)
2ª precedência	*,/,*div*,*mod* (operações) e *and* (operador lógico)
3ª precedência	+,- (operações) e *or* (operador lógico).
4ª precedência	=,<>,<,>,<=,>= (operadores relacionais)

4.6.2 Prioridades e parênteses

As prioridades usadas na resolução das expressões lógicas, aritméticas e relacionais são, geralmente, aquelas observadas na matemática, ou seja, resolvem-se nesta ordem: potenciações, multiplicações e divisões, somas e subtrações, operadores relacionais e operadores lógicos. Veja a resolução da expressão $(3^2 - 5 \geq 0)$ and $(\frac{5}{2} = 3 - 4)$ abaixo:

sqr(3) - 5 >= 0 *and* 5 / 2 = 3 - 4

9 - 5 >= 0 *and* 2.5 = -1

4 >= 0 *and* false

true *and* false

false

Em caso de dúvidas quanto às prioridades, use e abuse dos parênteses!

4.7 Manipulação de strings ou caracteres

4.7.1 Função SubStr

A função *SubStr* pega uma parte (pedaço) de um *string*. Sua sintaxe é:

- *SubString (TextoOriginal, PosiçãoInicial, QuantidadeCaracteres)*: Nesse caso, é retornado a partir da *PosiçãoInicial* a *QuantidadeCaracteres* informado;

- *SubString (TextoOriginal, PosiçãoInicial)*: Nesse caso, é retornado a partir da *PosiçãoInicial* todos os caracteres até o final do *TextoOriginal*.

O programa 4.8 ilustra bem o funcionamento desta função.

Programa 4.8: Uso da função SubString.

```
1    (* ExemploFuncoesString01.pas *)
2
3    Program ExemploFuncoesString01;
4    var
5.      sTexto, sSubString: string[20];
6    Begin
```

```
7       sTexto := 'Alo Mundo novo!';
8       writeln('Texto original:', sTexto);
9
10      sSubString := SubStr( sTexto, 1, 3 ); (* pega o 1, 2 e
        3 caractere ou seja 'Alo' *)
11      writeln('Texto modificado:', sSubString);
12
13
14      sSubString := SubStr( sTexto, 5, 5 ); (* pega a partir
        do 5 caractere os próximos 5 ou seja 'Mundo' *)
15      writeln('Texto modificado:', sSubString);
16
17      sSubString := SubStr( sTexto, 5 ); (* pega a partir do
        5 caractere até o final ou seja 'Mundo novo!' *)
18      writeln('Texto modificado:', sSubString);
19
20
21  End.
```

4.7.2 WriteStr

A função *WriteStr escreve* em uma variável do tipo *string* um valor/expressão formatado (impressão formatada foi vista na seção 3.3). Sua sintaxe é:

- WriteStr (StringFormatada, ValorComFormatação);

O programa 4.9 ilustra bem o funcionamento desta função.

Programa 4.9: Uso da função WriteStr.

```
1   (* ExemploFuncoesString02.pas *)
2
3   Program ExemploFuncoesString02;
4   var
5     sTexto: string[20];
6   Begin
7     WriteStr( sTexto, 10.5:8:2 ); (* grava o valor ' 10.50'
      na variável sTexto. Ou seja, reserva 8 espaços com 2 casas
      decimais *)
8
```

```
9       writeln('Texto formatado: [', sTexto, ']');
10      writeln('Texto formatado: [', 10.5:8:2, ']' ); (*
        Equivalente *)
11
12      WriteStr( sTexto, 'Oi':-5 ); (* reservado 5 espaços com
        alinhamento à esquerda *)
13      writeln('Texto formatado: [', sTexto, ']');
14
15      WriteStr( sTexto, 'Oi':5 ); (* reservado 5 espaços com
        alinhamento à direita *)
16      writeln('Texto formatado: [', sTexto, ']');
17
18
19 End.
```

4.7.3 Trim

A função *Trim* retira os espaços em branco ao final de uma *string*. O programa 4.10 demonstra o uso desta função.

Programa 4.10: Uso da função Trim.

```
1   (* ExemploFuncoesString03.pas *)
2
3   Program ExemploFuncoesString03;
4   var
5       sTexto: string[20];
6   Begin
7       sTexto := 'Oi Mundo Novo!!   '; (* deixado espaço em branco ao
        final propositavelmente *)
8       writeln('Texto original: [', sTexto, ']');
9       writeln('Texto alterado: [', Trim(sTexto), ']' );
10  End.
```

4.7.4 Val

A função *Val* converte uma *string* em um valor inteiro ou real. Sua sintaxe é:

- *Val (StringaSerConvertida, VariávelIntOuReal, VariávelErro)*: Caso aconteça algum erro de conversão (*StringaSerConvertida* com algum valor que não pode ser convertido), a variável *VariávelErro* conterá um valor indicando o código do erro.

A conversão poderá ocorrer de forma parcial. O programa 4.11 ilustra o comportamento desta função.

Programa 4.11: Uso da função Val.

```
1    (* ExemploFuncoesString04.pas *)
2
3    Program ExemploFuncoesString04;
4    var
5        rValor: real;
6        iValor, iErro: integer;
7
8    Begin
9
10       Val('123', iValor, iErro);
11       writeln('Valor convertido:', iValor, ' Erro:', iErro);
12
13       Val('321.15', rValor, iErro);
14       writeln('Valor convertido:', rValor, ' Erro:', iErro);
15
16
17       (* nestes casos ele consegue converter parcialmente,
     ou seja, reconhece os primeiros valores *)
18
19       Val('123inválido', iValor, iErro);
20       writeln('Valor convertido:', iValor, ' Erro:', iErro);
21
22       Val('321.15inválido', rValor, iErro);
23       writeln('Valor convertido:', rValor, ' Erro:', iErro);
24
25       (* neste caso ele não consegue converter, ou seja
26           o valor após a conversão será 0 *)
27       Val('inválido123', iValor, iErro);
28       writeln('Valor convertido:', iValor, ' Erro:', iErro);
```

```
29
30         Val('inválido321.15', rValor, iErro);
31         writeln('Valor convertido:', rValor, ' Erro:', iErro);
32
33
34  End.
```

4.7.5 Chr e Ord

As funções *Chr* e *Ord* convertem um inteiro para caractere e vice-versa.

- *Chr*: Recebe um valor inteiro e converte para um valor caractere, conforme a tabela *ASCII*.

- *Ord*: Recebe um valor caractere e converte para um valor inteiro, conforme a tabela *ASCII*.

Programa 4.12: Uso das funções Chr e Ord.

```
1   (* ExemploFuncoesString05.pas *)
2
3   Program ExemploFuncoesString05;
4   var
5         cCaractere: char;
6         iCaractere: integer;
7   Begin
8
9         write('Informe um número entre 0 e 255 para conversão:');
10        readln(iCaractere);
11
12        cCaractere := Chr(iCaractere);
13        writeln('O valor convertido é ', cCaractere);
14
15        write('Informe um caractere para conversão:');
16        readln(cCaractere);
17
18        iCaractere := Ord(cCaractere);
19        writeln('O valor convertido é ', iCaractere);
20
21  End.
```

4.7.6 Length

A função *Length* retorna o tamanho de uma string. O programa 4.13 ilustra o comportamento dessa função.

Programa 4.13: Uso das função Length.

```
1    (* ExemploFuncoesString06.pas *)
2
3    Program ExemploFuncoesString06;
4    var
5        sTexto : string;
6        iTamanho : integer;
7    Begin
8
9        write('Entre com uma frase:');
10       readln(sTexto);
11
12       iTamanho := length(sTexto);
13       writeln('O tamanho da frase é:', iTamanho);
14   End.
```

4.8 Exercícios

1. Transforme as expressões matemáticas para expressões lineares:

   (a) $\dfrac{5x4}{4}$

   (b) $E = MxC^2$

   (c) $\dfrac{4,2+4,6}{x+y+z+w} - 4,7$

   (d) $\dfrac{\sqrt{4,6}}{\sqrt{4}+\sqrt{3}}$

2. Faça um programa que leia cinco números e mostre sua soma na tela.

3. Faça um programa que leia o raio de uma circunferência e calcule a sua área. Utilize a fórmula πR^2.

4. Resolva a tabela verdade abaixo:

5. Calcule as expressões abaixo: o operador *mod* calcula o resto e *div*, o quociente da divisão inteira. Depois, escreva um programa que lhe permita verificar, quando executado, se você calculou corretamente.

    - 37 *mod* 13 =
    - 41 *div* 7 =
    - 11 *div* 3 *mod* 2 =
    - 11 *mod* 3 *div* 2 =

6. Elabore um programa que leia dois valores A e B e faça a permuta entre eles, ou seja, A recebe o valor de B e vice-versa.

7. Um professor atribui pesos de 1 a 4 para as notas de quatro avaliações. A nota é calculada por meio da média ponderada (N1 + N2*2 + N3*3 + N4*4)/10, onde N1 é a nota da primeira avaliação, N2 a da segunda, etc. Um aluno tirou as seguintes notas: 8 - 7,5 - 10 - 9. Faça um programa que calcule e mostre as notas e a média desse aluno, sendo a média formatada com uma casa decimal.

8. Vou e volto, diariamente, a pé do trabalho, que é distante, aproximadamente, 800 m de minha casa. Supondo que trabalho cinco dias por semana, 45 semanas por ano, crie a operação matemática que deve ser efetuada para calcular quantos quilômetros, aproximadamente, terei andado ao final de um ano. Elabore um programa que faça as contas e mostre o resultado na tela.

9. Escreva um programa que leia três notas inteiras e calcule a sua média aritmética.

10. Elabore um programa que leia três valores e calcule a média geométrica dos números lidos (divisão do produto pela quantidade de valores).

11. Implemente um programa que leia três valores e calcule a média ponderada para pesos 1, 2 e 3, respectivamente (multiplique cada nota pelo seu peso, some os produtos e divida o resultado pela soma dos pesos).

12. Implemente um programa que leia dois números quaisquer e informe sua soma, diferença, produto e divisão, formatados com duas casas decimais.

13. Elabore um programa que leia um número (suponha que será positivo) e informe seu quadrado, raiz, logaritmo e exponencial, formatados com quatro casas decimais.

14. O critério de notas de uma faculdade consiste de uma nota de 0 a 10 em cada bimestre, sendo a primeira nota peso 2 e a segunda peso 3. Elabore um programa que leia as notas bimestrais e calcule a nota do semestre.

15. Um canal de notícias internacionais a cabo, previa temperatura máxima para Brasília de 85 graus Fahreneit. Crie um programa que lhe permita converter essa temperatura, e qualquer outra, para graus Celsius, sabendo que a relação entre elas é

16. Escreva um programa que leia duas cadeias de caracteres de tamanho 10 e mostre-as concatenadas na tela.

17. Um casal divide as despesas domésticas mensalmente. Durante o mês cada um anota seus gastos e as contas que paga; no final eles dividem meio a meio. O casal deseja um programa que facilite o acerto: eles digitariam os gastos de cada um e o programa mostraria quem deve a quem. Atualmente, eles fazem o acerto manualmente, na forma da seguinte tabela:

Portanto, os saldos devem ser iguais e quem tiver o saldo negativo deve pagar o valor para o outro. Faça um programa que leia os valores adequados e efetue os cálculos. O total é a soma das despesas individuais; um percentual é o gasto individual dividido pelo total, multiplicado por 100; cada um deve o mesmo valor, igual à metade do total; finalmente, cada saldo corresponde à diferença entre o valor pago pela pessoa e a média do que foi pago. Uma tela para o programa pode ser com os mesmos dados da tabela acima:

```
Digite valor das despesas do marido: 1278.60
Digite valor das despesas da esposa: 875.30
ITEM            MARIDO    ESPOSA    TOTAL
============    =======   =======   =======
Despesas        1278.60    875.30   2153.90
pagas
% pago            59.36     40.64      100
Valor devido    1076.95   1076.95   2153.90
Saldo            201.65   -201.65
```

18. Altere o programa acima de forma que o marido arque com 60% das despesas e a esposa com o restante.

19. Para o mesmo programa de rateio acima, suponha que o casal, ao invés de dividir meio a meio as despesas, irá dividí-las, proporcionalmente, à renda de cada um. Altere o programa de forma que ele leia, também, a renda de cada um e use a proporção das rendas para a divisão.

20. Elabore um programa que dado um número inteiro de segundos, mostre quantas horas, minutos e segundos ele corresponde.

21. O governo acaba de liberar 10 milhões de dólares para a construção de casas populares e contratou a Construtora Pica-Pau S.A.. Cada casa custa o equivalente a 150 salários mínimos. Faça um algoritmo que leia o valor do salário mínimo, o valor do dólar e calcule a quantidade de casas possíveis de serem construídas.

22. Escreva um programa que leia um valor em reais e calcule qual o menor número possível de notas de 100, 50, 20, 10, 5 e 1 em que o valor lido pode ser decomposto e escreva o valor lido e a relação de notas necessárias.

23. Escreva um programa que leia:

    -   a percentagem do IPI a ser acrescida no valor das peças

    -   o código da peça 1, valor unitário da peça 1, quantidade de peças 1

    -   o código da peça 2, valor unitário da peça 2, quantidade de peças 2

O programa deve calcular o valor total a ser pago e apresentar o resultado. Fórmula: Total = (valor1 * quantidade1+valor2*quantidade2) * (IPI / 100 + 1)

24. Faça um programa que leia o número de um funcionário, seu número de horas trabalhadas e o valor que recebe por hora. O programa deve calcular e mostrar o salário desse funcionário.

25. Faça um programa para efetuar o cálculo do valor de uma prestação em atraso, usando a fórmula: PRESTAÇÃO = VALOR+(VALOR*(TAXA/ 100)*DIAS).

5 Estruturas de Condição

> Há três coisas na vida que não voltam atrás: a flecha lançada, a palavra pronunciada e a oportunidade perdida.
>
> Provérbio chinês.

Como já foi visto, verificamos que muitas vezes precisamos tomar decisões no andamento de uma sequência lógica ou de um algoritmo. Essas decisões alteram o comportamento e o resultado de um programa. Os comandos de decisão ou desvio fazem parte das técnicas de programação que conduzem as estruturas de programas que não são totalmente sequenciais. Com esses mesmos comandos pode-se fazer com que o programa proceda de uma ou de outra maneira, de acordo com as decisões lógicas tomadas em função dos dados ou resultados anteriores. As principais estruturas de decisão são: *if.. then*, *if..then..else* e *case*.

No processamento condicional, um conjunto de instruções ou apenas uma instrução, é executado ou não. A sua execução depende de uma condição. Se a condição pela qual estamos perguntando tiver resposta afirmativa, o conjunto de instruções é executado.

Exemplos:

- Obtenha a média aritmética de cincos notas. Se a média for maior ou igual a sete, o aluno está aprovado, caso contrário, está reprovado.
- Se fizer calor e tiver sol, vou à praia. Senão, irei ao cinema.

A figura 5.1 demonstra graficamente os exemplos anteriores.

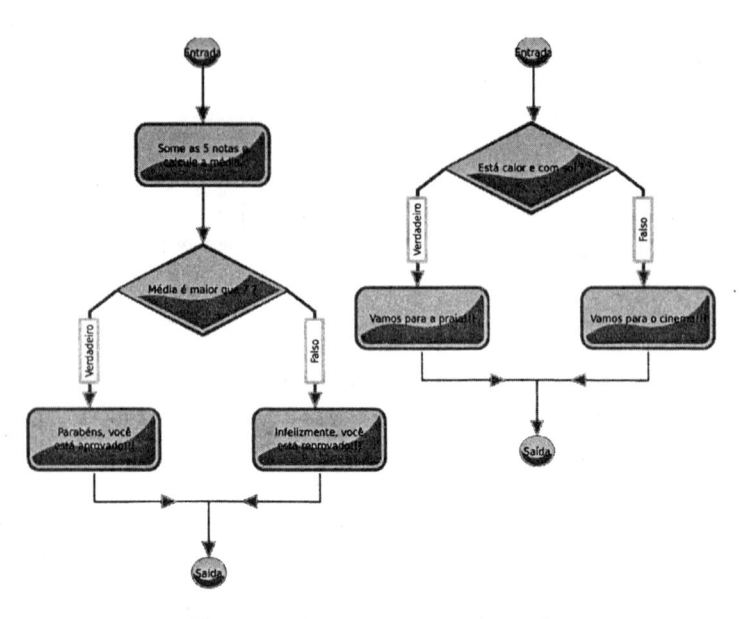

Figura 5.1: Processamento condicional.

5.1 Desvio Condicional Simples (if..then)

O comando *if..then* funciona da seguinte maneira. Primeiramente, a expressão da condição é avaliada, caso o resultado seja verdadeiro, o bloco de comandos entre *begin end* é executado. Caso a expressão resulte em falso, o bloco de comandos não será executado.

Se o bloco de comandos, na realidade, representar um único comando, não será necessário utilizar o *begin end*, bastando o comando após o *if..then*. Na prática, o uso do *if..then* é um típico exemplo de estrutura de condição com apenas uma alternativa (visto na seção 2.3). O programa 5.1 demonstra a utilização do comando *if..then*. E a figura 5.2 demonstra o fluxo do programa 5.1.

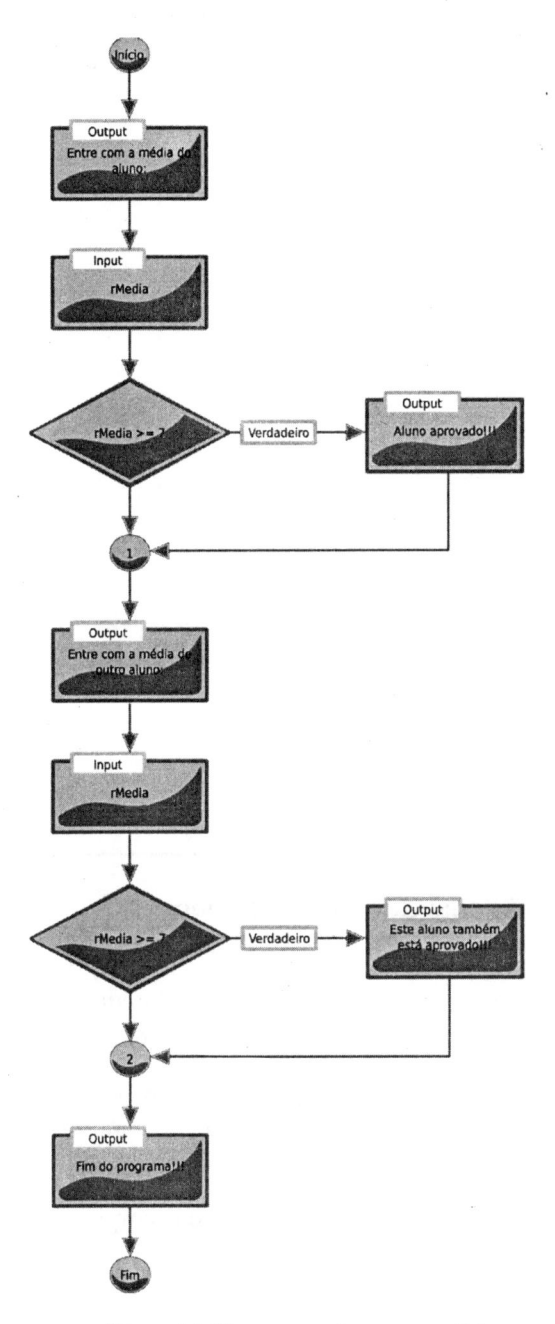

Figura 5.2: Fluxograma do programa 5.1.

Programa 5.1: Exemplo de uso do *if..then*.

```
1   (* ExemploIf01.pas *)
2   Program ExemploIf01 ;
3   var
4   rMedia: real;
5   Begin
6       writeln('Entre com a média do aluno:');
7       readln(rMedia);
8       if rMedia >= 7.0 then
9       Begin
10          writeln('Aluno aprovado!!!');
11      End; (* ponto final somente no ultimo end, nos demais
        deve-se utilizar ponto e virgula *)
12
13      writeln('Entre com a média de outro aluno:');
14      readln(rMedia);
15      if rMedia >= 7.0 then (*repare que não foi utilizando
        o begin..end*)
16          writeln('Este aluno também está aprovado!!!');
17
18      writeln('Fim do programa!!!');
19
20  End.
```

5.2 Desvio Condicional Composto (*if..then..else*)

A diferença da estrutura condicional simples é que agora existe a possibilidade de executar uma sequência de instruções diferentes, caso uma condição não seja verdadeira. Para isso, utilizamos a estrutura *if..then..else*.

Esse comando, inicialmente, testa a condição, caso seja verdadeiro, o bloco de comando abaixo do *if* será executado. Caso a condição resulte em valor falso será executado o bloco de comandos abaixo do *else*.

Na prática, o uso do *if..then..else* é um típico exemplo de estrutura de condição com duas alternativas (visto na seção 2.2). Utilizando o mesmo exemplo do programa 5.1, em que é verificado se um está reprovado por média, foi criado o programa 5.2 que foi alterado para mostrar uma mensagem dizendo que o aluno está reprovado.

Programa 5.2: Exemplo de uso do *if..then..else*.

```
1   (* ExemploIf02.pas *)
2   Program ExemploIf02 ;
3      var
4          rMedia: real;
5      Begin
6          writeln('Entre com a média do aluno:');
7          readln(rMedia);
8          if rMedia >= 7.0 then
9          Begin
10             writeln('Aluno aprovado!!!');
11         End (* End antes de else não recebe o ponto-e-
    vírgula (;) *)
12         else
13         Begin
14             writeln('Aluno reprovado!!!');
15         End; (* ponto final somente no ultimo end, nos
    demais deve-se utilizar ponto-e-vírgula *)
16
17            writeln('Entre com a média de outro aluno:');
18            readln(rMedia);
19            if rMedia >= 7.0 then
20                writeln('Este aluno também está aprovado!!!')
    (* na prática, o último comando a preceder um
21            else não recebe o ponto-e-vírgula *)
22            else
23                writeln('Este aluno está reprovado!!!');
    (* repare que não foi utilizando o begin..end *)
24
25            writeln('Fim do programa!!!');
26
27   End.
```

A figura 5.3 demonstra o fluxo do programa 5.2.

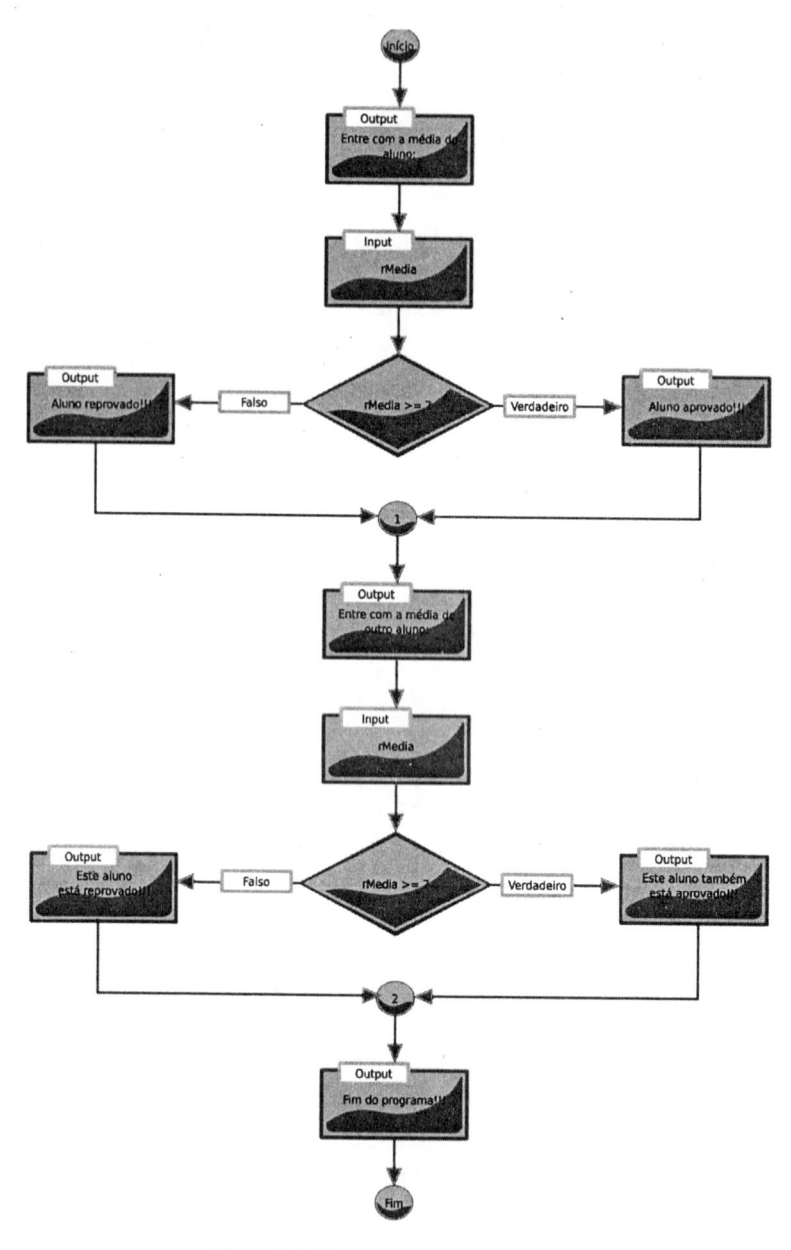

Figura 5.3: Fluxograma do programa 5.2.

5.3 Desvio Condicional Encadeado ou Aninhado

Existem casos em que é necessário se estabelecer verificações de condições sucessivas. Quando uma ação é executada, ela poderá ainda estabelecer novas condições, isso significa condições dentro de condições. Esse tipo de estrutura poderá ter diversos níveis de condição, sendo chamados de aninhamentos ou encadeamentos.

O segundo encadeamento pode ser tanto para uma condição verdadeira quanto para uma condição falsa.

Considere o problema a seguir, no qual se estabelece três condições para se calcular o reajuste de salário de um funcionário:

- Para salário < do que 500, o reajuste será de 15%.
- Para salário >= 500 e <= 1000, o reajuste será de 10%.
- Para salário > 1000, o reajuste será de 5%.

O programa 5.3 apresenta a solução para o problema anterior.

Programa 5.3: Exemplo de uso do *if..then..else* para condições aninhadas.

```
1   (* ExemploIf03.pas *)
2   Program ExemploIf03;
3     var
4         rSalario, rReajuste: real;
5   Begin
6         writeln('Entre com o salário:');
7         readln(rSalario);
8         if rSalario < 500.0 then
9              Begin
10                  rReajuste := rSalario * 1.15;
11             End
12        else
13             Begin
14                  if (rSalario >= 500.0) and (rSalario <= 1000.0) then
15                       Begin
16                            rReajuste := rSalario * 1.10;
17                       End
```

```
18                    else
19                      Begin
20                        rReajuste := rSalario * 1.05;
21                      End;
22                    End;
23          writeln('O novo salário eh ', rReajuste );
24   End.
```

5.4 Desvio Condicional com Múltiplas opções (case..of)

Caso seja necessário realizar operações baseadas em um valor de uma expressão ou variável em vez de se construir para isso uma cadeia de *if...else...if... else..if...else* pode-se utilizar um comando de seleção múltipla.

Exemplos:

- Caso *TEMPO* seja igual a:
    - **Chuva**: Então fico em casa;
    - **Sol**: Vou à praia;
    - **Encoberto**: Vou ao cinema.

- Caso *HORÁRIO* seja igual a:
    - **08 horas**: Vou trabalhar;
    - **12 horas**: Vou almoçar;
    - **18 horas**: Vou para casa;
    - **20 horas**: Vou jantar;
    - **Qualquer outro horário:** Vou dormir.

A figura 5.4 demonstra graficamente os exemplos anteriores.

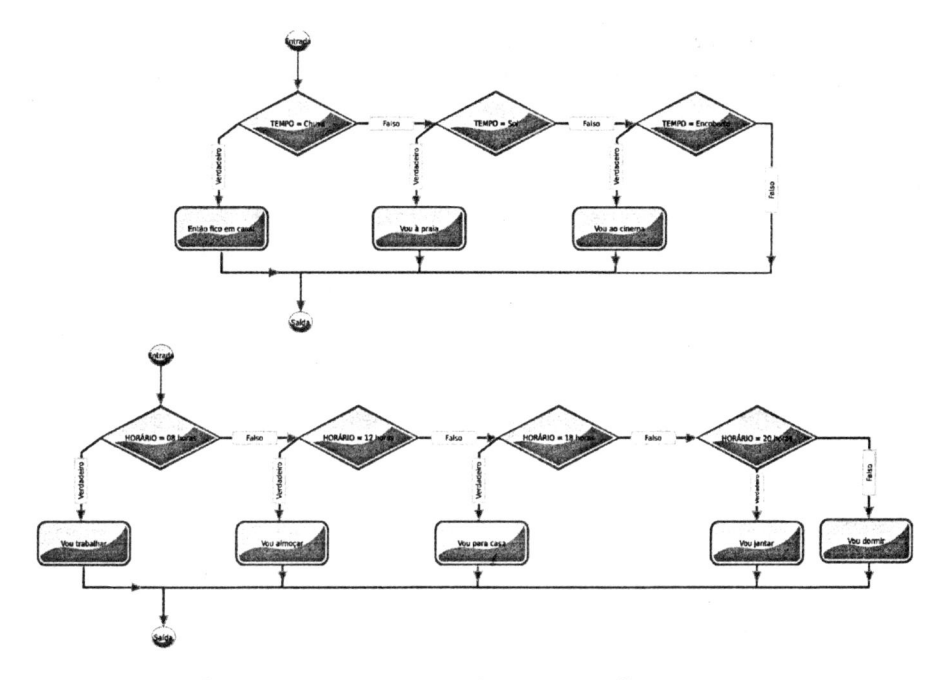

Figura 5.4: Processamento condicional com múltiplas opções.

A estrutura de decisão *case..of* é utilizada para testar, na condição, uma única expressão, que produza um resultado, ou então, o valor de uma variável, na qual está armazenado um determinado conteúdo. Compara-se, então, o resultado obtido no teste com os valores fornecidos em cada cláusula.

Inicialmente, o valor da expressão é avaliado. Depois é feita uma comparação com cada valor colocado na lista de opções. Caso o valor seja coincidente, o bloco ligado à opção será executado. Na prática, o uso do *case..of* é um típico exemplo de estrutura de condição com N alternativas (visto na seção 2.4).

Existe a possibilidade de colocar uma condição para que, se nenhuma opção foi selecionada, um bloco seja executado (utilizando o comando *else*). O comando *else* indicará esse bloco padrão a ser executado, ou seja, indica ao algoritmo uma opção alternativa (se todas as opções anteriores forem falsas).

O programa 5.4 demonstra o uso do *case..of* com opção de escolher outras alternativas (comando *else*). Repare que o uso do comando *begin* para indicar o início de um bloco é desnecessário, mas o comando deve ser finalizado com um comando *end*.

Programa 5.4: Exemplo de uso do *case..of* para múltiplas opções.

```
1   (* ExemploCase01.pas *)
2   Program ExemploCase01 ;
3     var
4        iOpcao: integer;
5     Begin
6        writeln('Entre com uma opção:');
7        readln(iOpcao);
8
9        case iOpcao of
10            1: writeln('Opção 1');
11            2: writeln('Opção 2');
12            3: writeln('Opção 3');
13            4: writeln('Opção 4');
14       else
15            writeln('Voce não digitou 1,2, 3 ou 4 ');
16       end; (* atenção, o case precisa finalizar com um end *)
17  End.
```

A figura 5.5 demonstra o fluxograma do programa 5.4. Repare que a opção *else* do programa é representada pelo caminho *falso* na última decisão (semelhante a um *if..then..else*).

5 - Estruturas de Condição ≻ 77

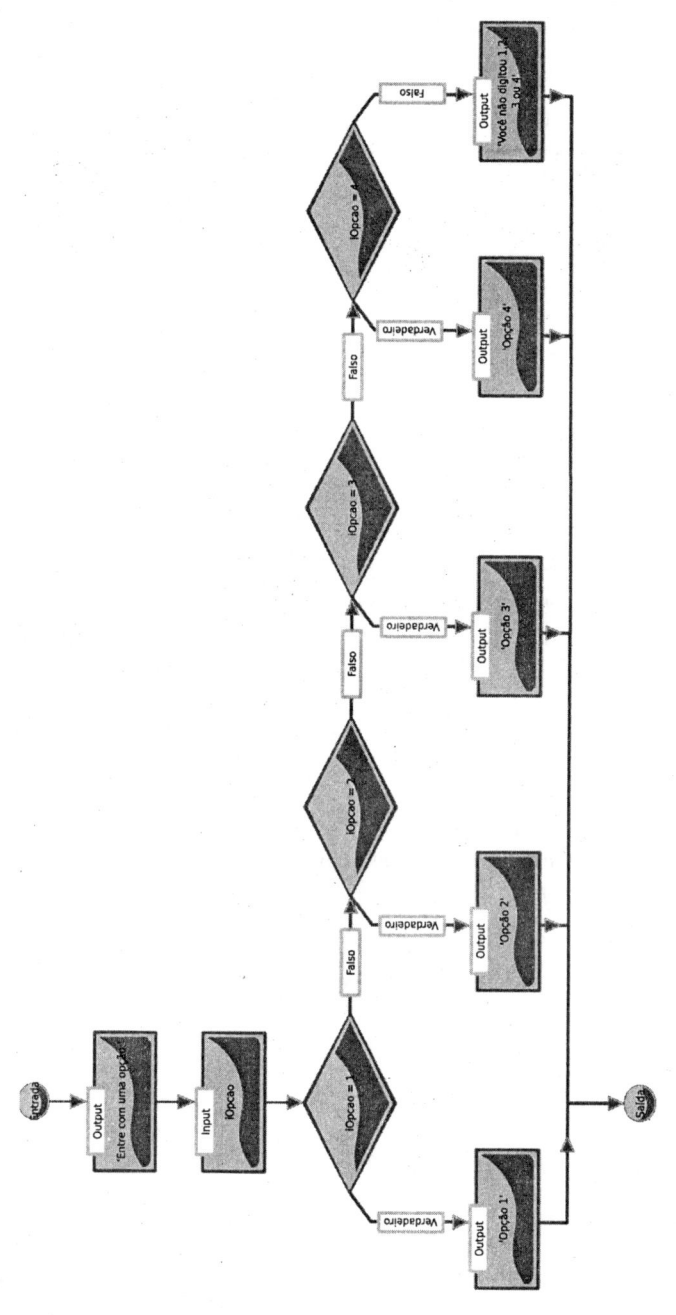

Figura 5.5: Fluxograma do programa 5.4.

O comando *case..of* permite que seja especificada uma lista de valores para simular um *ou lógico* (*or*). O programa 5.5 demonstra essa possibilidade.

Programa 5.5: Exemplo de uso do *case..of* para múltiplas opções.

```
1   (* ExemploCase02.pas *)
2   Program ExemploCase02 ;
3     var
4       iOpcao: integer;
5   Begin
6     writeln('Entre com uma opção:');
7     readln(iOpcao);
8
9     case iOpcao of
10       1,2: writeln('Opção 1 ou 2');
11       3,4: writeln('Opção 3 ou 4');
12       5: writeln('Opção 5');
13       6: writeln('Opção 6');
14     else
15       writeln('Você não digitou 1,2,3,4,5 ou 6 ');
16     end; (* atenção, o case precisa finalizar com um end *)
17  End.
```

A figura 5.6 demonstra o fluxograma do programa 5.5. Repare que a opção *else* do programa é representada pelo caminho *falso* na última decisão (semelhante a um *if..then..else*).

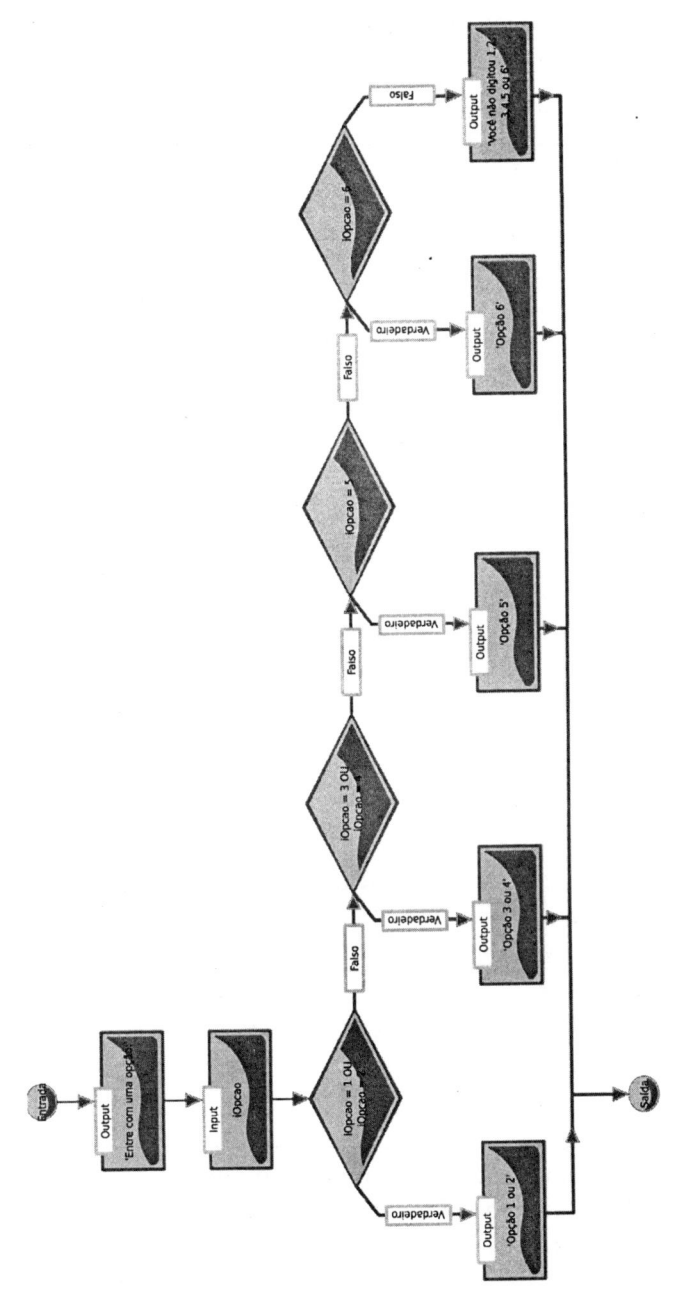

Figura 5.6: Fluxograma do programa 5.5.

O programa 5.6 demonstra que é possível utilizar outras estruturas/comandos junto com o comando *case..of*.

Programa 5.6: Exemplo de uso do *case..of* com outros comandos.

```
1    (* ExemploCase03.pas *)
2    Program ExemploCase03 ;
3      var
4         iOpcao: integer;
5    Begin
6         writeln('Entre com uma opção:');
7         readln(iOpcao);
8
9         case iOpcao of
10            1,2:
11               Begin
12                  if iOpcao = 1 then
13                     Begin
14                        writeln('Opção 1');
15                     End
16                  else
17                     Begin
18                        writeln('Opção 2');
19                     end;
20               end;
21            3,4: writeln('Opção 3 ou 4');
22            5: writeln('Opção 5');
23            6: writeln('Opção 6');
24         else
25            writeln('Voce não digitou 1,2,3,4,5 ou 6 ');
26         end; (* atenção, o case precisa finalizar com um end
      *)
27   End.
```

A figura 5.7 demonstra o fluxograma do programa 5.6. Repare que a opção *else* do programa é representada pelo caminho *falso* na última decisão (semelhante a um *if..then..else*).

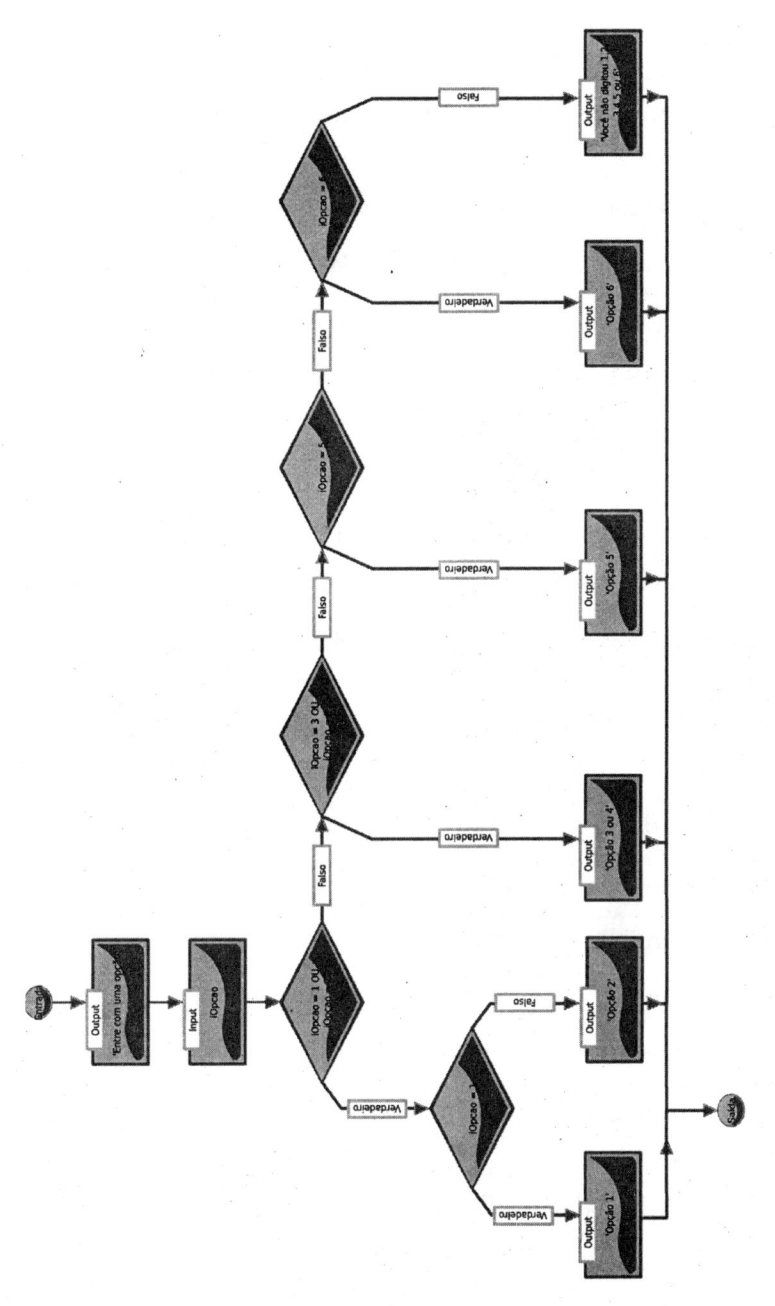

Figura 5.7: Fluxograma do programa 5.6.

5.5 Exercícios

1. Tendo como dados de entrada a altura e o sexo de uma pessoa (M - masculino e F - feminino), construa um algoritmo que calcule seu peso ideal, utilizando as seguintes fórmulas:

    - Para homens: (72.7 * altura) - 58
    - Para mulheres: (62.1 * altura) - 44.7

2. Leia um número e verifique se ele é múltiplo de cinco.

3. Obtenha a idade de uma pessoa e escreva se ela é maior ou menor de idade.

4. Leia dois números e informe se eles são iguais ou diferentes.

5. Verifique se um número é par ou impar.

6. Leia dois valores e verifique a divisão do maior pelo menor.

7. Escreva um algoritmo que leia um valor em reais e um tipo de moeda (1 - dólar ou 2 - euro) e faça a conversão do valor para a moeda solicitada.

8. Leia um número e informe se ele é positivo ou negativo.

9. Elabore um algoritmo que, dada a idade de um nadador, classifique-o em uma das seguintes categorias (utilize o comando *if..then..else*):

    - Infantil A = 5 a 7 anos
    - Infantil B = 8 a 11 anos
    - Juvenil A = 12 a 13 anos
    - Juvenil B = 14 a 17 anos
    - Adultos = Maiores de 18 anos

10. Elabore um algoritmo que, dada a idade de um nadador, classifique-o em uma das seguintes categorias (utilize o comando *case..of*):

    - Infantil A = 5 a 7 anos
    - Infantil B = 8 a 11 anos

- Juvenil A = 12 a 13 anos

- Juvenil B = 14 a 17 anos

- Adultos = Maiores de 18 anos

11. Faça um programa que leia a receita e a despesa de uma empresa e que imprima lucro ou prejuízo.

12. Uma empresa está contratando, para seu quadro de funcionários, pessoas com as seguintes características: maior de 18 anos, universitário e com conhecimentos de inglês. Construa um algoritmo que leia os dados e que informe se o candidato está apto ou não ao cargo.

13. Um imposto é calculado com base na seguinte tabela:

Até 1.200,00	isento	
de	1.201,00 a 5.000,00	10%
de	5.001,00 a 10.000,00	15%
acima de	10.000,00	20%

Implemente um programa que calcule os impostos a pagar para um valor de acordo com a faixa. Peça para o usuário informar esse valor.

14. Implemente um programa que receba três valores numéricos, X, Y e Z, e verifique se esses valores podem corresponder aos lados de um triângulo. Em caso afirmativo, informar ao usuário se o triângulo é equilátero, isósceles ou escaleno.

6 Estruturas de Repetição

> O fracasso é um desvio e não uma rua sem saída.
>
> Zig Ziglar.

Em vários momentos, na programação, se torna necessário repetir um trecho de um programa um determinado número de vezes. Nesse caso, pode ser criado um laço de repetição que efetue o processamento de um determinado trecho, quantas vezes forem necessárias. Os laços de repetição também são conhecidos por *loopings*.

Por exemplo, supondo que se queira executar um determinado trecho de um programa três vezes, imagine que um programa deva ler dois valores e mostrar a média entre eles. Certamente, a melhor técnica não seria repetir, simplesmente, um mesmo trecho três vezes, como é mostrado no programa 6.1:

Programa 6.1: Leitura de notas para cálculo de média.

```
1   (* ExemploMedia3xvezes.pas *)
2   Program Media3xvezes ;
3     var
4       rMedia, rNota_1, rNota_2: real;
5   Begin
6       write('Digite a nota 1:');
7       read(rNota_1);
8       write('Digite a nota 2:');
9       read(rNota_2);
10      rMedia := (rNota_1 + rNota_2)/2;
11      writeln('A média é:', rMedia:0:2);
12
13      write('Digite a nota 1:');
14      read(rNota_1);
15      write('Digite a nota 2:');
16      read(rNota_2);
17      rMedia := (rNota_1 + rNota_2)/2;
18      writeln('A média é:', rMedia:0:2);
```

```
19
20          write('Digite a nota 1:');
21          read(rNota_1);
22          write('Digite a nota 2:');
23          read(rNota_2);
24          rMedia := (rNota_1 + rNota_2)/2;
25          writeln('A média é:', rMedia:0:2);
26    End.
```

Para esse e outros casos similares, existem comandos apropriados para efetuar a repetição de determinados trechos de programa quantas vezes forem necessárias. A principal vantagem é que o programa passa a ter um tamanho muito menor, podendo ter o seu processamento ampliado como for necessário.

Existem dois tipos de repetição e dois tipos de controles de repetição. Esses detalhes serão melhores explicados na seção 6.5.

6.1 Repetição com for...to/downto..do

A estrutura do *for..to/downto..do* é garantida (quantidade de repetições pré-definidas) e sua sintaxe é apresentada no formato conforme os exemplos 6.2 e 6.3:

Programa 6.2: Sintaxe de uso do *for..to..do*

```
1   for Contador := ValorInicial to ValorFinal do
2   begin
3         comando 01;
4         comando 02;
5         comando 03;
6         ....
7         comando N-1.
8         comando N;
9   end;
```

Programa 6.3: Sintaxe de uso do *for..down to..do*

```
1   for Contador := ValorInicial downto ValorFinal do
2   begin
3        comando 01;
4        comando 02;
5        comando 03;
6        ....
7        comando N-1;
8        comando N;
9   end;
```

Onde:

- *Contador* é uma variável do tipo *integer* ou *char*;
- *ValorInicial* e ValorFinal são expressões do tipo *integer* ou do tipo *char*;
- *comandos 01, 02...N* podem ser qualquer comando da linguagem (*read, write, if*, etc..)

O comando associa o valor da expressão definida por *ValorInicial* à variável *Contador*, executando então a sequência de comandos dada por *Comandos 01,02...N* repetidamente, enquanto *Contador* armazenar um valor maior (*for.. to..do*) ou menor (*for...downto..do*) que *ValorFinal*. A figura 6.1 ilustra o funcionamento da estrutura de repetição *for..to/downto..do*.

Após cada iteração, o valor armazenado em contador é incrementando ou decrementando:

- *for..to..do* incrementa contador (soma 1);
- *for..downto..do* decrementa o contador (subtrai 1).

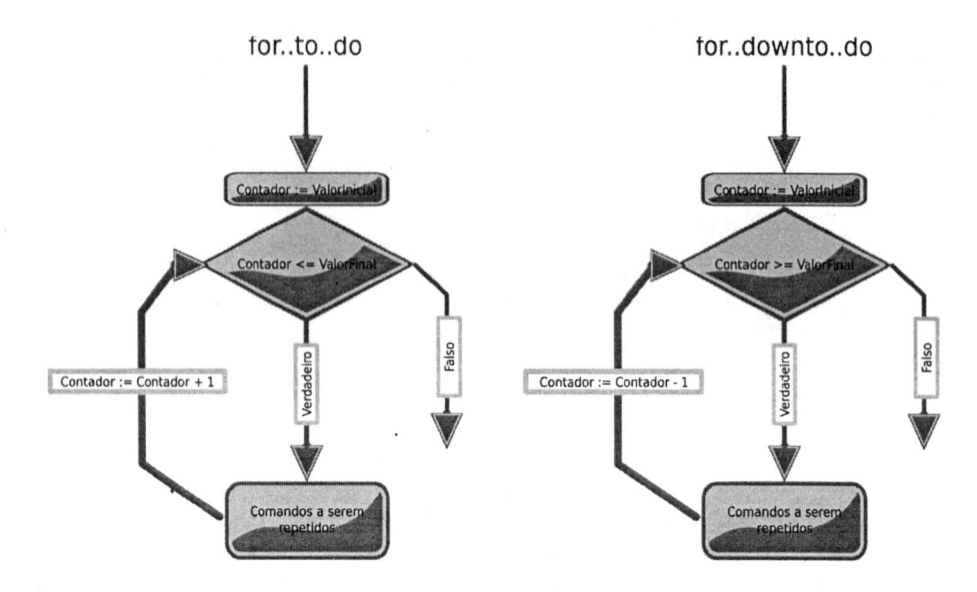

Figura 6.1: Representação em fluxograma do *for..to/downto..do*.

Quando o contador for maior (*for..to..do*) ou menor (*for..downto..do*) a repetição de comandos termina. Veja o programa 6.4 com o mesmo programa de cálculo de média (programa 6.1). O programa 6.5 é um exemplo de como utilizar uma variável do tipo *char* de um programa que irá mostrar todas as letras do alfabeto (A-Z):

Programa 6.4: Leitura de média com *for..to..do* outra versão para o programa 6.4.

```
1   (* ExemploFor01.pas *)
2   Program ExemploFor01 ;
3      var
4         rMedia, rNota_1, rNota_2: real;
5         iContador:integer;
6   Begin
7         writeln('Início do Programa!');
8         for iContador := 1 to 4 do
9         begin
```

```
10              writeln('Entre com a nota 01:');
11              readln(rNota_1);
12              writeln('Entre com a nota 02:');
13              readln(rNota_2);
14              rMedia := (rNota_1+rNota_2)/2;
15              writeln('A media é:', rMedia:0:2);
16          end;
17          writeln('Fim do programa!');
18   End.
```

Programa 6.5: Exemplo de uso de varíavel do tipo *char* com *for..to/down to..do*.

```
1    (* ExemploFor02.pas *)
2    Program ExemploFor02 ;
3      var
4      cLetra:char;
5      Begin
6           writeln('Início do Programa!');
7           for cLetra := 'A' to 'Z' do
8           begin
9                writeln('Letra =', cLetra);
10          end;
11          writeln('Fim do programa!');
12   End.
```

É possível decrementar o contador também, veja o exemplo de um algoritmo que irá fazer a contagem regressiva para o lançamento de um foguete (programa 6.6).

Programa 6.6: Exemplo de uso do *for..down to..do*.

```
1    (* ExemploFor03.pas *)
2    Program ExemploFor03 ;
3      var
4      iContador:integer;
5      Begin
6           writeln('Início da contagem regressiva!');
```

```
7              for iContador := 10 downto 1 do
8              begin
9                 writeln(iContador);
10             end;
11             writeln('Lançar!!');
12   End.
```

6.1.1 Exercícios

1. Faça um programa que mostre a tabuada do 7 (7x1=7, 7x2=14,...)

2. Calcule e mostre a soma de todos os números entre 1 e 100.

3. Calcule e mostre a soma dos números pares entre 1 e 100.

4. Calcule e mostre a soma dos números impares entre 1 e 100.

5. Escreva um programa que gere os números de 1000 a 1999 e escreva aqueles que divididos por 11 dão resto igual a 5.

6. Faça um programa que leia dois números inteiros e positivos. O programa deverá mostrar a multiplicação de todos os números entre o intervalo (inclusive). Exemplo: se for digitado 15 e 19 deverá ser apresentado o resultado da multiplicação de 15 * 16 * 17 * 18 * 19.

6.2 Repetição com while..do

Essa estrutura é mais indicada quando é necessário repetir um determinado trecho de programa indefinidamente. Para ilustrar, suponha que um determinado valor deva ser lido indefinidamente, até que seja digitado zero (condição de parada). Nesse caso devemos usar a estrutura *while..do*. Veja também a seção 6.5.

Programa 6.7: Sintaxe de uso do *while..do*

```
1    while ExpressaoBoleana do
2    begin
3       comando_01;
4       comando_02;
5    end;
```

- *while ExpressãoBoleana*: Indica o início da sequência de comandos a serem repetidos. Cada vez que o programa chega nesse ponto, a *ExpressãoBoleana* é avaliada. Se o seu resultado for **verdadeiro** os comandos presentes entre *begin* e *end* são executados; caso contrário, a execução prosseguirá a partir do próximo comando depois do *end*.

A figura 6.2 demonstra o funcionamento da estrutura *while..do*.

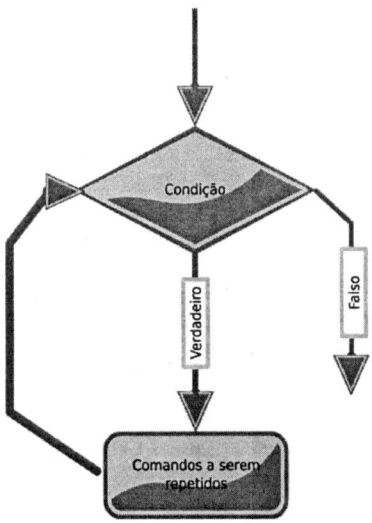

Figura 6.2: Representação em fluxograma do *while..do*.

O programa 6.8 utiliza uma *variável contadora* para controlar o fim do laço de repetição. O programa 6.8 é idêntico, em funcionamento, ao programa 6.9. A figura 6.3 ilustra a diferença dos dois programas.

Programa 6.8: Exemplo de uso do *while..do* com variável contadora.

```
1    (* ExemploWhile01.pas *)
2    Program ExemploWhile01 ;
3       var
4       iContador : integer;
5       Begin
6           writeln('Início do programa!');
7           iContador := 1; (* Inicialização *)
8           while (iContador <= 18 ) do (* condição de teste *)
9           begin
10              writeln('Contador:', iContador);
```

```
11              iContador := iContador + 1; (* acréscimo/incremento *)
12          end;
13          writeln('Fim do programa!!');
14   End.
```

Programa 6.9: Exemplo de uso do *for..to..do* similar ao programa 6.8.

```
1    (* ExemploFor04.pas *)
2    Program ExemploFor04 ;
3      var
4      iContador : integer;
5      Begin
6          writeln('Início do programa!');
7          for iContador := 1 to 18 do
8          begin
9              writeln('Contador:', iContador);
10         end;
11         writeln('Fim do programa!!');
12   End.
```

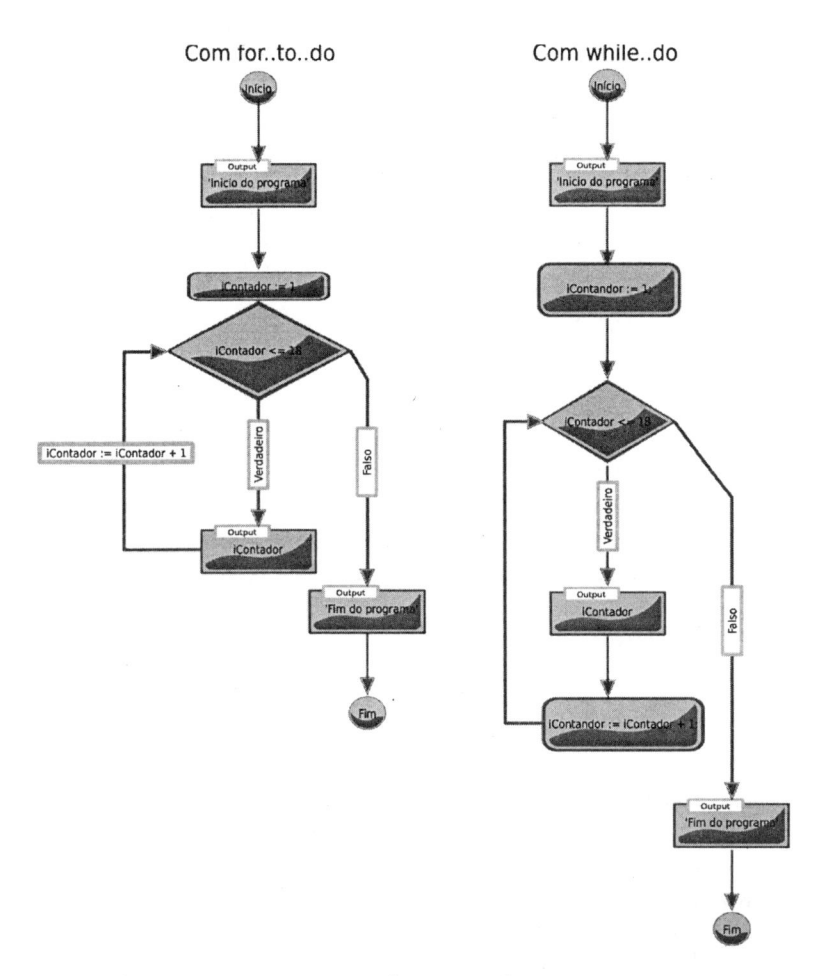

Figura 6.3: Representação em fluxograma dos programas 6.8 e 6.9.

Já o programa 6.10 solicita um valor ao usuário para continuar ou não a execução do laço de repetição. Nesse caso, quando for digitado 0 (zero) para a variável *rValor*, o fluxo do programa segue até chegar no comando *end*. Ao retornar na linha *while rRalor < > 0 do*, é verificado que o valor não é diferente de zero e o controle do programa passa para a linha abaixo do *end*. A partir daí, o fluxo do programa segue normalmente.

94 ◁ Lógica de Programação - Uma abordagem em Pascal

Programa 6.10: Exemplo de uso do *while..do* controlado pelo usuário.

```
1   (* ExemploWhile02.pas *)
2   Program ExemploWhile02 ;
3     var
4     rValor:real;
5   Begin
6
7       write('Entre com o valor:');
8       readln(rValor);
9       writeln('O valor digitado foi: ', rValor:0:2);
10
11      while( rValor <> 0 ) do
12      begin
13          write('Entre com o valor:');
14          readln(rValor);
15          writeln('O valor digitado foi: ', rValor:0:2);
16      end;
17
18          (* este trecho somente será executado quando for digitado zero *)
19          writeln('Fim do programa!!!');
20  End.
```

O programa 6.11 é um exemplo de algoritmo para encontrar o resto da divisão entre dois números, com o dividendo maior que o divisor:

Programa 6.11: Programa para encontrar o resto da divisão entre dois números.

```
1   (* ExemploWhile03.pas *)
2   Program ExemploWhile03 ;
3     var
4     rDividendo, rDivisor, rResto: real;
5   Begin
6       writeln('Informe os valores do dividendo e do divisor:');
7       readln(rDividendo, rDivisor);
8
9       rResto := rDividendo;
10
```

```
11          while (rResto >= rDivisor) do
12          begin
13              rResto := rResto - rDivisor;
14          end;
15
16          writeln('O resto da divisão entre ', rDividendo:0:2,
     ' e ', rDivisor:0:2, ' é ', rResto:0:2);
17     End.
```

O programa 6.12 é um exemplo de um algoritmo que calcula as médias aritméticas de vários alunos e para quando encontra uma primeira nota negativa (condição de parada definida pelo usuário):

Programa 6.12: Programa para cálculo de média de alunos.

```
1   (* ExemploWhile04.pas *)
2
3   Program ExemploWhile04 ;
4     var
5     rNota_1, rNota_2, rNota_3, rNota_4, rMedia:real;
6   Begin
7         write('Informe a primeira nota do aluno:');
8         readln(rNota_1);
9
10        while (rNota_1 >= 0.0) do (* se a primeira nota
      for maior ou igual que 0 *)
11        begin
12            writeln('Informe as demais notas do aluno:');
13            readln(rNota_2, rNota_3, rNota_4);
14            rMedia := (rNota_1+rNota_2+rNota_3+rNota_4)/4;
15
16            writeln('Média calculada:', rMedia:0:2);
17
18            if (rMedia >= 7.0 ) then
19            begin
20                writeln('Aluno aprovado');
21                writeln('Parabéns!');
22            end
```

```
23              else
24              begin
25                 writeln('Aluno reprovado');
26                 writeln('Estude mais!');
27              end;
28
29              write('Informe a primeira nota do aluno:');
30              readln(rNota_1);
31          end;
32
33          writeln('Fim do programa!!!');
34      End.
```

O programa 6.13 é um exemplo de um algoritmo para ler a média final de vários alunos, calcular a média aritmética da turma e parar quando encontrar uma média final negativa. Repare que o programa utiliza o conceito de uma *variável contadora* (para contar a quantidade de notas de alunos) e uma *variável acumuladora* (que contém a soma de todas as médias dos alunos).

Programa 6.13: Programa para cálculo de média de uma turma.

```
1    (* ExemploWhile05.pas *)
2
3    Program ExemploWhile05 ;
4       var
5       iContador:integer;
6       rAcumulador, rMediaFinal, rMediaDaTurma:real;
7    Begin
8          (* variável contadora, serve para armazer a quantidade
       de vezes que um loop foi executado *)
9
10         iContador := 0;
11
12         (* variável acumuladora, serve para armazenar a soma de
       vários valores dentro de um loop *)
13
14         rAcumulador := 0;
15
16         write('Informe a média final do aluno:');
```

```
17              readln(rMediaFinal);
18
19              while (rMediaFinal >=0) do
20              begin
21                  rAcumulador := rAcumulador + rMediaFinal;
22                  iContador := iContador + 1;
23                  write('Informe a média final do aluno:');
24                  readln(rMediaFinal);
25              end;
26              rMediaDaTurma := rAcumulador / iContador;
27              writeln('A média da turma foi:', rMediaDaTurma:0:2);
28      End.
```

6.2.1 Exercícios

1. Faça um algoritmo que mostre a tabuada do 2 (2x1=2, 2x2=4,...).

2. Calcule e mostre a soma de todos os números entre 1 e 100.

3. Calcule e mostre a soma dos números pares entre 1 e 100.

4. Calcule e mostre a soma dos números impares entre 1 e 100.

5. Apresente o quadrado de cada um dos números pares entre 1 e 1000.

6. Apresente todos os números divisíveis por 5 que sejam maiores do que 0 e menores ou iguais a 200.

7. Escreva um algoritmo que leia 10 valores quaisquer. A seguir, mostre quantos deles estão dentro do intervalo [10, 20] e quantos estão fora do intervalo, mostrando essas informações.

8. Faça um programa que verifique se um número é primo. Observação 1: É considerado número primo somente os números que são divisíveis por um e por ele mesmo (exemplos: 1, 2, 3, 5, 7,11,13,17,19,23,29....). Observação 2: Todos os números primos são ímpares (exceto o 2).

6.3 Repetição com repeat...until

Esta estrutura repete uma sequência de comandos até que uma determinada condição, especificada através de uma expressão lógica, seja satisfeita (figura 6.4).

A última estrutura de repetição a ser estudada difere das estruturas *for.. to/downto..do* e *while..do* em apenas um detalhe. O bloco de comando indicado é sempre executado pelo *menos uma vez*. Após a execução do bloco, a condição é testada. Caso a expressão retorne **falso**, o bloco continua a ser executado. A execução passará para o próximo comando somente quando a condição retornar **verdadeiro**.

Programa 6.14: Sintaxe de uso do *repeat..until*

```
1    repeat
2    begin
3         comando 1;
4         comando 2;
5         ...
6         comando N-1;
7         comando N;
8    end;
9    until ExpressaoBoleana;
```

onde:

- *repeat*: Indica o início do laço.

- *until ExpressãoBoleana*: Indica o fim da sequência de comandos a serem repetidos. Cada vez que o programa chega nesse ponto, a *ExpressãoBoleana* é avaliada. Se o seu resultado for **falso** os comandos presentes entre *repeat* e *until* são executados; caso contrário, a execução prosseguirá a partir do próximo comando depois do *until*.

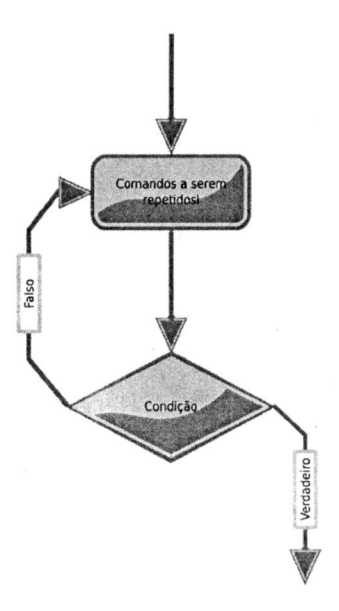

Figura 6.4: Representação em fluxograma do *repeat..until*.

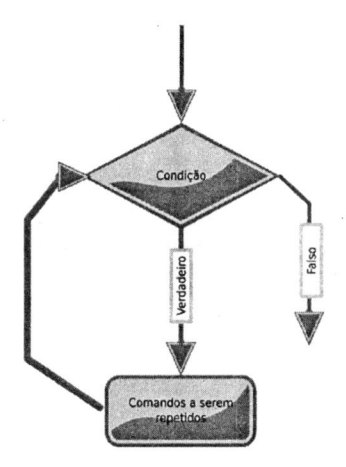

Figura 6.5: Representação em fluxograma do *while..do*.

Essa estrutura deve ser utilizada quando queremos, inicialmente, executar os comandos e depois testar o resultado. Para entender bem a diferença do *while..do* e do *repeat..until*:

- *while* = enquanto (ao mesmo tempo que, durante), ou seja, enquanto uma condição for verdadeira. Exemplo: *refletir enquanto se anda*.

- *until* = até (designa o limite), ou seja, até que uma condição seja verdadeira. Exemplo: *ir até a praia*.

Observe as figuras 6.4 e 6.5 para entender as diferenças entre as duas estruturas de repetição.

Os programas 6.15 e 6.16 ilustram bem a diferença da utilização dos comandos. A figura 6.6 ilustra as diferenças entre os comandos.

Programa 6.15: Leitura de número com *repeat..until*

```
1   (* ExemploRepeat01.pas *)
2   program ExemploRepeat01;
3   var
4        iNumero: integer;
5   Begin
6        repeat
7        begin
8           writeln('Entre com um valor maior que zero');
9           read(iNumero);
10       end;
11       until iNumero > 0;
12
13       writeln('O número digitado foi:', iNumero);
14  End.
```

Programa 6.16: Leitura de número com *while...do*

```
1   (* ExemploRepeat02.pas *)
2   program ExemploRepeat02;
3   var
4        iNumero: integer;
5   Begin
6        writeln('Entre com um valor maior que zero');
7        read(iNumero);
8        while iNumero <= 0 do
9        begin
10          writeln('Entre com um valor maior que zero');
11          read(iNumero);
12       end;
```

```
13
14          writeln('O número digitado foi:', iNumero);
15    End.
```

Com repeat..until

Com while..do

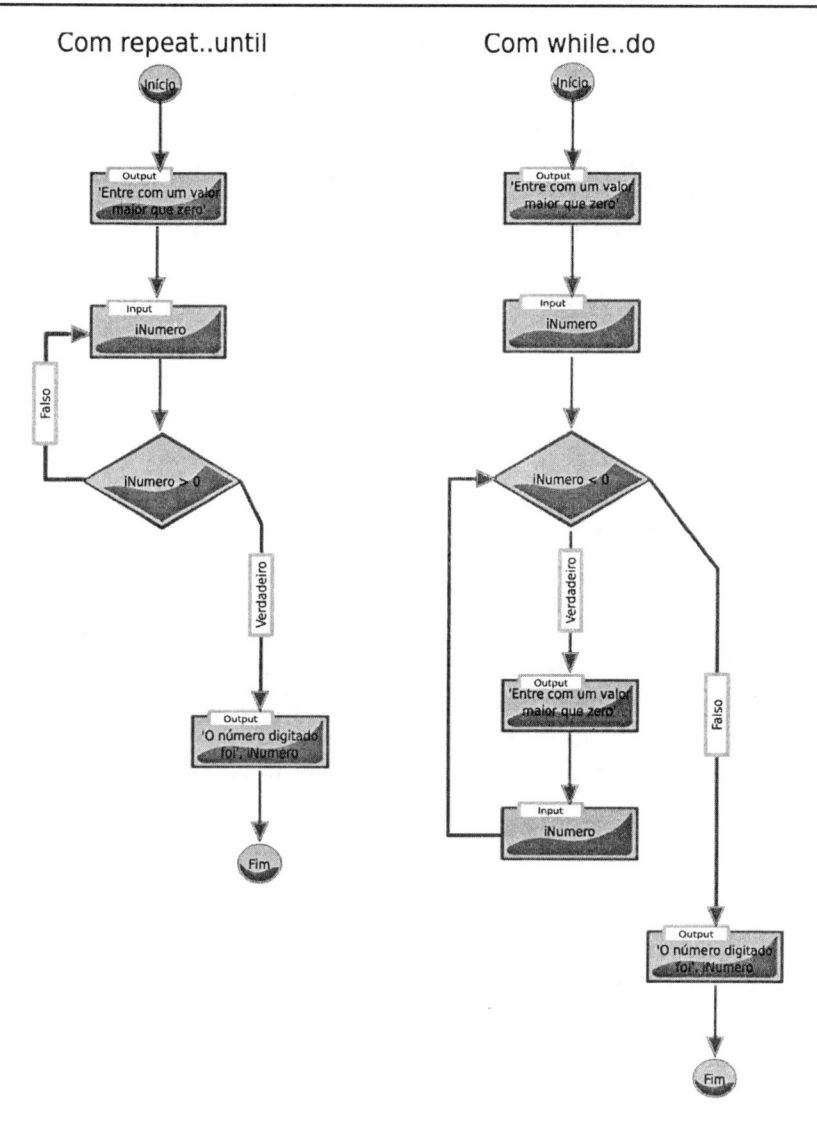

Figura 6.6: Representação em fluxograma dos programas 6.15 e 6.16.

6.3.1 Exercícios

1. Ler o nome de um aluno e suas duas notas A e B e, após calcular a média ponderada entre essas notas (A tem peso 1 e B tem peso 2), repetir o procedimento para uma turma composta por cinco alunos, usando o comando *repeat..until*.

2. Baseado no programa anterior, faça um novo programa de maneira que possamos trabalhar com turmas compostas por um número variável de alunos. Após calcular e imprimir a média de um aluno, exiba uma mensagem perguntando ao usuário se existem mais alunos (resposta: sim/não). Se tiver mais alunos, continuar o procedimento de leitura das notas e o cálculo da média até que o usuário responda 'não'. Usar o comando *repeat..until* e gerar uma saída conforme o exemplo de tela de saída abaixo:

```
Entre com o nome do aluno: João da Silva
Entre com o grau A: 5.0
Entre com o grau B: 6.0
O aluno João da Silva tem uma média:5.66
Continuar (sim/não) ? sim
```

3. Baseado no programa anterior, faça um novo programa de maneira a validar as notas fornecidas pelo usuário (notas devem ser valores positivos entre 0.0 e 10.0). Indicar ao usuário se a nota fornecida é inválida e pedir para fornecer uma nova nota, repetindo esse processo até que o usuário informe uma nota correta. Usar um laço *repeat..until* na leitura das nota e gerar uma saída conforme o exemplo de tela de saída abaixo:

```
Entre com o nome do aluno: João da Silva
Entre com o grau A: 15.3
ERRO: Nota inválida! Digite novamente a nota.
Entre com o grau A: 5.0
Entre com o grau B: 6.0
O aluno João da Silva tem uma média:5.66
Continuar (sim/não) ? não
```

4. Fazer um programa que calcule e imprima o fatorial de um número fornecido pelo usuário, usando o comando *repeat..until*. Repetir a execução do programa quantas vezes o usuário quiser. Lembre-se de que o resultado do cálculo de um fatorial pode ser um número *grande* (Exemplo: Fatorial de 8 = 40320).

5. Escrever um programa que calcule todos os números inteiros divisíveis por um valor indicado pelo usuário e compreendidos em um intervalo, também especificado pelo usuário. O usuário deve entrar com um primeiro valor correspondente ao divisor e, em seguida, fornecer o valor inicial do intervalo, seguido do valor final desse intervalo. Exemplo de tela de saída:

```
Entre com o valor do divisor: 3
Início do intervalo: 17
Final do intervalo: 29
Números divisíveis por 3 no intervalo de 17 à 29:
18 21 24 27
```

6.4 Variáveis Contadoras, Somadoras ou Acumuladoras

Contagens ou somas e multiplicações acumulativas são procedimentos aos quais se recorrem, com frequência, nas mais diversas situações e seu uso é comum em algoritmos e códigos de programas.

Uma contagem é usada para, por exemplo, contabilizar o número de execuções de um laço de repetição já concluído, determinar o número de vezes que um determinado valor ocorre em uma determinada sequência de valores ou monitorar o número de caracteres já consumidos de um fluxo de caracteres. Somas ou produtos acumulativos são frequentes em cálculos de somatórias, produtórias ou consolidações de resultados (totais, médias, ...).

Contadores e somadores. usualmente, têm atribuído o valor zero como valor inicial (elemento neutro da soma) e, sempre que apropriado, são acrescidos por mais um termo, o valor um no caso de contadores ou outro valor quando se trata de somadores/acumuladores.

Variáveis utilizadas para o cálculo de produtórias são inicializadas, usualmente, com o valor um (elemento neutro da multiplicação/divisão) e, sempre quando necessário, são atualizadas com o resultado do seu valor corrente multiplicado por um novo termo.

Portanto, uma variável do tipo *acumulador* é qualquer variável que receba um valor inicial constante (geralmente zero) e que receba ela mesma mais outra variável ou qualquer valor, podendo não ser fixo, em algum ponto do algoritmo (programa 6.17).

Programa 6.17: Variável do tipo acumuladora

```
1    rAcumulador := 0
2    rAcumulador := rAcumulador + rMedia
```

Variável do tipo *contador* é uma variável que recebe um valor inicial e depois é incrementada por um *valor constante*, ou seja, recebe o mesmo valor ((programa 6.18).

Programa 6.18: Variável do tipo contadora

```
1    iContador := 0;
2    iContador := iContador + 1;
```

6.4.1 Contadores

Considere o seguinte problema:

> Escrever um programa que conte os caracteres de uma linha de texto fornecido via teclado.

O objetivo do problema é ilustrar o uso de uma variável usada para fins de *contagem*. Uma variável dessa natureza é, usualmente, chamada de *contador*. Os motivos para contar algo são os mais diversos:

- Contar quantas vezes um determinado laço de repetição foi executado;
- Contar quantos números, pertencentes a um determinado intervalo de valores, foram lidos;
- Contar o número de termos já somados no cálculo de uma somatória;
- Entre outros ...

No problema proposto pede-se que sejam contados os caracteres que compõem uma linha fornecida pelo usuário. A estratégia a ser adotada é a seguinte: ler caractere por caractere até esgotar a linha e, a cada caractere lido, contabilizar a sua leitura em uma variável usada para fins de contagem. Assim, ao chegarmos ao final da linha fornecida, contabilizaremos todos os caracteres que compõem tal linha.

É preciso iniciar a variável contadora com um valor. Ao começar a execução do programa, nenhum caractere foi lido ainda. Para caracterizar tal situação, a variável contadora começa com o valor zero (elemento neutro da soma).

O programa proposta pode, então, ser escrito conforme o programa 6.19.

Programa 6.19: Programa para contagem de caracteres de uma linha.

```
1   (* ExemploContador.pas *)
2
3   Program ExemploContador;
4   var
5        cCaractere: char;
6        iContador: integer;
7   Begin
8        iContador := 0;
9        read(cCaractere);
10       while cCaractere <> chr(32) do (* até encontrar o fim de linha *)
11       begin
12            iContador := iContador + 1;
13            read(cCaractere);
14       end;
15       writeln('A linha tinha ', iContador, ' caracteres.');
16  End.
```

6.4.2 Somatórios

Considere o seguinte problema:

$$\sum_{i=1}^{n} i \times (i+1)$$

De acordo com o enunciado do problema, **n** termos de uma somatória precisam ser calculados e somados. A soma é uma operação binária, isto é, ela tem dois operandos. Como podemos somar apenas dois valores a cada vez, uma estratégia possível é somarmos a cada novo termo o valor de tal termo com a soma acumulada dos termos anteriores ao do termo que acaba de ser computado. O valor resultante passa a ser o novo valor dos termos até então calculados. Ao final do processo temos, então, acumulada a soma de todos os termos.

Vamos, então, supor que o valor das somas acumuladas encontra-se armazenado em uma variável de nome *iSomatoria*. Além do valor das somas sucessivas de termos, precisamos contabilizar o número de termos já calculados, pois queremos somar exatamente **n** termos. Para tal contabilidade usamos um contador, isto é, uma variável cujo valor deve ser incrementado em uma unidade cada vez que um novo termo é calculado, o qual denominaremos de *iContador*, para representar o valor **i** da equação. O valor de tal contador é usado inclusive no cálculo dos termos.

Que valores devem ser atribuídos às variáveis que representam o contador *iContador* e o acumulador de somas *iSomatoria*? Como queremos variar o contador de um até **n**, um valor inicial natural para *iContador* é o valor um e, para *iSomatoria*, o valor zero, uma vez que zero representa o elemento neutro da soma e também caracteriza bem a situação inicial em que nenhum termo ainda foi calculado e acumulado.

O programa proposto pode, então, ser escrito conforme o programa 6.20.

Programa 6.20: Programa para cálculo do somatório.

```
1   (* ExemploSomador01.pas *)
2   Program ExemploSomador01;
3   var
4       iContador, iSomatoria, iQtdTermosN, iTermo: integer;
5   Begin
6       write('Entre com o valor de N:');
7       readln(iQtdTermosN);
8       iContador := 1;
9       iSomatoria := 0;
10      while iContador <= iQtdTermosN do
11      begin
12          iTermo := iContador * (iContador+1);
13          iSomatoria := iSomatoria + iTermo; (* variável
    do tipo acumuladora * )
14          iContador := iContador + 1; (* variável contadora *)
15      end;
16      writeln('A somatória é:', iSomatoria);
17  End.
```

No caso particular do problema proposto, sabemos exatamente o número de vezes que queremos repetir o ciclo do cálculo do próximo termo, seguido do acúmulo de tal valor em *iSomatoria*. Em situações dessa natureza uma alternativa para controlar a execução seria utilizando *for..to..do* onde a atribuição do valor inicial da variável contadora e seu incremento no final de cada ciclo ocorre de forma implícita (programa 6.21).

Programa 6.21: Programa para cálculo do somatório (*for..to..do*).

```
1    (* ExemploSomador02.pas *)
2    Program ExemploSomador02;
3    var
4        iContador, iSomatoria, iQtdTermosN, iTermo: integer;
5    Begin
6        write('Entre com o valor de N:');
7        readln(iQtdTermosN);
8        iSomatoria := 0;
9        for iContador := 1 to iQtdTermosN do
10       begin
11           iTermo := iContador * (iContador+1);
12           iSomatoria := iSomatoria + iTermo; (* variável do tipo acumuladora *)
13       end;
14       writeln('A somatória é:', iSomatoria);
15   End.
```

6.4.3 Produtórios

Considere o seguinte problema:

$$\prod_{i=1}^{n} i \times (i+1)$$

O problema proposto, ao invés de requerer o acúmulo de somas, requer o acúmulo de produtos. A estrutura do programa é similar a do programa desenvolvido para o problema do cálculo de uma somatória (programas 6.20 e 6.21). Ao invés de somas sucessivas, precisamos agora efetuar produtos sucessivos. O valor inicial a ser atribuído à variável que exerce o papel de acumulador agora não pode mais ser zero, mas sim um, uma vez que tal valor representa o elemento neutro da multiplicação. O algoritmo pode, então, ser esboçado conforme os programas 6.22 e 6.23.

Programa 6.22: Programa para cálculo do produtório (*while..do*).

```
1   (* ExemploProdutorio01.pas *)
2   Program ExemploProdutorio01;
3   var
4       iContador, iProdutoria, iQtdTermosN, iTermo: integer;
5   Begin
6       write('Entre com o valor de N:');
7       readln(iQtdTermosN);
8       iContador := 1;
9       iProdutoria := 1;
10      while iContador <= iQtdTermosN do
11      begin
12          iTermo := iContador * (iContador+1);
13          iProdutoria := iProdutoria * iTermo; (* variável
    do tipo acumuladora *)
14          iContador := iContador + 1; (* variável contadora *)
15      end;
16      writeln('A produtória é:', iProdutoria);
17  End.
```

Programa 6.23: Programa para cálculo do produtório (*for..to..do*).

```
1   (* ExemploProdutorio02.pas *)
2   Program ExemploProdutorio02;
3   var
4       iContador, iProdutoria, iQtdTermosN, iTermo: integer;
5   Begin
6       write('Entre com o valor de N:');
7       readln(iQtdTermosN);
8       iProdutoria := 1;
9       for iContador := 1 to iQtdTermosN do
10      begin
11          iTermo := iContador * (iContador+1);
12          iProdutoria := iProdutoria * iTermo; (* variável
    do tipo acumuladora *)
13      end;
14      writeln('A produtória é:', iProdutoria);
15  End.
```

6.5 Formas de Controle das Estruturas de Repetição

As estruturas de repetição possuem formas diferenciadas para controlar a quantidade de repetições a serem executadas. Esses controles podem ser genericamente classificados em automáticos ou controlados pelo usuário do programa.

Automático: uma variável auxiliar contará quantas vezes será executado o conjunto de comandos (bloco de repetição), sem interferência direta do usuário. O bloco será repetido sempre a mesma quantidade de vezes previstas pelo desenvolvedor do programa.

Controlado pelo usuário: o programa sempre respeitará a solicitação do usuário, executando um bloco de repetição quantas vezes forem solicitadas pelo usuário, respeitando a lógica existente no programa desenvolvido.

Existem dois tipos de repetições:

Definidas e garantidas: ou seja, um mesmo trecho de programa será executado um número pré-determinado de vezes;

Indefinida e sem garantia: ou seja, um trecho de programa poderá ser executado indefinidamente, não havendo garantia do término da execução do algoritmo.

Normalmente, todo programa com controle *automático* tem sua estrutura de repetição *definida e garantida*. Por sua vez, todo programa *controlado pelo usuário* tem sua estrutura de repetição *indefinida e sem garantia*.

No programa 6.24 (utilizando *while..do*) é lido o peso de cinco pessoas e calculada a sua média. Nesse programa, temos bem claro que o controle do programa é automático (definido pelo programador) e tem o seu fim definido e garantido.

Programa 6.24: Programa com controle *automático* e com fim *definido e garantido*.

```
1    (* ExemploFormasRepeticao01.pas *)
2
3    (* programa para ler o peso de 5 pessoas *)
4    program FormasRepeticao01;
5    var
6        iContador: integer;
```

```
7         rPeso, rSoma, rMedia: real;
8    begin
9         iContador := 1;
10        rSoma := 0;
11        while (iContador <= 5) do
12        begin
13            write('Informe o peso:');
14            read(rPeso);
15            rSoma := rSoma + rPeso; (* variável do tipo acumuladora *)
16            iContador := iContador + 1; (* variável do tipo
      contadora *)
17        end;
18
19        rMedia := rSoma / iContador;
20        writeln('A média é:', rMedia);
21   end.
```

No programa 6.25 (utilizando *while..do*) é lido o peso de N pessoas e calculada a sua média. Nesse programa, temos bem claro que o controle do programa é realizado pelo usuário (o programa fica em execução até que seja informado um peso igual ou inferior a zero) e, portanto, com fim indefinido e sem garantia.

Programa 6.25: Programa com controle *do usuário* e com fim *indefinido e sem garantia*.

```
1    (* ExemploFormasRepeticao02.pas *)
2
3    (* programa para ler o peso de N pessoas *)
4    program FormasRepeticao02;
5    var
6         iContador: integer;
7         rPeso, rSoma, rMedia: real;
8    begin
9         iContador := 0;
10        rSoma := 0;
11        write('Informe o peso:');
12        read(rPeso);
13        while (rPeso > 0) do
14        begin
```

```
15              rSoma := rSoma + rPeso; (* variável do tipo acumuladora *)
16              iContador := iContador + 1; (* variável do tipo
   contadora *)
17              write('Informe o peso:');
18              read(rPeso);
19          end;
20
21          if rSoma > 0 then (* não pode haver divisão por zero *)
22          begin
23              rMedia := rSoma / iContador;
24              writeln('A média é:', rMedia);
25          end;
26  end.
```

Programa 6.26: Programa com controle *automático* e com fim *definido e garantido*.

```
1   (* ExemploFormasRepeticao03.pas *)
2
3   (* programa para ler o peso de 5 pessoas *)
4   program FormasRepeticao03;
5   var
6       iContador: integer;
7       rPeso, rSoma, rMedia: real;
8   begin
9       iContador := 1;
10      rSoma := 0;
11      repeat
12      begin
13          write('Informe o peso:');
14          read(rPeso);
15          rSoma := rSoma + rPeso; (* variável do tipo
   acumuladora *)
16          iContador := iContador + 1; (* variável do tipo
   contadora *)
17      end;
18      until iContador > 5;
19
```

```
20          rMedia := rSoma / iContador;
21          writeln('A média é:', rMedia);
22     end.
```

Programa 6.27: Programa com controle *do usuário* e com fim *indefinido e sem garantia*.

```
1    (* ExemploFormasRepeticao04.pas *)
2
3    (* programa para ler o peso de N pessoas *)
4    program FormasRepeticao04;
5    var
6         iContador: integer;
7         rPeso, rSoma, rMedia: real;
8    begin
9         iContador := 0;
10        rSoma := 0;
11        repeat
12        begin
13           write('Informe o peso:');
14           readln(rPeso);
15         rSoma := rSoma + rPeso; (* variável do tipo acumuladora *)
16           iContador := iContador + 1; (* variável do tipo
     contadora *)
17        end;
18        until rPeso <= 0;
19
20        if rSoma > 0 then (* não pode haver divisão por zero *)
21        begin
22           rMedia := rSoma / iContador;
23           writeln('A média é:', rMedia);
24        end;
25   end.
```

Os programas 6.26 e 6.27 utilizam a estrutura *repeat..until* para demonstrar as formas de controle das estruturas de repetição.

6.6 Interrompendo uma estrutura de repetição

As estruturas de repetição *for..to/downto..do*, *while..do* and *repeat..util* permitem o uso do comando *break*, que causa a saída imediata do laço de repetição. Essa técnica está em desacordo com os princípios da programação estruturada.

O programa 6.28 tem o fim definido e conhecido (informado pelo desenvolvedor), mas o controle da execução está na mão do usuário, pois a qualquer momento ele pode informar um valor menor ou igual a zero e interromper a execução do programa.

Programa 6.28: Exemplo do uso do comando *break*.

```
1    (* ExemploFormasRepeticaoComBreak01.pas *)
2
3    (* programa para ler o peso de 5 pessoas *)
4    program FormasRepeticaoComBreak01;
5    var
6         iContador: integer;
7         rPeso, rSoma, rMedia: real;
8    begin
9         rSoma := 0;
10        iContador := 0;
11        while iContador < 20 do
12        begin
13            write('Informe o peso:');
14            read(rPeso);
15            if rPeso <= 0 then
16            begin
17                break; (* interrompe a execução *)
18            end;
19            rSoma := rSoma + rPeso; (* variável do tipo acumuladora *)
20            iContador := iContador + 1; (* variável do tipo contadora *)
21        end;
22
23        if rSoma > 0 then (* não pode haver divisão por zero *)
```

```
24          begin
25             rMedia := rSoma / iContador;
26             writeln('A média é:', rMedia);
27          end;
28       end.
```

A figura 6.7 ilustra a utilização do comando *break*. Nesse exemplo, uma linha tracejada demonstra o fim *anormal* (ocorre um desvio) da estrutura de repetição.

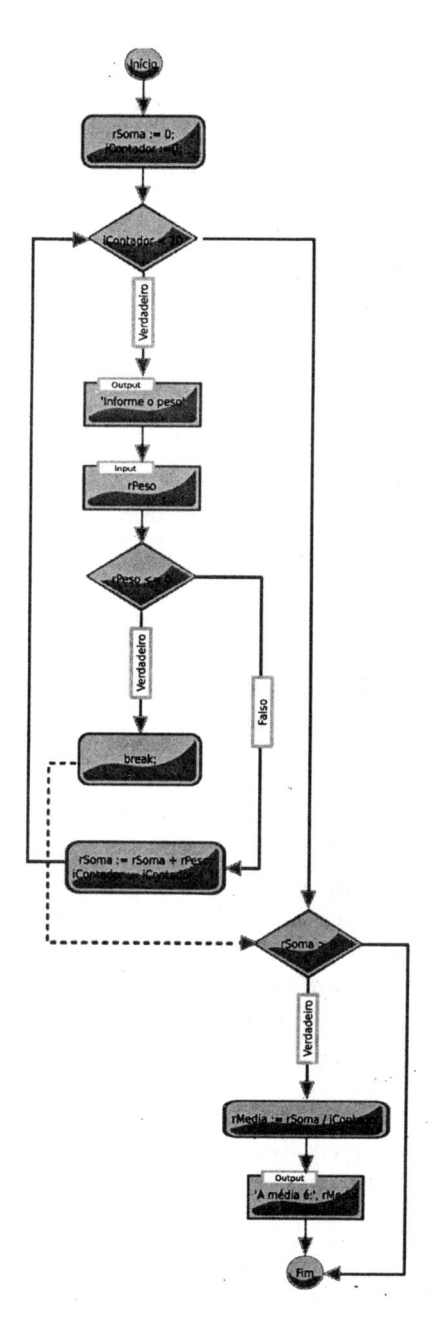

Figura 6.7: Representação em fluxograma do programa 6.28.

6.7 Exercícios

1. Fazer um programa que leia um número e calcule o fatorial desse número. O fatorial de 5 é: 5 * 4 * 3 * 2 * 1 = 120 (utilizando o comando *for..to..do*).

2. Fazer um programa que leia um número e calcule o fatorial desse número. O fatorial de 5 é: 5 * 4 * 3 * 2 * 1 = 120 (utilizando o comando *while..do*).

3. Fazer um programa que leia um número e calcule o fatorial desse número. O fatorial de 5 é: 5 * 4 * 3 * 2 * 1 = 120 (utilizando o comando *repeat...until*).

4. Ler dois valores inteiros e imprimir o resultado da divisão do primeiro pelo segundo. Se o segundo valor informado for ZERO, deverá ser impressa uma mensagem de VALOR INVÁLIDO e ser lido um novo valor. Ao final do programa deve ser impressa a seguinte mensagem: VOCÊ DESEJA OUTRO CÁLCULO (S/N). Se a resposta for S o programa deverá retornar ao começo, caso contrário, deverá encerrar a sua execução imprimindo quantos cálculos foram feitos. OBS.: O programa só deverá aceitar como resposta para a pergunta as letras S ou N (utilizando o comando *while..do*).

5. Ler dois valores inteiros e imprimir o resultado da divisão do primeiro pelo segundo. Se o segundo valor informado for ZERO, deverá ser impressa uma mensagem de VALOR INVÁLIDO e ser lido um novo valor. Ao final do programa deve ser impressa a seguinte mensagem: VOCÊ DESEJA OUTRO CÁLCULO (S/N). Se a resposta for S o programa deverá retornar ao começo, caso contrário deverá encerrar a sua execução imprimindo quantos cálculos foram feitos. OBS.: O programa só deverá aceitar como resposta para a pergunta as letras S ou N (utilizando o comando *repeat..until*).

6. Escreva um programa que calcule o resultado de cada uma das seguintes séries com 50 termos (utilizando o comando *for..to..do*):

    - 1 + 3 + 9 + 27 + 81 + ...

    - 1/1 + 2/4 + 3/9 + 4/16 + 5/25 + ...

    - 1 - 2 + 3 - 4 + 5 - 6 + ...

7. Escreva um programa que calcule o resultado de cada uma das seguintes séries com 50 termos (utilizando o comando *while..do*):

    - 1 + 3 + 9 + 27 + 81 + ...

    - 1/1 + 2/4 + 3/9 + 4/16 + 5/25 + ...

    - 1 - 2 + 3 - 4 + 5 - 6 +.....

8. Escreva um programa que calcule o resultado de cada uma das seguintes séries com 50 termos (utilizando o comando *repeat..until*):

    - 1 + 3 + 9 + 27 + 81 + ...

    - 1/1 + 2/4 + 3/9 + 4/16 + 5/25 + ...

    - 1 - 2 + 3 - 4 + 5 - 6 +.....

9. Faça um programa que receba 30 números e mostre quantos positivos, quantos negativos, quantos pares, quantos ímpares e qual é o maior e o menor número informado nessa lista (utilizando o comando *for..to..do*).

10. Faça um programa que receba 30 números e mostre quantos positivos, quantos negativos, quantos pares, quantos ímpares e qual é o maior e o menor número informado nessa lista (utilizando o comando *while..do*).

11. Faça um programa que receba 30 números e mostre quantos positivos, quantos negativos, quantos pares, quantos ímpares e qual é o maior e o menor número informado nessa lista (utilizando o comando *repeat.. until*).

12. Elaborar um programa em Pascal que leia dois números inteiros quaisquer, em linhas diferentes e que determine (mostre) se são AMIGOS ou NÃO AMIGOS. O programa deve também, para cada número mostrar seus divisores em linhas diferentes e a soma dos mesmos. Números amigos e não amigos são aqueles que a soma de seus divisores resulta no outro número. Exemplo: 220 e 284, os divisores de 220 são: 1+2+4+5+10+11+20+22+44+55+110=284 Os divisores de 284 são: 1+2+4+71+142=220

7 Estruturas de dados

> O homem que quiser conduzir a orquestra tem de dar as costas ao público.
>
> Max Lucado.

As estruturas de dados, na maioria dos casos, baseiam-se nos tipos de armazenamento vistos dia a dia, ou seja, nada mais são do que a transformação de uma forma de armazenamento já conhecida e utilizada no mundo real, adaptadas para o mundo computacional. Por isso, cada tipo de estrutura de dados possui vantagens e desvantagens e cada uma delas tem sua área de atuação (massa de dados) otimizada.

Os dados manipulados por um algoritmo podem possuir natureza distinta, isto é, podem ser números, letras, frases, etc. Dependendo da natureza de um dado, algumas operações podem ou não fazer sentido quando aplicadas a eles. Por exemplo, não faz sentido falar em somar duas letras - algumas linguagens de programação permitem que ocorra a soma dos valores *ASCII* correspondentes de cada letra.

Para poder distinguir dados de naturezas distintas e saber quais operações podem ser realizadas com eles, os algoritmos lidam com o conceito de tipo de dados. O tipo de um dado define o conjunto de valores ao qual uma variável pode assumir, bem como o conjunto de todas as operações que podem atuar sobre qualquer valor daquela variável. Por exemplo, uma variável do tipo inteiro pode assumir o conjunto de todos os números e de todas as operações que podem ser aplicadas a esses números.

Os tipos de dados manipulados por um algoritmo podem ser classificados em dois grupos: *atômicos* e *complexos ou compostos*. Os tipos atômicos são aqueles cujos elementos do conjunto de valores são indivisíveis, exemplo: o tipo inteiro, real, caractere e lógico. Por outro lado, os tipos complexos são aqueles cujos elementos do conjunto de valores podem ser decompostos em partes mais simples. Se um tipo de dado por ser decomposto, então o tipo de dado é dito estruturado e a organização de cada componente e as relações entre eles constitui a disciplina de Estrutura de Dados.

7.1 Dados Homogêneos e Heterogêneos

Uma estrutura de dados que utiliza somente um tipo de dado em sua definição é conhecida como *dados homogêneos*. Variáveis compostas homogêneas correspondem a posições de memória, identificadas por um mesmo nome, individualizadas por índices e cujo conteúdo é composto pelo mesmo tipo, sendo os vetores (também conhecidos como estrutura de dados unidimensional) e as matrizes (estruturas de dados bidimensionais) os representantes dos dados homogêneos.

Uma estrutura de dados é chamada de *heterogênea* quando envolve a utilização de mais de um tipo básico de dado (inteiro ou caractere, por exemplo) para representar uma estrutura de dados. Normalmente, esse tipo de dado é chamado de *registro*.

Um registro é uma estrutura que agrupa dados de tipos distintos ou, mais raramente, do mesmo tipo. Um registro de dados é composto por certo número de campos de dados, que são itens de dados individuais. Registros são conjuntos de dados logicamente relacionados, mas de tipos diferentes (numéricos, lógicos, caractere, etc).

7.2 Dado Homogêneo - Conhecendo os vetores

O vetor é uma estrutura de dados linear que necessita de, somente, um índice para que seus elementos sejam endereçados. É utilizado para armazenar uma lista de valores do mesmo tipo, ou seja, o tipo vetor permite armazenar mais de um valor em uma mesma variável. Um dado vetor é definido como tendo um número fixo de células idênticas (seu conteúdo é dividido em posições). Cada célula armazena um e somente um dos valores de dados do vetor. Cada uma das células de um vetor possui seu próprio endereço ou índice, através do qual pode ser referenciada. Nessa estrutura, todos os elementos são do mesmo tipo e cada um pode receber um valor diferente.

Algumas características do tipo vetor:

- Alocação estática (deve-se conhecer as dimensões da estrutura no momento da declaração)

- Estrutura homogênea

- Alocação sequencial (bytes contíguos)

- Inserção/Exclusão
- Realocação dos elementos
- Posição de memória não liberadas

Os vetores também são chamados de matrizes unidimensionais por possuírem somente um índice. Os índices de um vetor em Pascal irão sempre começar pelo número um. No Pascal, os vetores também são conhecidos como *arrays*. Um vetor é indentificado por um único nome, individualizados por índices, cujo conteúdo é de um mesmo tipo.

O índice indica a posição do elemento na estrutura. Assim, para podermos manipular um elemento particular na estrutura é preciso fornecer o nome de tal estrutura e a sua localização nessa estrutura indicada pelo índice. Utilizamos estruturas indexadas quando é necessário armazenar dados na memória principal a fim de poder percorrê-los em uma ordem diferente do que a de sua leitura ou quando precisamos percorrê-los diversas vezes, por exemplo.

Um vetor é uma estrutura de dados que contém um número fixo de dados agrupados por um mesmo tipo que pode ser qualquer um dos tipos predefinidos na linguagem Pascal (integer, char, boolean ou string), um tipo vetor, um tipo registro ou ainda um tipo definido pelo usuário.

A figura 7.1 ilustra graficamente o conceito do vetor. Como pode ser observado na figura 7.1, a posição três do vetor no valor 90.

Vetor de Números

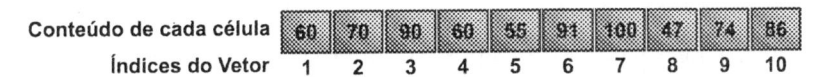

Conteúdo de cada célula	60	70	90	60	55	91	100	47	74	86
Índices do Vetor	1	2	3	4	5	6	7	8	9	10

Figura 7.1: Conceito de vetor.

A declaração de um vetor em Pascal é similar a wideclaração de uma variável. Devemos utilizar o comando *array of* para tal. No momento de criar um vetor, deve-se especificar o tamanho, ou seja, informar quantos valores ele poderá armazenar. Para tal deve-se colocar o tamanho entre colchetes no momento da declaração do vetor.

Logo, a sintaxe para declarar um vetor em Pascal é: *array[limiteInferior .. limiteSuperior] of tipo;*

Onde:

- array e of são palavras reservadas da linguagem Pascal usadas para declarar vetores;
- limiteInferior e limiteSuperior são constantes ordinais;
- tipo define o tipo básico do vetor.

No programa 7.1 podem ser observados alguns exemplos de declaração de vetores.

Programa 7.1: Como declarar vetores em Pascal.

```
1   (* ExemploDeclaracaoVetor01.pas *)
2
3   (* declaração de um vetor de inteiros com 10 posições *)
4   aiNumerosInteiros: array [1..10] of integer;
5
6   (* declaração de um vetor de reais com 20 posições *)
7   arNumerosReais: array [1..20] of real;
8
9   (* declaração de um vetor de caracteres com 05 posições
    *)
10  acCaracteres: array [1..5] of char;
```

Os programas 7.2 e 7.3 demonstram exemplos de declaração e uso de vetores.

Exemplo: Ler 10 números e após o término da leitura imprimí-los ao contrário (programa 7.2).

Programa 7.2: Exemplo de uso de vetores para ler uma sequência de números.

```
1   (* ExemploVetor01.pas *)
2
3   Program ExemploVetor01 ;
4     var
5       aiNumero : array [1..10] of integer;
6       iIndice : integer;
```

```
7      Begin
8          for iIndice := 1 to 10 do
9          begin
10             write('Entre com o número ', iIndice, ' -> ');
11             read( aiNumero[ iIndice ]);
12         end;
13
14         writeln('Imprimindo ao contrário da leitura');
15         for iIndice := 10 downto 1 do
16         begin
17             write( aiNumero[ iIndice ], ',');
18         end;
19     End.
```

Exemplo: Ler uma sequência de números e mostrá-la na tela (programa 7.3).

Programa 7.3: Exemplo de uso de vetores para ler uma sequência de números.

```
1   (* ExemploVetor02.pas *)
2
3   Program ExemploVetor02 ;
4     var
5     iIndice:integer;
6     aiNumeros: array [1..10] of integer;
7     Begin
8         for iIndice := 1 to 10 do
9         begin
10            write('Informe um número que será armazenado na
    posição ', iIndice, ' do vetor:');
11            readln(aiNumeros[iIndice]);
12        end;
13
14        for iIndice := 1 to 10 do
15        begin
16            writeln('aiNumeros[', iIndice, '] contém o valor
    ', aiNumeros[iIndice]);
```

```
17            end;
18
19  End.
```

Importante: Na linguagem Pascal, a leitura de todos os elementos de um vetor só é possível através da leitura individual de seus elementos. Nos programas 7.2 e 7.3 foi utilizada a estrutura de repetição *for* para efetuar a leitura de todos os elementos do vetor.

Considere o seguinte problema: você deve fazer um programa que leia o nome e as quatro notas de 10 alunos. Para cada aluno, deve-se calcular a média e guardar o nome e a média do aluno em vetores (um vetor para as notas e outro para os nomes[4]). Ao final, o programa deve informar se os alunos foram aprovados, terão que realizar prova final ou foram reprovados. No programa 7.4 vê-se a solução para esse problema.

Programa 7.4: Leitura de nome e notas com armazenamento em vetor.

```
1    (* ExemploVetor03.pas *)
2
3    Program ExemploVetor03 ;
4       var
5       iIndice:integer;
6       arMedias: array [1..10] of real; (* vetor para as médias *)
7       asNomes: array [1..10] of string[30]; (* vetor para
         guardar os nomes *)
8       rNota01, rNota02, rNota03, rNota04: real;
9       sNome: string[30];
10      Begin
11           for iIndice := 1 to 10 do
12           begin
13               write('Entre o nome do aluno:');
14               readln(sNome);
15               write('Entre com a nota 01:');
16               readln(rNota01);
17               write('Entre com a nota 02:');
18               readln(rNota02);
```

---

4   Lembre-se: um vetor só aceita valores do mesmo tipo.

```
19              write('Entre com a nota 03:');
20              readln(rNota03);
21              write('Entre com a nota 04:');
22              readln(rNota04);
23
24              arMedias[iIndice] := (rNota01+rNota02+rNota03
   +rNota04)/4;
25              asNomes[iIndice] := sNome;
26          end;
27
28        for iIndice := 1 to 10 do
29        begin
30           if arMedias[iIndice] >= 7 then
31           begin
32              writeln('Parabéns ', asNomes[iIndice], '!
   Você foi aprovado');
33           end
34           else
35           begin
36              if arMedias[iIndice] >= 4 then
37              begin
38                 writeln(asNomes[iIndice], ' você pegou final!
   Estude!!!');
39              end
40              else
41              begin
42                 writeln(asNomes[iIndice], ' você foi reprovado,
   deveria ter estudado mais!!');
43              end;
44           end;
45       end;
46
47 End.
```

Escrever um programa que, após preencher dois vetores (de 15 posições) com números inteiros aleatórios, some os valores dos elementos correspondentes de dois vetores, armazenando o resultado num terceiro vetor (programa 7.5).

Programa 7.5: Preencher 2 vetores e somar os valores em outro vetor.

```
1   (* ExemploVetor04.pas *)
2
3   Program ExemploVetor04 ;
4   var
5     aiVetor01, aiVetor02, aiVetorSoma : array [1..15] of integer;
6     iIndice : integer;
7   Begin
8
9     randomize; (* inicializa o computador para gerar
      números rândomicos *)
10
11    for iIndice := 1 to 15 do
12    begin
13      aiVetor01[ iIndice ] := random(1000); (* gera um
      número entre 1 e 1000 *)
14      aiVetor02[ iIndice ] := random(1000); (* gera um
      número entre 1 e 1000 *)
15    end;
16
17    for iIndice := 1 to 15 do
18    begin
19      aiVetorSoma[ iIndice ] := aiVetor01[ iIndice ] +
      aiVetor02[ iIndice ];
20    end;
21
22    writeln('Resultado:');
23    for iIndice := 1 to 15 do
24    begin
25      writeln('Soma de ', aiVetor01[ iIndice ], ' com ',
      aiVetor02[ iIndice ], ' = ', aiVetorSoma[ iIndice ]);
26    end;
27  End.
```

Fazer um programa que leia 20 números e retorne o maior número do vetor após a leitura (programa 7.6).

Programa 7.6: Ler 20 números e informar o maior.

```
1    (* ExemploVetor05.pas *)
2
3    Program ExemploVetor05 ;
4      var
5      aiNumero: array [1..20] of integer;
6      iIndice, iMaior : integer;
7      Begin
8         for iIndice := 1 to 20 do
9         begin
10           write('Entre com o número ', iIndice, ' -> ');
11           read(aiNumero[ iIndice ]);
12        end;
13
14        iMaior := aiNumero[1];
15
16        for iIndice := 1 to 20 do
17        begin
18          if aiNumero[ iIndice ] > iMaior then
19          begin
20             iMaior := aiNumero[ iIndice ];
21          end;
22        end;
23        writeln('Maior número foi ', iMaior);
24     End.
```

Considere duas disciplinas distintas (*Programação I* e *Sistemas Operacionais*), faça um programa que leia e armaze os alunos matriculados em cada disciplina e ao final informe quais alunos estão matriculados em ambas as disciplinas. Considere um máximo de 50 alunos por disciplina e a matrícula 99999 como finalizador da sequência. Trata-se, portanto, da verificação da ocorrência de um elemento de um conjunto em outro conjunto (programa 7.7).

Programa 7.7: Ler matriculas de alunos e informar quais alunos cursam ambas as disciplinas.

```
1   (* ExemploVetor06.pas *)
2
3   Program ExemploVetor06 ;
4     var
5     aiDisciplinaPI, aiDisciplinaSO: array [1..50] of integer;
6     iI,iJ : integer;
7   Begin
8
9       (* leitura da primeira disciplina *)
10      iI := 1;
11      write('Entre com a matricula para Programação I:');
12      readln(aiDisciplinaPI[iI]);
13
14      while aiDisciplinaPI[iI] <> 99999 do
15      begin
16         iI := iI + 1;
17         write('Entre com a matricula para Programação I:');
18         readln(aiDisciplinaPI[iI]);
19      end;
20
21      (* leitura da segunda disciplina *)
22      iI := 1;
23      write('Entre com a matricula para Sistemas Operacionais:');
24      readln(aiDisciplinaSO[iI]);
25      while aiDisciplinaSo[iI] <> 99999 do
26      begin
```

```
27          iI := iI + 1;
28          write('Entre com a matricula para Sistemas Operacionais:');
29          readln(aiDisciplinaSO[iI]);
30       end;
31
32       (* verificação de alunos matriculados *)
33       iI := 1;
34       while aiDisciplinaPI[iI] <> 99999 do
35       begin
36          iJ := 1;
37          while (aiDisciplinaSO[iJ] <> 99999) do
38          begin
39             if aiDisciplinaPI[iI] = aiDisciplinaSO[iJ] then
40             begin
41                writeln(aiDisciplinaPI[iI], ' está matriculado em ambas!');
42             end;
43             iJ := iJ + 1;
44          end;
45          iI := iI + 1;
46       end;
47
48       writeln('Fim do programa!!!');
49    End.
```

Para realizar toda a cópia de um vetor para o outro, basta utilizar uma atribuição simples (programa 7.8)

Programa 7.8: Cópia de um vetor para outro.

```
1    (* ExemploVetor07.pas *)
2
3    Program ExemploVetor07 ;
4       var
```

```
5      acLetrasOriginal, acLetrasCopia: array [1..10] of char;
6      iI: integer;
7      Begin
8        (* leitura dos dados *)
9        for iI := 1 to 10 do
10       begin
11         write('Entre com uma letra:');
12         readln(acLetrasOriginal[iI]);
13       end;
14
15       acLetrasCopia := acLetrasOriginal;
16
17       for iI := 1 to 10 do
18       begin
19         writeln('Letra:', acLetrasCopia[iI] );
20       end;
21
22       writeln('Fim do programa!!!');
23     End.
```

Vetores e strings em Pascal são intimamente ligados. No Pascal, é possível ler um vetor de caracteres como se fosse uma string (programa 7.9) ou mesmo copiar uma string para dentro de um vetor (programa 7.10).

Programa 7.9: Vetor com o string.

```
1   (* ExemploVetor08.pas *)
2
3   Program ExemploVetor08 ;
4     var
5     acNome: array [1..10] of char;
6     iI: integer;
7     Begin
8       (* leitura de um vetor como se fosse string *)
9       write('Entre com um nome:');
10      readln(acNome);
11
12      for iI := 1 to 10 do
```

```
13      begin
14         writeln('Letra:', acNome[iI] );
15      end;
16
17      writeln('Fim do programa!!!');
18   End.
```

Programa 7.10: Cópia de uma string para um vetor.

```
1    (* ExemploVetor09.pas *)
2
3    Program ExemploVetor09 ;
4       var
5       acNome: array [1..10] of char;
6       sNome: string[10];
7       iI: integer;
8    Begin
9       write('Entre com um nome:');
10      readln(sNome);
11
12      acNome := sNome;
13
14      for iI := 1 to 10 do
15      begin
16         writeln('Letra:', acNome[iI] );
17      end;
18
19      writeln('Fim do programa!!!');
20   End.
```

7.2.1 Resolvendo um problema passo a passo

Vejamos um exemplo do uso de vetores: desejamos calcular a média das notas de uma turma e indicar o percentual de alunos que tiraram notas acima da média. Os passos necessários para cumprir essa tarefa são:

1. O primeiro passo é ler as notas. Para isso, primeiro precisamos saber quantas notas existem e depois efetuar a leitura de cada uma:

```
1
2       readln(iNumNotas);
3
4       for iI := 1 to iNumNotas do
5       begin
6         write('Entre com a nota:');
7         readln( aNotas[iI] );
8       end;
```

2. A seguir, podemos proceder ao cálculo da média: precisamos somar todas as notas e depois dividir a soma pelo número de notas:

```
1       rSoma := 0;
2       for iI := 1 to iNumNotas do
3       begin
4         rSoma := rSoma + aNotas[iI];
5       end;
6       rMedia := rSoma / iNumNotas;
```

3. Agora que obtivemos a média, devemos percorrer novamente as notas, contando quantas estão acima da média:

```
1       iAcima := 0;
2       for iI := 1 to iNumNotas do
3       begin
4         if aNotas[iI] > rMedia then
5         begin
6           iAcima := iAcima + 1;
7         end;
8       end;
9       rPorcentagem := 100 * iAcima / iNumNotas;
```

4. Finalmente, podemos escrever os resultados:

```
1    writeln('A media das ', iNumNotas:4, ' notas e ', rMedia:5:2 );
2    writeln('Acima da media ', rPorcentagem:5:2, '%' );
```

Juntando aos trechos de código acima as declarações de variáveis necessárias, teremos um programa Pascal completo (programa 7.11).

Programa 7.11: Resolvendo um problema passo a passo.

```
1    (* ExemploVetor10.pas *)
2
3    Program ExemploVetor10 ;
4      var
5         iNumNotas, iI, iAcima : integer;
6         aNotas : array [1..10000] of real;
7         rSoma, rMedia, rPorcentagem: real;
8    Begin
9
10       (* O primeiro passo é ler as notas. Para isso, primeiro
11          precisamos saber quantas notas existem, e depois efetuar
12          a leitura de cada uma *)
13
14       write('Entre com o número de notas:');
15       readln(iNumNotas);
16
17       for iI := 1 to iNumNotas do
18       begin
19          write('Entre com a nota:');
20          readln( aNotas[iI] );
21       end;
22
23       (* A seguir podemos proceder ao cálculo da média: precisamos somar
24          todas as notas e depois dividir a soma pelo numero de notas *)
25       rSoma := 0;
26       for iI := 1 to iNumNotas do
27       begin
28          rSoma := rSoma + aNotas[iI];
29       end;
30       rMedia := rSoma / iNumNotas;
31
```

```
32         (* Agora que obtivemos a média, devemos percorrer novamente
       as notas, contando quantas estão acima da média *)
33
34         iAcima := 0;
35         for iI := 1 to iNumNotas do
36         begin
37           if aNotas[iI] > rMedia then
38           begin
39             iAcima := iAcima + 1;
40           end;
41         end;
42         rPorcentagem := 100 * iAcima / iNumNotas;
43
44         (* Finalmente, podemos escrever os resultados *)
45            writeln('A média das ', iNumNotas:4, ' notas é ',
       rMedia:5:2 );
46            writeln('Acima da média ', rPorcentagem:5:2, '%' );
47
48         writeln('Fim do programa!!!');
49      End.
```

7.2.2 Exercícios

1. Escrever um programa que leia 20 números inteiros para um vetor e calcule a média dos valores digitados.

2. Escrever um programa que leia 10 números dentro de um vetor. Após a leitura, o programa deve pedir para ser informado um número e deve dizer se este número foi lido anteriormente ou não. O programa termina quando for digitado o número 0 (zero).

3. Escreva um programa que leia dois vetores de 10 posições e faça a multiplicação dos elementos de mesmo índice, colocando o resultado em um terceiro vetor. Exiba o vetor resultante.

4. Escreva um programa que leia um vetor de 50 posições e o escreva em outro vetor de forma invertida. Isto é, o elemento de índice 1 passara a ser o 50, 2 à 49, 3 à 48,...,50 à 1

5. Ler um vetor com 30 letras. Após a leitura, perguntar ao usuário uma letra. Seu programa deve percorrer o vetor e dizer quantas ocorrências daquela letra existe.

6. Dados dois vetores **X** e **Y** (lidos do teclado), ambos com **N** elementos, determinar o produto escalar desses vetores. Dica: considere o tamanho máximo do vetor como 50 elementos ($0 < N < 50$).

7. Leia 20 valores para um vetor. Depois, dado uma sequência de **N** números inteiros, determinar um segmento de soma máxima. Exemplo: Na sequência 5, 2, -2, -7, **3, 14, 10, -3, 9,** -6, 4, 1 a soma do segmento é 33.

8. Escreva um programa que leia um vetor gabarito de 10 elementos. Cada elemento do vetor contem um numero inteiro 1, 2, 3, 4 ou 5 correspondente as opções corretas de uma prova objetiva. Em seguida o programa deve ler um vetor resposta, também de 10 elementos inteiros, contendo as respostas de um aluno. O programa deve comparar os dois vetores e escrever o numero de acertos do aluno. Após ler e conferir o gabarito de um aluno, o programa deve solicitar uma resposta do tipo SIM ou NÃO para continuar o processamento do próximo aluno.

9. Dadas duas sequências com **N** números inteiros entre 0 e 9, interpretadas como dois números inteiros de **N** algarismos, calcular a sequência de números que representa a soma dos dois inteiros. Exemplo para N = 8: 8 2 4 3 4 2 5 1 + 3 3 7 5 2 3 3 7 = 1 1 6 1 8 6 5 8 8. Leia um número para cada posição do vetor e considere um número com no máximo 20 dígitos.

10. Faça um programa que leia dois vetores de caracteres, com 10 elementos cada, e intercale em um terceiro vetor. Imprima o vetor resultante.

7.3 Dado Heterogêneo ou Registro

O conceito de registro visa facilitar o agrupamento de variáveis que não são do mesmo tipo, mas que guardam estreita relação lógica. Registros correspondem a conjuntos de posições de memória conhecidos por um mesmo nome e individualizados por identificadores associados a cada conjunto de posições. O registro é um caso mais geral de variável composta no qual os elementos do conjunto não precisam ser, necessariamente, homogêneos ou do mesmo tipo. O registro é constituído por componentes. Cada tipo de dado armazenado em um registro é chamado de *campo*.

A figura 7.2 é um exemplo de registro de um funcionário: composto de nome, departamento, data de nascimento e salário.

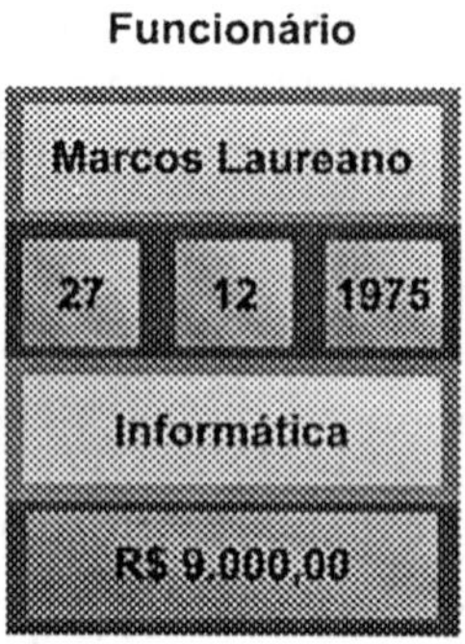

Funcionário

| Marcos Laureano |
| 27 | 12 | 1975 |
| Informática |
| R$ 9.000,00 |

Figura 7.2: Registro de funcionário

Na variável composta homogênea, a individualização de um elemento é feita através de seus índices, já no registro cada componente é individualizado pela explicitação de seu identificador.

O Pascal utiliza as estruturas para representar um registro. Com a estrutura definida pode-se fazer atribuição de variáveis do mesmo tipo de maneira simplificada. Para declarar um registro em Pascal (programa 7.12):

Programa 7.12: Sintaxe para declaração de registro

```
1   type
2      TipoNome01 = record
3                      identificador_01 : tipo de dado 01;
```

```
4                       identificador_02 : tipo de dado 02;
5
6                       ...
7                       identificador_N : tipo de dado N;
8      end;
9
10     TipoNome02 = record
11                       identificador_01 : tipo de dado 01;
12                       identificador_02 : tipo de dado 02;
13
14                       ...
15                       identificador_N : tipo de dado N;
16     end;
17
18     ...
19
20     TipoNomeN = record
21                       identificador_01 : tipo de dado 01;
22                       identificador_02 : tipo de dado 02;
23
24                       ...
25                       identificador_N : tipo de dado N;
26     end;
```

Onde:

- *type* : similar a *var*, ou seja, indica dentro do programa a área para declaração de tipos, no nosso caso, de registros;

- *TipoNome01 = record* : indicação de que se está declarando um registro;

- *identificador_01 : tipo de dado 01* : declaração dos campos do registro, igual se declara variáveis;

- *end;* : indicação do fim da declaração do registro.

Após a definição do registro, basta declarar a variável de registro como uma variável de qualquer tipo (inteiro, real, char, etc). Para se fazer o acesso de um único campo deve-se utilizar o nome do registro seguido de um ponto e do nome do campo desejado desse registro. Veja o programa exemplo 7.13 (representação da figura 7.2):

Programa 7.13: Programa exemplo da figura 7.2

```
1    (* ExemploRecord01.pas *)
2
3    Program ExemploRecord01 ;
4
5        type
6            Funcionario = record
7                sNome: string[30];
8                iDia, iMes, iAno: integer;
9                sSetor: string[20];
10               rSalario: real;
11           end;
12       var
13           regPrimeiroFuncionario: Funcionario;
14
15   Begin
16       write('Entre com o nome:');
17       readln( regPrimeiroFuncionario.sNome );
18       write('Entre com dia, mes, ano de nascimento:');
19       readln( regPrimeiroFuncionario.iDia,
20               regPrimeiroFuncionario.iMes,
21               regPrimeiroFuncionario.iAno );
22       write('Entre com o nome do setor:');
23       readln( regPrimeiroFuncionario.sSetor );
24       write('Entre com salário:');
25       readln( regPrimeiroFuncionario.rSalario );
26
27   End.
```

Podemos aninhar registros, ou seja, colocar registros dentro de registros, para melhor estruturar a informação. Por exemplo, poderíamos considerar dia, mês e ano de nascimento como um registro contendo campos internos. Vejamos como fica a declaração dos tipos no programa 7.14:

Programa 7.14: Programa exemplo da figura 7.2 com registro interno

```
1    (* ExemploRecord02.pas *)
2
3    Program ExemploRecord02 ;
4
5    type
6
7         (* declaramos o registro aqui *)
8         Data = record
9              iDia, iMes, iAno: integer;
10        end;
11
12        Funcionario = record
13             sNome: string[30];
14             sSetor: string[20];
15             (* e aqui usamos como uma variável qualquer *)
16             regNascimento: Data;
17             rSalario: real;
18        end;
19   var
20        regPrimeiroFuncionario: Funcionario;
21
22   Begin
23     write('Entre com o nome:');
24     readln( regPrimeiroFuncionario.sNome );
25
26     (* observe como fica a leitura dos campos *)
27     write('Entre com dia, mes, ano de nascimento:');
28     readln( regPrimeiroFuncionario.regNascimento.iDia,
29            regPrimeiroFuncionario.regNascimento.iMes,
30            regPrimeiroFuncionario.regNascimento.iAno );
```

```
31      write('Entre com o nome do setor:');
32      readln( regPrimeiroFuncionario.sSetor );
33      write('Entre com salário:');
34      readln( regPrimeiroFuncionario.rSalario );
35
36  End.
```

Lembrete: Estruturas são utilizadas para referenciar múltiplos tipos de dados.

É possível copiar um registro para outro, basta declarar as variáveis para tal (programa 7.15).

Programa 7.15: Cópia de registro na memória.

```
1   (* ExemploRecord03.pas *)
2
3   Program ExemploRecord03 ;
4
5   type
6
7       (* declaramos o registro aqui *)
8       Data = record
9               iDia, iMes, iAno: integer;
10          end;
11
12      Funcionario = record
13              sNome: string[30];
14              sSetor: string[20];
15              (* e aqui usamos como uma variável qualquer *)
16              regNascimento: Data;
17              rSalario: real;
18          end;
19  var
20      regPrimeiroFuncionario, regMesmoFuncionario: Funcionario;
21
22  Begin
23     write('Entre com o nome:');
24     readln( regPrimeiroFuncionario.sNome );
```

```
25
26      (* observe como fica a leitura dos campos *)
27      write('Entre com dia, mes, ano de nascimento:');
28      readln( regPrimeiroFuncionario.regNascimento.iDia,
29              regPrimeiroFuncionario.regNascimento.iMes,
30              regPrimeiroFuncionario.regNascimento.iAno );
31      write('Entre com o nome do setor:');
32      readln( regPrimeiroFuncionario.sSetor );
33      write('Entre com salário:');
34      readln( regPrimeiroFuncionario.rSalario );
35
36      (* copiando o registro *)
37      regMesmoFuncionario := regPrimeiroFuncionario;
38
39      (* impressão *)
40      writeln('Nome:', regMesmoFuncionario.sNome );
41      writeln('Nascimento:', regMesmoFuncionario.regNascimento.
    iDia, '/',
42                  regMesmoFuncionario.regNascimento.iMes, '/',
43                  regMesmoFuncionario.regNascimento.iAno );
44        writeln('Setor:', regMesmoFuncionario.sSetor );
45        writeln('Salário:', regMesmoFuncionario.rSalario );
46   End.
```

Importante: Após a cópia de um registro, as alterações no registro original não alteram a cópia e vice-versa (programa 7.16).

Programa 7.16: Alteração do registro original.

```
1    (* ExemploRecord04.pas *)
2
3    Program ExemploRecord04 ;
4
5    type
6
7        (* declaramos o registro aqui *)
8        Data = record
9             iDia, iMes, iAno: integer;
```

```
10          end;
11
12          Funcionario = record
13              sNome: string[30];
14              sSetor: string[20];
15              (* e aqui usamos como uma variável qualquer *)
16              regNascimento: Data;
17              rSalario: real;
18          end;
19   var
20          regPrimeiroFuncionario, regMesmoFuncionario: Funcionario;
21
22   Begin
23      write('Entre com o nome:');
24      readln( regPrimeiroFuncionario.sNome );
25
26      (* observe como fica a leitura dos campos *)
27      write('Entre com dia, mes, ano de nascimento:');
28      readln( regPrimeiroFuncionario.regNascimento.iDia,
29                 regPrimeiroFuncionario.regNascimento.iMes,
30                 regPrimeiroFuncionario.regNascimento.iAno );
31      write('Entre com o nome do setor:');
32      readln( regPrimeiroFuncionario.sSetor );
33      write('Entre com salário:');
34      readln( regPrimeiroFuncionario.rSalario );
35
36      (* copiando o registro *)
37      regMesmoFuncionario := regPrimeiroFuncionario;
38
39      (* impressão *)
40      writeln('Nome:', regMesmoFuncionario.sNome );
41      writeln('Nascimento:', regMesmoFuncionario.regNascimento.iDia, '/',
42                  regMesmoFuncionario.regNascimento.iMes, '/',
43                  regMesmoFuncionario.regNascimento.iAno );
44      writeln('Setor:', regMesmoFuncionario.sSetor );
45      writeln('Salário:', regMesmoFuncionario.rSalario );
46
```

```
47
48      (* alterando o nome no original *)
49      regPrimeiroFuncionario.sNome := 'Pacifico Pacato Cordeiro
        Manso';
50      writeln('Nome original:', regPrimeiroFuncionario.
        sNome);
51      writeln('Nome cópia :', regMesmoFuncionario.sNome);
52
53 End.
```

7.3.1 Exercícios

1. Defina um registro para controle e emissão de passagens para uma viagem de ônibus. O registro deve conter:

    - data da viagem;

    - código da viagem;

    - origem e destino;

    - número do assento;

    - hora de partida;

    - tempo de viagem;

    - indicativo se o passageiro é fumante ou não;

2. Faça um programa que, utilizando a estrutura do exercício anterior, leia os dados do teclado.

7.4 Dados Homogêneos e Heterogênios - Combinando registros e vetores

A utilidade dos registros torna-se evidente quando utilizados juntamente com vetores. Pode-se definir, então, um vetor de registros de funcionários. A manipulação desse vetor segue, ao mesmo tempo, as regras para acesso de vetores e registros. Observe o programa 7.17.

Programa 7.17: Uso combinado de vetores e registros.

```pascal
1    (* ExemploRecordVetor01.pas *)
2
3    Program ExemploRecordVetor01 ;
4
5    type
6
7            (* declaramos o registro aqui *)
8            Nascimento = record
9                iDia, iMes, iAno: integer;
10           end;
11
12           Funcionario = record
13               sNome: string[30];
14               sSetor: string[20];
15               (* e aqui usamos como uma variável qualquer *)
16               regNascimento: Nascimento;
17               rSalario: real;
18           end;
19   var
20           (* declaração do vetor dizendo que é do tipo funcionário *)
21           aFuncionarios: array [1..5] of Funcionario;
22           iI : integer;
23
24   Begin
25
26      for iI := 1 to 5 do
27      begin
28         writeln('Dados do ', iI, ' funcionario.');
29         write('Entre com o nome:');
30
31         (* observe a utilização do índice de vetor
32         juntamente com o campo do registro *)
33         readln( aFuncionarios[iI].sNome );
34
35         (* observe como fica a leitura dos campos *)
36         write('Entre com dia, mes, ano de nascimento:');
```

```
37        readln( aFuncionarios[iI].regNascimento.iDia,
38                aFuncionarios[iI].regNascimento.iMes,
39                aFuncionarios[iI].regNascimento.iAno );
40
41        write('Entre com o nome do setor:');
42        readln( aFuncionarios[iI].sSetor );
43
44        write('Entre com salário:');
45        readln( aFuncionarios[iI].rSalario );
46
47        writeln;
48     end;
49
50     (* impressão de todos funcionários lidos *)
51     for iI := 1 to 5 do
52     begin
53       writeln('Dados do ', iI, ' funcionário.');
54       writeln('Nome :', aFuncionarios[iI].sNome );
55       writeln('Nascimento:', aFuncionarios[iI].regNascimento.iDia, '/',
56          aFuncionarios[iI].regNascimento.iMes, '/',
57          aFuncionarios[iI].regNascimento.iAno );
58       writeln('Setor :', aFuncionarios[iI].sSetor );
59       writeln('Salário :', aFuncionarios[iI].rSalario );
60       writeln;
61     end;
62
63     writeln('Fim do programa');
64  End.
```

Também é possível utilizar vetores dentro de registros (vetor interno ao registro). Deve-se apenas ter o cuidado ao manipular os índices do vetor de registros e do vetor de cada registro. O programa 7.18 ilustra a utilização de um vetor de registros, no qual cada registro contém um campo do tipo vetor.

Programa 7.18: Uso combinado de vetores e registros com vetores internos.

```
1    (* ExemploRecordVetor02.pas *)
2
3    Program ExemploRecordVetor02 ;
4
5    type
6
7         Telefone = record
8              iDDD, iFone: integer;
9         end;
10
11        Contatos = record
12             sNome: string[30];
13             aTelefones : array [1..5] of Telefone;
14        end;
15   var
16        (* declaração do vetor dizendo que é do tipo funcionário *)
17        aContatos: array [1..5] of Contatos;
18        iI, iK : integer;
19
20   Begin
21
22       for iI := 1 to 5 do
23       begin
24          writeln('Dados do ', iI, ' contato.');
25          write('Entre com o nome:');
26
27          (* observe a utilização do índice de vetor
28          juntamente com o campo do registro *)
29          readln( aContatos[iI].sNome );
30
31          for iK := 1 to 5 do
32          begin
33             write('Entre com o ', iK, ' DDD:');
34             readln( aContatos[iI].aTelefones[iK].iDDD);
35
36             write('Entre com o ', iK, ' Telefone:');
```

```
37            readln( aContatos[iI].aTelefones[iK].iFone);
38         end;
39
40         writeln;
41      end;
42
43      (* impressão de todos contatos lidos *)
44      for iI := 1 to 5 do
45      begin
46         writeln('Dados do ', iI, ' contato.');
47         writeln('Nome :', aContatos[iI].sNome );
48         (* impressão de todos os telefones de cada contato *)
49         for iK := 1 to 5 do
50         begin
51            writeln('DDD:', aContatos[iI].aTelefones[iK].iDDD );
52            writeln('Telefone:', aContatos[iI].aTelefones[iK].iFone );
53         end;
54         writeln;
55      end;
56
57      writeln('Fim do programa');
58   End.
```

7.4.1 Exercícios

1. Em *Cafundos do Judas* existe uma fazenda chamada *PerdeuAsBotas*, cujo dono, é o senhor *BoiTata*. O senhor BoiTata quer implantar em sua fazenda um sistema para controlar seus pastores e suas ovelhas. Ele precisa saber do pastor:

   (a) Nome do pastor;

   (b) Idade do pastor;

   (c) Estado civil do pastor (casado, solteiro, divorciado, viúvo);

(d) Nome dos cachorros do pastor, afinal, todo pastor que se preze tem pelo menos um auxiliar canino, podendo chegar a ter até 10 auxiliares caninos.

i. Raça do amigo canino;

ii. Idade do amigo canino.

Um pastor cuida de um rebanho de ovelhas. Cada rebanho pode conter até 150 ovelhas. Cada ovelha é identificada por:

- Código;
- Idade;
- Peso;
- Cor (branca ou preta);
- Data da última tosquia (retirada da lã).

Sabendo disso, faça a leitura de todos os dados solicitados pelo senhor BoiTata. Lembre-se de validar todos os campos e de registrar a quantidade correta:

(a) de pastores que a fazenda possui (considere um máximo de 10 pastores);

(b) de amigos caninos de cada pastor;

(c) da quantidade de ovelhas do rebanho.

2. Considere uma turma com no máximo 50 alunos. Faça um programa que leia a quantidade de alunos de uma turma. Para cada aluno, o programa deverá ler o nome do aluno, a matrícula, quatro notas, calcular a média e informar se o aluno está aprovado (A), em final (F), ou reprovado (R). Siga os seguintes passos:

(d) Leia a quantidade de alunos;

(e) Leia os dados para todos os alunos;

(f) Calcule a média;

(g) Informe a situação de cada aluno.

O aluno estará aprovado se sua média for igual ou superior a sete; estará em final se sua média for igual ou superior a quatro e inferior a sete (7); e reprovado se a média for inferior a quatro.

3. Faça um programa que mostre e valide as opções de um menu de cadastro, considere os seguintes itens:

```
==============
+ 1. Inclusão
+ 2. Alteração
+ 3. Exclusão
+ 4. Consulta
+ 5. Relatório geral
+
+ 9. Sair
==============
```

Caso seja escolhida uma opção inválida, o programa deve acusar erro.

4. Definição: Faça um programa que leia nome, data de nascimento, e-mail e telefone para um cadastro de agenda. Considere no máximo 50 entradas para a sua agenda.

5. Inclusão: Utilizando a definição de registro do exercício anterior, faça o programa de inclusão de agendas e permita o acesso pelo menu.

    - Após o acesso pela opção de inclusão do menu, o programa deve mostrar uma tela semelhante a que se segue:

```
==========================================
+ Inclusão na Agenda
+ Entre com o seu nome:
+ Entre com sua data de nascimento:
+ Entre com seu e-mail:
+ Entre com seu telefone:
==========================================
```

    - Após a inclusão do nome na agenda (lembre-se de verificar o limite máximo de registros na agenda), o programa deve perguntar ao usuário se ele deseja incluir um novo registro:

```
    + Incluir mais um contato na agenda   ? (S/N).
```

Caso o usuário informe 'S' o programa deve permitir a inclusão do novo contato, caso contrário, o programa deve retornar ao menu principal.

6. Consulta: Altere o programa anterior para possibilitar a consulta. O acesso à consulta deve ser realizado pela opção específica do menu. A consulta deve ser realizada pelo nome do contato. Caso seja digitado 'João', o programa deverá verificar e mostrar todos os contatos que começam com o nome 'João'.

7. Alteração: Altere o programa anterior para possibilitar a alteração dos registros já digitados.

8. Exclusão: Altere o programa anterior para permitir a retirada de um registro.

9. Relatório geral: Altere o programa anterior para que imprima toda a relação de contatos digitados.

7.5 Dado Homogêneo - Trabalhando com Matrizes

Uma matriz é um arranjo bidimensional ou multidimensional de alocação estática e sequencial. A matriz é uma estrutura de dados que necessita de um índice para referenciar a linha e outro para referenciar a coluna para que seus elementos sejam endereçados. Da mesma forma que um vetor, uma matriz é definida com um tamanho fixo, todos os elementos são do mesmo tipo, cada célula contém somente um valor. Os elementos ocupam posições contíguas na memória. A alocação dos elementos da matriz na memória pode ser feita colocando os elementos linha por linha ou coluna por coluna.

De forma geral, a declaração *array* (arranjo) pode ser utilizada para definir matrizes n-dimensionais de dados. O vetor é um caso particular dessa declaração, no qual a matriz definida possui somente uma dimensão (linha). A forma geral da definição das matrizes array é:

```
1  aMatriz = array [ limite inferior 1.. limite superior 1, limite
   inferior 2 .. limite superior 2] of tipo ;
```

Por exemplo, podemos definir uma matriz bidimensional de valores reais através da declaração Pascal que segue:

```
1  aMatriz = array [1..4, 1..6] of real;
```

A variável *aMatriz*, assim definida, tem então 24 elementos (tabela 7.1).

Tabela 7.1: Matriz com 24 elementos

aMatrizMat[1,1]	aMatriz[1,2]	aMatriz[1,3]	aMatriz[1,4]	aMatriz[1,5]	aMatriz[1,6]
aMatrizMat[2,1]	aMatriz[2,2]	aMatriz[2,3]	aMatriz[2,4]	aMatriz[2,5]	aMatriz[2,6]
aMatrizMat[3,1]	aMatriz[3,2]	aMatriz[3,3]	aMatriz[3,4]	aMatriz[3,5]	aMatriz[3,6]
aMatrizMat[4,1]	aMatriz[4,2]	aMatriz[4,3]	aMatriz[4,4]	aMatriz[4,5]	aMatriz[4,6]

O acesso aos elementos da matriz *aMatriz* se dá de maneira similar ao acesso aos elementos de um vetor, ou seja, através de seus índices. Eis um trecho de código em Pascal para ler as dimensões e os elementos da matriz *aMatriz* acima, com quatro linhas e seis colunas:

```
1    for iI := 1 to 4 do
2    begin
3       for iJ := 1 to 6 do
4       begin
5          readln(aMatriz[ iI, iJ ] );
6       end;
7    end;
```

Uma regra que se pode sempre levar em consideração: para cada dimensão de uma matriz, sempre haverá um laço de repetição (normalmente um *for*). Se houver duas dimensões, então haverá dois laços de repetição. Observe que na estrutura acima o laço externo percorre as linhas e o laço interno percorre as colunas. Assim, para cada linha percorreremos todas as colunas.

As estruturas de dados vetoriais e matriciais são extremamente importantes em programas. Eis alguns exemplos de sua utilização:

Armazenar tabelas: uma das utilizações mais frequentes das matrizes é o armazenamento de tabelas de dados, como a tabela de dados atmosféricos abaixo:

hora	temperatura	umidade	pressão
00	12.5	70	778
01	12.1	67	785
02	11.4	65	789
...	...	...	...
23	13.0	73	770

Tratamento de imagens: uma imagem em um computador é geralmente representada por uma matriz bidimensional, na qual cada elemento $e_{x,y}$ representa um *quadradinho* (pixel) da imagem. Desta forma, cada elemento $e[x,y]$ da matriz irá conter a cor e/ou a tonalidade dessa região. No exemplo da figura a seguir, *zero* indica a cor branca e *um* a cor cinza:

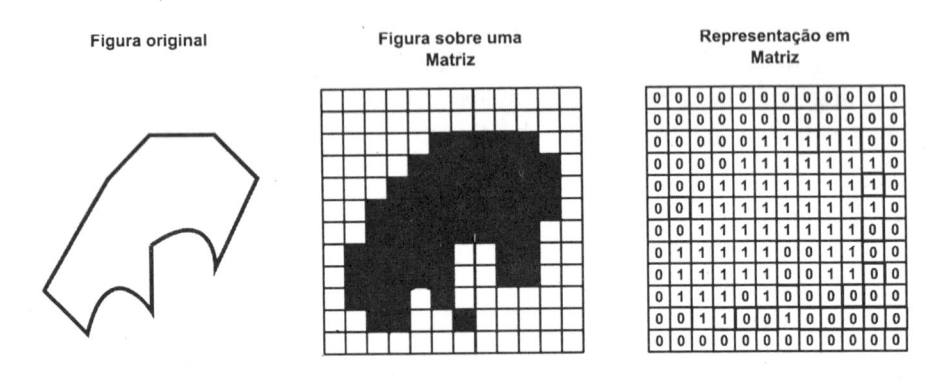

Figura 7.3: Representação de uma figura em uma matriz.

Cálculo numérico: matrizes são geralmente usadas para a representação e a resolução de sistemas de equações lineares, normalmente encontradas em problemas de engenharia:

$$a_{11}x_1 + a_{12}x_2 + \cdots + a_{1n}x_n = b_1$$
$$a_{21}x_1 + a_{22}x_2 + \cdots + a_{2n}x_n = b_2$$
$$\vdots = \vdots$$
$$a_{n1}x_1 + a_{n2}x_2 + \cdots + a_{nn}x_n = b_n$$

7.5.1 Alguns Exemplos de uso de matrizes

Cálculo de determinantes

Em matemática, determinante é uma função que associa, a cada matriz quadrada, (mesmo número de linhas e colunas) um escalar. Essa função permite saber se a matriz tem ou não matriz inversa, pois as que não têm são, precisamente, aquelas cujo determinante é igual a zero.

Determinante de uma matriz de ordem um: O determinante da matriz M de ordem n = 1 é o próprio número que origina a matriz. Dada uma matriz quadrada de 1ª ordem M = [a_{11}] temos que o determinante é o número real a_{11}.

Determinante de uma matriz de ordem dois: O determinante de uma matriz de 2ª ordem é a diferença entre o produto dos termos da diagonal principal e o produto dos termos da diagonal secundária. Esses produtos se chamam, respectivamente, termo principal e termo secundário da matriz. Onde:

$$\det M = \begin{bmatrix} a_{11} & a_{12} \\ a_{21} & a_{22} \end{bmatrix} = a_{11} \times a_{22} - a_{12} \times a_{21}$$

Determinante de uma matriz de ordem três: Para calcular o determinante de matrizes de 3 ordem, utilizamos a chamada regra de *Sarrus*, que resulta no seguinte cálculo:

$$\det M = \begin{bmatrix} a_{11} & a_{12} & a_{13} \\ a_{21} & a_{22} & a_{23} \\ a_{31} & a_{32} & a_{33} \end{bmatrix} = \begin{bmatrix} a_{11} & a_{12} & a_{13} & a_{11} & a_{12} \\ a_{21} & a_{22} & a_{23} & a_{21} & a_{22} \\ a_{31} & a_{32} & a_{33} & a_{31} & a_{32} \end{bmatrix} =$$

$$= [(a_{11} \times a_{22} \times a_{33}) + (a_{12} \times a_{23} \times a_{31}) + (a_{13} \times a_{21} \times a_{32})] -$$

$$[(a_{13} \times a_{22} \times a_{31}) + (a_{11} \times a_{23} \times a_{32}) + (a_{12} \times a_{21} \times a_{33})]$$

O programa 7.19 demonstra, em Pascal, como realizar o cálculo das determinantes de 1ª, 2ª e 3ª ordem:

Programa 7.19: Cálculo de determinante de matrizes.

```
1   (* ExemploMatriz01.pas *)
2
3   Program ExemploMatriz01 ;
4      var
5
6      (* matriz de 1 ordem *)
7      aMatriz01 : array [1..1,1..1] of real;
8
```

```pascal
9      (* matriz de 2 ordem *)
10     aMatriz02 : array [1..2,1..2] of real;
11
12     (* matriz de 3 ordem *)
13     aMatriz03 : array [1..3,1..3] of real;
14
15     iI, iJ: integer;
16     rDeterminante: real;
17
18     Begin
19       (* leitura da primeira matriz *)
20       write('Entre com o elemento 1,1 da matriz:');
21       readln( aMatriz01[ 1, 1] );
22
23       rDeterminante := aMatriz01[1,1];
24
25       writeln('A determinante desta matriz é:', rDeterminante:0:2);
26
27       (* leitura da segunda matriz *)
28       for iI := 1 to 2 do
29       begin
30          for iJ := 1 to 2 do
31          begin
32             write('Entre com o elemento ', iI, ',', iJ, ' da matriz:');
33             readln( aMatriz02[ iI, iJ] );
34          end;
35       end;
36
37       rDeterminante := (aMatriz02[1,1]*aMatriz02[2,2]) -
38                        (aMatriz02[1,2]*aMatriz02[2,1]);
39
40       writeln('A determinante desta matriz é:', rDeterminante:0:2);
```

```
41
42         (* leitura da segunda matriz *)
43         for iI := 1 to 3 do
44         begin
45            for iJ := 1 to 3 do
46            begin
47               write('Entre com o elemento ', iI, ',', iJ, '
   da matriz:');
48               readln( aMatriz03[ iI, iJ] );
49            end;
50         end;
51
52         rDeterminante := ((aMatriz03[1,1]*aMatriz03[2,2]*aMatriz03[3,3])+
53                          (aMatriz03[1,2]*aMatriz03[2,3]*aMatriz03[3,1])+
54                          (aMatriz03[1,3]*aMatriz03[2,1]*aMatriz03[3,2])) -
55                         ((aMatriz03[1,3]*aMatriz03[2,2]*aMatriz03[3,1])+
56                          (aMatriz03[1,1]*aMatriz03[2,3]*aMatriz03[3,2])+
57                          (aMatriz03[1,2]*aMatriz03[2,1]*aMatriz03[3,3]));
58
59         writeln('A determinante desta matriz é:', rDeterminante:0:2);
60   End.
```

Transposta de uma matriz

Matriz transposta, em matemática, é o resultado da troca de linhas por colunas em uma determinada matriz. A matriz transposta de uma matriz qualquer M é representada por M^t. Onde: $M = \begin{bmatrix} a_{11} & a_{12} \\ a_{21} & a_{22} \\ a_{31} & a_{32} \end{bmatrix} \rightarrow M' = \begin{bmatrix} a_{11} & a_{21} & a_{31} \\ a_{12} & a_{22} & a_{33} \end{bmatrix}$

O programa 7.20 demonstra, em Pascal, como obter a transposta de uma matriz:

Programa 7.20: Cálculo de matriz transposta.

```
1    (* ExemploMatriz02.pas *)
2
3    Program ExemploMatriz02 ;
4      var
5
6      (* matriz de 3x2 ordem *)
7      aMatriz : array [1..3,1..2] of integer;
8
9      (* matriz de 2x3 ordem *)
10     aMatrizTransposta : array [1..2,1..3] of integer;
11
12     iI, iJ: integer;
13
14   Begin
15       (* leitura da primeira matriz *)
16       for iI := 1 to 3 do
17       begin
18          for iJ := 1 to 2 do
19          begin
20             write('Entre com o elemento ', iI, ',', iJ, ' da matriz:');
21             readln( aMatriz[ iI, iJ] );
22          end;
23       end;
24
25       (* cálculo da transposta *)
26       for iI := 1 to 3 do
27       begin
28          for iJ := 1 to 2 do
29          begin
30             (* linha vira coluna e coluna vira linha *)
31             aMatrizTransposta[ iJ, iI ] := aMatriz[ iI, iJ];
32          end;
33       end;
34
34       (* impressão da nova matriz *)
```

```
36
37          writeln('Matriz Original:');
38          for iI := 1 to 3 do
39          begin
40            for iJ := 1 to 2 do
41            begin
42              write( aMatriz[ iI, iJ ], ' ');
43            end;
44            writeln;
45          end;
46
47          writeln('Matriz Transposta:');
48          for iI := 1 to 2 do
49          begin
50            for iJ := 1 to 3 do
51            begin
52              write( aMatrizTransposta[ iI, iJ ], ' ');
53            end;
54            writeln;
55          end;
56      End.
```

Adição de matrizes

A adição de matrizes só pode ocorrer se e, somente, se as matrizes forem da mesma ordem, ou seja, tenham o mesmo número de linhas e de colunas. Para fazer a adição entre os elementos dessa matriz basta somar os termos correspondentes de ambas, $a_{ij} + b_{ij} = c_{ij}$, que resultará em uma terceira matriz. Temos como exemplo a soma das matrizes A e B de ordem m x n, e essa soma resultará na matriz C de ordem m x n.

O programa 7.21 demonstra, em Pascal, como somar duas matrizes:

Programa 7.21: Adição de matrizes.

```
1    (* ExemploMatriz03.pas *)
2    Program ExemploMatriz03;
3    Var
4        aA,aB,aC: array[1..100,1..100] of integer;
5        iI,iJ: integer;
6        iMl,iNc: integer;
7    Begin
8        writeln('Digite as dimensões das matrizes:');
9        readln(iMl,iNc);
10       writeln('Digite os elementos da matriz A!');
11       for iI := 1 to iMl do
12       begin
13           for iJ :=1 to iNc do
14           begin
15              write('Entre com o elemento ', iI, ',', iJ, ' da matriz:');
16              readln(aA[iI,iJ]);
17           end
18       end;
19
20       writeln('Digite os elementos da matriz B!');
21       for iI := 1 to iMl do
22       begin
23           for iJ :=1 to iNc do
24           begin
25              write('Entre com o elemento ', iI, ',', iJ, ' da matriz:');
26              readln(aB[iI,iJ]);
27           end
28       end;
29
30       (* calcular a soma de A + B *)
31       for iI := 1 to iMl do
32       begin
33           for iJ := 1 to iNc do
```

```
34              begin
35                 aC[iI,iJ] := aA[iI,iJ] + aB[iI,iJ];
36              end;
37          end;
38
39          writeln('Matriz A:');
40          for iI := 1 to iMl do
41          begin
42             for iJ := 1 to iNc do
43             begin
44                write( aA[iI,iJ],' ');
45             end;
46             writeln; (* quebra linha *)
47          end;
48
49
50          writeln('Matriz B:');
51          for iI := 1 to iMl do
52          begin
53             for iJ := 1 to iNc do
54             begin
55                write( aB[iI,iJ],' ');
56             end;
57             writeln; (* quebra linha *)
58          end;
59
60
61          writeln('Resultado da soma de A+B (C):');
62          for iI := 1 to iMl do
63          begin
64             for iJ := 1 to iNc do
65             begin
66                write( aC[iI,iJ],' ');
67             end;
68             writeln; (* quebra linha *)
69          end;
70      end.
```

Subtração de matrizes

A subtração de matrizes só pode ocorrer se e, somente, se as matrizes forem da mesma ordem, ou seja, tenham o mesmo número de linhas e de colunas. Para fazer a subtração entre os elementos dessa matriz basta subtrair os termos correspondentes de ambas, $a_{ij} - b_i j = c_{ij}$, que resultará em uma terceira matriz. Temos como exemplo a subtração das matrizes A e B de ordem m x n, e essa soma resultará na matriz C de ordem m x n.

O programa 7.22 demonstra, em Pascal, como subtrair duas matrizes:

Programa 7.22: Subtração de matrizes.

```
1   (* ExemploMatriz04.pas *)
2   Program ExemploMatriz04;
3   Var
4      aA,aB,aC: array[1..100,1..100] of integer;
5      iI,iJ: integer;
6      iMl,iNc: integer;
7   Begin
8      writeln('Digite as dimensões das matrizes:');
9      readln(iMl,iNc);
10     writeln('Digite os elementos da matriz A!');
11     for iI := 1 to iMl do
12     begin
13        for iJ :=1 to iNc do
14        begin
15           write('Entre com o elemento ', iI, ',', iJ, ' da matriz:');
16           readln(aA[iI,iJ]);
17        end
18     end;
19
20     writeln('Digite os elementos da matriz B!');
21     for iI := 1 to iMl do
22     begin
23        for iJ :=1 to iNc do
24        begin
```

```
25          write('Entre com o elemento ', iI, ',', iJ, ' da
   matriz:');
26          readln(aB[iI,iJ]);
27        end
28     end;
29
30     (* calcular a subtração de A - B *)
31     for iI := 1 to iMl do
32     begin
33        for iJ := 1 to iNc do
34        begin
35           aC[iI,iJ] := aA[iI,iJ] - aB[iI,iJ];
36        end;
37     end;
38
39     writeln('Matriz A:');
40     for iI := 1 to iMl do
41     begin
42        for iJ := 1 to iNc do
43        begin
44           write( aA[iI,iJ],' ');
45        end;
46        writeln; (* quebra linha *)
47     end;
48
49
50     writeln('Matriz B:');
51     for iI := 1 to iMl do
52     begin
53        for iJ := 1 to iNc do
54        begin
55           write( aB[iI,iJ],' ');
56        end;
57        writeln; (* quebra linha *)
```

```
58      end;
59
60
61      writeln('Resultado da subtração de A-B (C):');
62      for iI := 1 to iM1 do
63      begin
64          for iJ := 1 to iNc do
65          begin
66              write( aC[iI,iJ],' ');
67          end;
68          writeln; (* quebra linha *)
69      end;
70 end.
```

Multiplicação de matrizes

Em matemática, o produto de duas matrizes é definido somente quando o número de colunas da primeira matriz é igual ao número de linhas da segunda matriz. Se A é uma matriz m x n e B é uma matriz n x p, então seu produto é uma matriz m x p definida como AB. O produto é dado por $(AB)_{ij} = \sum_{r=1}^{n} a_{ir}b_{rj} = a_{i1}b_{1j} + a_{i2}b_{2j} + \ldots + a_{in}b_{nj}$.

Considere A de dimensão 2 x 3: $A = \begin{bmatrix} a_{11} & a_{12} & a_{13} \\ a_{21} & a_{22} & a_{23} \end{bmatrix} \rightarrow A = \begin{bmatrix} 1 & 2 & 3 \\ 4 & 5 & 6 \end{bmatrix}$ e B de dimensão 3 x 2: $B = \begin{bmatrix} b_{11} & b_{12} \\ b_{21} & b_{22} \\ b_{31} & b_{32} \end{bmatrix} \rightarrow B = \begin{bmatrix} 1 & 2 \\ 3 & 4 \\ 5 & 6 \end{bmatrix}$.

A figura 7.4 ilustra a multiplicação entre as matrizes e a matriz resultante.

```
            1 │ 2
            3 │ 4
            5 │ 6
1   2   3   A │ B
─────────── ──┼──
4   5   6   C │ D
```

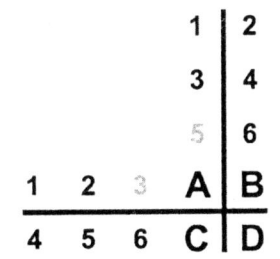

Figura 7.4: Multiplicação de matrizes.

Portanto, chega-se a:

$A = a_{11} \times b_{11} + a_{12} \times b_{21} + a_{13} \times b_{31}$

$B = a_{11} \times b_{12} + a_{12} \times b_{22} + a_{13} \times b_{32}$

$C = a_{21} \times b_{11} + a_{22} \times b_{21} + a_{23} \times b_{31}$

$D = a_{21} \times b_{12} + a_{22} \times b_{22} + a_{23} \times b_{32}$

Ou seja:

$A = 1 \times 1 + 2 \times 3 + 3 \times 5 = 1 + 6 + 15 = 22$

$B = 1 \times 2 + 2 \times 4 + 3 \times 6 = 2 + 8 + 18 = 28$

$C = 4 \times 1 + 5 \times 3 + 6 \times 5 = 4 + 15 + 30 = 49$

$D = 4 \times 2 + 5 \times 4 + 6 \times 6 = 8 + 20 + 36 = 64$

Portanto, a matriz resultante (A x B) é: $AB = \begin{bmatrix} 22 & 28 \\ 49 & 64 \end{bmatrix}$.

O programa 7.23 demonstra, em Pascal, como multiplicar duas matrizes:

Programa 7.23: Multiplicaçãodematrizes.

```
1    (* ExemploMatriz05.pas *)
2    Program ExemploMatriz05;
3    Var
4        aA,aB,aC: array[1..100,1..100] of integer;
5        iI,iJ, iK: integer;
6        iMla,iNca,iMlb,iNcb: integer;
```

```
7        iSoma: integer;
8    Begin
9      writeln('Digite as dimensões da matriz A');
10     readln(iMla,iNca);
11
12     writeln('Digite os elementos da matriz A!');
13     for iI := 1 to iMla do
14     begin
15       for iJ :=1 to iNca do
16       begin
17         write('Entre com o elemento ', iI, ',', iJ, ' da matriz:');
18
19       end
20     end;
21
22     repeat
23     begin
24       writeln('O número de colunas de A deve ser igual ao número de linhas de B!');
25
26       writeln('Digite as dimensões da matriz B');
27       readln(iMlb,iNcb);
28     end;
29     until iNca = iMlb;
30
31     writeln('Digite os elementos da matriz B!');
32     for iI := 1 to iMlb do
33     begin
34       for iJ :=1 to iNcb do
35       begin
36         write('Entre com o elemento ', iI, ',', iJ, ' da matriz:');
37         readln(aB[iI,iJ]);
38       end
39     end;
40
```

```
41      (* calcular a multiplicação de A x B *)
42      for iI := 1 to iMla do
43      begin
44        for iJ := 1 to iNcb do
45        begin
46          iSoma := 0;
47          for iK := 1 to iNca do
48          begin
49            iSoma := iSoma + (aA[iI,iK] * aB[iK, iJ] );
50          end;
51          aC[iI,iJ] := iSoma;
52        end;
53      end;
54
55      writeln('Matriz A:');
56      for iI := 1 to iMla do
57      begin
58        for iJ := 1 to iNca do
59        begin
60          write( aA[iI,iJ],' ');
61        end;
62        writeln;
63      end;
64
65
66      writeln('Matriz B:');
67      for iI := 1 to iMlb do
68      begin
69        for iJ := 1 to iNcb do
70        begin
71          write( aB[iI,iJ],' ');
72        end;
73        writeln;
74      end;
75
76
77      writeln('Resultado da multiplicação de AxB (C):');
```

```
78      for iI := 1 to iMla do
79      begin
80        for iJ := 1 to iNcb do
81        begin
82          write( aC[iI,iJ],' ');
83        end;
84        writeln;
85      end;
86    end.
```

Jogo da velha

Criar um jogo da velha para dois jogadores. O jogo deve informar quando houver jogadas inválidas e considerar três o tamanho do tabuleiro.

Programa 7.24: Versão simples de um jogo da velha.

```
1     (* ExemploMatriz06.pas *)
2     Program ExemploMatriz06;
3     Var
4         aTabuleiro : array [1..3,1..3] of char;
5         cJogador : char;
6         iI, iJ, iJogadas: integer;
7         bHouveGanhador: boolean;
8     Begin
9
10        (* zerando a matriz *)
11        for iI := 1 to 3 do
12        begin
13          for iJ := 1 to 3 do
14          begin
15            aTabuleiro[ iI ][ iJ ] := ' ';
16          end;
17        end;
18
19        cJogador := 'X';
20        bHouveGanhador := false;
21        iJogadas := 1;
22
23        (* enquanto não houve ganhador e quantidade de jogadas
```

```
24            for menor que 9 (3x3)*)
25            while (bHouveGanhador = false) and (iJogadas <= 9) do
26            begin
27              (* montando o tabuleiro *)
28              writeln;
29              for iI := 1 to 3 do
30              begin
31                for iJ := 1 to 3 do
32                begin
33                  write( aTabuleiro[iI,iJ] );
34                  if iJ <> 3 then (* não imprimir na última coluna *)
35                  begin
36                    write('|');
37                  end;
38                end;
39                if iI <> 3 then (* não imprimir na última linha *)
40                begin
41                  writeln;
42                  writeln('-----');
43                end;
44              end;
45              writeln;

47              (* solicitar uma jogada válida *)
48              repeat
49              begin
50                writeln('Vez do jogador ', cJogador );
51                write('Entre com as coordenadas:');
52                readln(iI, iJ)
53              end;
54              until (iI>=1) and (iI<=3) and
55              (iJ>=1) and (iJ<=3) and (aTabuleiro[iI][iJ] = ' ')
       ;
56
57              aTabuleiro[iI][iJ] := cJogador;
58
59
```

```
60          (* verificar se houve vencedor por linha*)
61          for iI := 1 to 3 do
62          begin
63            if (aTabuleiro[ iI, 1 ] = cJogador ) and
64                (aTabuleiro[ iI, 2 ] = cJogador ) and
65                (aTabuleiro[ iI, 3 ] = cJogador ) then
66            begin
67               bHouveGanhador := true;
68            end
69          end;
70
71          (* verificar se houve vencedor por coluna*)
72          for iJ := 1 to 3 do
73          begin
74            if (aTabuleiro[ 1, iJ ] = cJogador ) and
75               (aTabuleiro[ 2, iJ ] = cJogador ) and
76               (aTabuleiro[ 3, iJ ] = cJogador ) then
77            begin
78               bHouveGanhador := true;
79            end
80          end;
81
82          (* verificar as 2 diagonais *)
83          if ((aTabuleiro[1,1] = cJogador) and
84              (aTabuleiro[2,2] = cJogador) and
85              (aTabuleiro[3,3] = cJogador)) or
86             ((aTabuleiro[1,3] = cJogador) and
87              (aTabuleiro[2,2] = cJogador) and
88              (aTabuleiro[3,1] = cJogador)) then
89          begin
90            bHouveGanhador := true;
91          end;
92
93          (* troca de jogadores *)
94          if cJogador = 'X' then
95          begin
96             cJogador := 'O';
```

```
97          end
98          else
99          begin
100            cJogador := 'X';
101         end;
102
103         iJogadas := iJogadas + 1;
104      end;
105      writeln('Fim de jogo');
106   end.
```

7.5.2 Comando *type*

Observe a sequência de instruções a seguir:

```
1    type
2        VetorReal = array [1..1000] of real;
```

A declaração *type* permite a definição de novos tipos de dados em Pascal. No exemplo acima, definimos um novo tipo chamado *VetorReal*, que pode conter 1000 valores de tipo real. Observe que a declaração *type* não cria a estrutura de dados em memória, mas apenas define a sua forma. Esse novo tipo pode então ser usado para a criação de variáveis, exatamente como fazemos para os tipos básicos:

```
1    var
2        VetorNotas: VetorReal;
```

O programa de cálculo de transposta de uma matriz (programa 7.20) foi alterado para ilustrar esse conceito (programa 7.25).

Programa 7.25: Outro cálculo de transposta.

```
1    (* ExemploMatriz07.pas *)
2    .
3    Program ExemploMatriz07 ;
4            .
5    (* definição do tipos *)
6    type
7        Matriz3x2 := array [1..3,1..2] of integer;
```

```
8              Matriz2x3 := array [1..2,1..3] of integer;
9
10
11  var
12          (* declaração das matrizes, utilizando os
13          tipos criados anteriormente *)
14          aMatriz : Matriz3x2;
15          aMatrizTransposta : Matriz3x2;
16
17          iI, iJ: integer;
18
19  Begin
20     (* leitura da primeira matriz *)
21     for iI := 1 to 3 do
22     begin
23       for iJ := 1 to 2 do
24       begin
25         write('Entre com o elemento ', iI, ',', iJ, ' da matriz:');
26         readln( aMatriz[ iI, iJ] );
27       end;
28     end;
29
30     (* cálculo da transposta *)
31     for iI := 1 to 3 do
32     begin
33       for iJ := 1 to 2 do
34       begin
35         (* linha vira coluna e coluna vira linha *)
36         aMatrizTransposta[ iJ, iI ] := aMatriz[ iI, iJ];
37       end;
38     end;
39
40     (* impressão da nova matriz *)
41
42     writeln('Matriz Original:');
43     for iI := 1 to 3 do
```

```
44      begin
45        for iJ := 1 to 2 do
46        begin
47          write( aMatriz[ iI, iJ ], ' ');
48        end;
49        writeln;
50      end;
51
52      writeln('Matriz Transposta:');
53      for iI := 1 to 2 do
54      begin
55        for iJ := 1 to 3 do
56        begin
57          write( aMatrizTransposta[ iI, iJ ], ' ');
58        end;
59        writeln;
60      end;
61    End.
```

7.5.3 Exercícios

1. Faça um programa que mostre na tela *letras grandes*. Cada letra é formada por uma matriz 8x8, com algum caractere nas posições adequadas de forma a compor o desenho de cada letra (cada caractere é como se fosse um pixel). Veja o exemplo com a letra A.

$$A = \begin{bmatrix} . & . & . & \square & . & . & . & . \\ . & . & \square & . & \square & . & . & . \\ . & . & \square & . & \square & . & . & . \\ . & \square & . & . & . & \square & . & . \\ . & \square & \square & \square & \square & \square & . & . \\ \square & . & . & . & . & . & \square & . \\ \square & . & . & . & . & \square & . \\ \square & . & . & . & . & \square & . \end{bmatrix}$$

2. Em uma confecção são produzidos três modelos de calças: A, B e C. Sendo usados dois tipos de botões: G (grande) e M (médio). O número de botões usado por modelo de calça é dado pela seguinte tabela:

O número de calças produzidas nos meses de novembro e dezembro é fornecido pela tabela a seguir:

De acordo com os dados fornecidos, faça um programa que calcule a quantidade de botões gastos nos meses referidos.

3. Dadas duas matrizes numéricas A e B de dimensão 4 x 36, faça um programa que gere uma matriz lógica C, tal que o elemento C[i][j] seja Verdadeiro se os elementos nas posições respectivas das matrizes A e B forem iguais e, caso contrário, Falso. Exibir as matrizes A, B e C.

$$\text{Exemplo: } A = \begin{bmatrix} 2 & 4 & 6 \\ 1 & 5 & 9 \\ 3 & 7 & 2 \\ 4 & 6 & 8 \end{bmatrix} \text{ e } B = \begin{bmatrix} 2 & 5 & 8 \\ 1 & 9 & 7 \\ 3 & 7 & 1 \\ 4 & 5 & 8 \end{bmatrix}$$

$$\text{então } C = \begin{bmatrix} true & false & false \\ true & false & false \\ true & true & false \\ true & false & true \end{bmatrix}$$

4. Elabore um programa que leia uma matriz M[6,6] e um valor A e que multiplique a matriz M pelo valor A e coloque os valores da matriz multiplicados por A em um vetor de V[36] e escreva no final o vetor V.

5. Escreva um programa que leia uma matriz A[15,5] e a escreva. Verifique, a seguir, quais os elementos de A que estão repetidos e quantas vezes cada um está repetido. Escreva cada elemento repetido com uma mensagem dizendo que o elemento aparece X vezes em A.

6. Escreva um programa que leia uma matriz M[10,10] e a escreva. A seguir, troque a diagonal principal com a diagonal secundária. Apresente a matriz modificada.

7. Na teoria dos sistemas, define-se como elemento *minimax* de uma matriz o menor elemento da linha onde se encontra o maior elemento da matriz. Escreva um algoritmo que leia uma matriz 10 x 10 de números e encontre seu elemento *minimax*, mostrando também sua posição.

8. Escreva um programa que leia uma matriz M[5,5] e crie dois vetores SL[5] e SC[5] que contenham, respectivamente, as somas das linhas e das colunas de M. Escreva a matriz e os vetores criados.

9. Faça um programa leia uma matriz A 7 x 7 de números e crie dois vetores ML[7] e MC[7], que contenham, respectivamente, o maior elemento de cada uma das linhas e o menor elemento de cada uma das colunas. Escreva a matriz A e os vetores ML e MC.

10. Faça um programa que gere a seguinte matriz: $\begin{bmatrix} 1 & 3 & 3 & 3 & 3 & 2 \\ 3 & 1 & 3 & 3 & 2 & 3 \\ 3 & 3 & 1 & 2 & 3 & 3 \\ 3 & 3 & 2 & 1 & 3 & 3 \\ 3 & 2 & 3 & 3 & 1 & 3 \\ 2 & 3 & 3 & 3 & 3 & 1 \end{bmatrix}$

11. Faça um programa que gere a seguinte matriz: $\begin{bmatrix} 1 & 1 & 1 & 1 & 1 & 1 \\ 1 & 2 & 2 & 2 & 2 & 1 \\ 1 & 2 & 3 & 3 & 2 & 1 \\ 1 & 2 & 3 & 3 & 2 & 1 \\ 1 & 2 & 2 & 2 & 2 & 1 \\ 1 & 1 & 1 & 1 & 1 & 1 \end{bmatrix}$

8 Programação Modular

> Errar é humano, mas para estragar tudo é preciso um computador.
>
> Paul Ehrlich.

Um programa em Pascal é uma sequência de instruções. À medida que um programa cresce, ele pode se tornar complexo e pouco legível. Além disso, certas sequências de comandos podem ser usadas com frequência em diversos pontos do programa, tendo de ser inteiramente reescritas em cada um desses pontos, o que é certamente uma fonte de erros.

Para enfrentar essa situação podemos dividir nosso programa em módulos, separando logicamente as diferentes etapas do programa. A programação modular é uma técnica que tem por objetivo simplificar o desenvolvimento de programas atráves de sua divisão em *partes*. Cada uma dessas *partes* pode ser mais facilmente entendida, programada, testada e modificada, pois o problema que está sendo resolvido é menor. Além disso, podemos agrupar trechos de código, frequentemente, usados em um módulo separado, que pode ser ativado a partir de diversos pontos do programa.

Estas *partes* são conhecidas como *módulos*. Logo, um módulo é um grupo de comandos, constituindo um trecho de programa, com uma função bem definida e o mais independente possível em relação ao resto do programa. Em Pascal, isso pode ser efetuado através da definição de procedimentos, funções e bibliotecas.

A maioria das linguages de programação estruturadas suporta dois tipos de módulos: funções (*function*) e procedimentos (*procedure*).

Procedimento: É um módulo que, a partir de informações de entrada, executa uma tarefa e gera informações de saída. A chamada a uma rotina é feita pela indicação de seu nome. Procedimentos também são conhecidos como *rotinas* ou *sub-rotinas*.

Função: É um módulo que, a partir de informações de entrada, executa uma tarefa e gera apenas *uma* informação de saída. A informação de saída é atribuída ao nome da função e devolvida pela função na própria posição em que foi chamada. Toda função possui um tipo associado, que é o tipo de informação que a função retorna.

Eles servem basicamente a três objetivos:

- Evitar que certa sequência de comandos necessária em vários locais de um programa tenha que ser escrita repedidamente nesses locais;

- Dividir e estruturar um programa em partes fechadas e logicamente coerentes;

- Aumentar a legibilidade de um algoritmo.

Poder declarar instruções, estendendo a linguagem, certamente é o recurso mais valioso das linguagens de programação, por proporcionar reusabilidade e, portanto, produtividade. É conveniente, também, saber como armazená-las em bibliotecas para que elas sejam facilmente reutilizáveis. Mas lembre-se: uma instrução só será reutilizável se puder ser usada sem qualquer outra declaração, isto é, é preciso saber apenas o seu nome e os seus parâmetros. Também não será conveniente que a instrução mostre resultados na tela, a menos que isso faça parte de sua finalidade. Por exemplo, se a finalidade for *calcular a média*, a instrução retorna o valor calculado, mas não mostra na tela. Se a finalidade for *Mostrar uma mensagem na tela*, então ela deve fazer isso e não efetuar cálculos de valores que não estejam relacionados a isso.

8.1 Escopo de Variáveis

Entende-se como *escopo de variáveis* a área onde o valor e o nome tenha significado. Podem-se ter dois tipos de variáveis no Pascal. O primeiro tipo é a *variável global*. Uma variável é global quando é definida fora de qualquer função ou procedimento. Essa variável pode ser usada em qualquer função ou procedimento e o significado dela abrange todo o programa fonte. Uma *variável local* é definida dentro de funções/procedimentos e o seu significado é somente válido dentro da função/procedimento onde foi criada. Assim, podem existir duas variáveis com o mesmo nome em funções/procedimentos distintos.

8.1.1 Variáveis Globais

As variáveis globais são definidas fora de qualquer função/procedimento e o seu nome é válido para todo o programa. Qualquer função/procedimento que altere seu conteúdo estará alterando todo o programa, pois essas variáveis ficam em uma área de dados disponível para todo o programa.

8.1.2 Variáveis Locais

Quando uma variável é definida dentro de uma função/procedimento, está se definindo uma variável local à função/procedimento. Essa variável utiliza a pilha interna da função/procedimento como memória, portanto, ao término esse espaço de memória é liberado e a variável não existe mais. Assim, a definição da variável só é válida dentro da função/procedimento.

Os parâmetros de uma função/procedimento também são considerados variáveis locais e também utilizam a pilha interna para a sua alocação.

8.2 Procedimento (*procedure*)

Uma *procedure* (procedimento) é um subprograma e eles ajudam a reduzir a redundância em programas. Esse subprograma é um módulo separado do programa principal, contendo comandos e pode ser ativado a partir do programa principal, ou a partir de outros módulos. Normalmente, um procedimento é composto por três elementos:

Interface: define o nome do procedimento e como ele pode ser ativado. Ela também pode definir parâmetros que são dados entregues ao procedimento e resultados que ele pode retornar a quem o ativou. Normalmente, a interface deve ser o único elo entre um procedimento e o restante do programa.

Contexto: Permite declarar variáveis internas ao procedimento, além de tipos constantes e até mesmo outros procedimentos internos. As variáveis internas de um procedimento são chamadas *variáveis locais*, ao contrário das variáveis declaradas no programa principal, as *variáveis globais* são acessíveis a todos. O mesmo ocorre para os tipos constantes e procedimentos locais.

Corpo: Define os comandos que serão executados pelo procedimento. Ao ser ativado, um procedimento efetua as operações definidas em seu corpo e ao terminar a execução retorna ao ponto de onde foi ativado.

A forma geral de definição de um procedimento está representada no programa 8.1, no qual a interface é definida pela palavra *procedure*, o contexto pelas declarações locais e o corpo pelas palavras (comandos) *begin* e *end*.

Programa 8.1: Declaração de um procedimento.

```
1   (* ExemploDeclaracaoProcedure01.pas *)
2
3   procedure nome( parâmetro 1: tipo 01; parâmetro 2:tipo 2;
      ...) ;
4     declaração de constantes locais
5     declaração de tipos locais
6     declaração de variáveis locais
7     declaração de procedimentos e funções locais
8   begin
9     comandos (corpo);
10  end;
```

Para exemplificar, vamos criar dois procedimentos simples que escrevam na tela uma linha de separação, composta por asteriscos e linhas tracejadas. Sua forma mais simples, sem parâmetros nem declarações locais e a forma de ativação podem ser vistas no programa 8.2:

Programa 8.2: Exemplo de declaração de um procedimento.

```
1   (* ExemploDeclaracaoProcedure02.pas *)
2   Program ExemploDeclaracaoProcedure02;
3   Var
4     iContador: integer;
5
6     (* a declaração dos procedimentos deve ser
7     realizadas dentro do corpo do programa *)
8     procedure SeparadorAsterisco ;
9     begin
10      writeln ('*******************') ;
11    end ;
12
13    procedure SeparadorLinha;
14    begin
15      writeln ('--------------------') ;
```

```
16    end;
17
18  Begin
19    for iContador := 1 to 5 do
20    begin
21      SeparadorAsterisco;
22      SeparadorLinha;
23    end;
24    writeln('Fim do programa!!');
25  End.
```

A figura 8.1 ilustra o conceito de desvio de execução do programa principal para chamar os procedimentos.

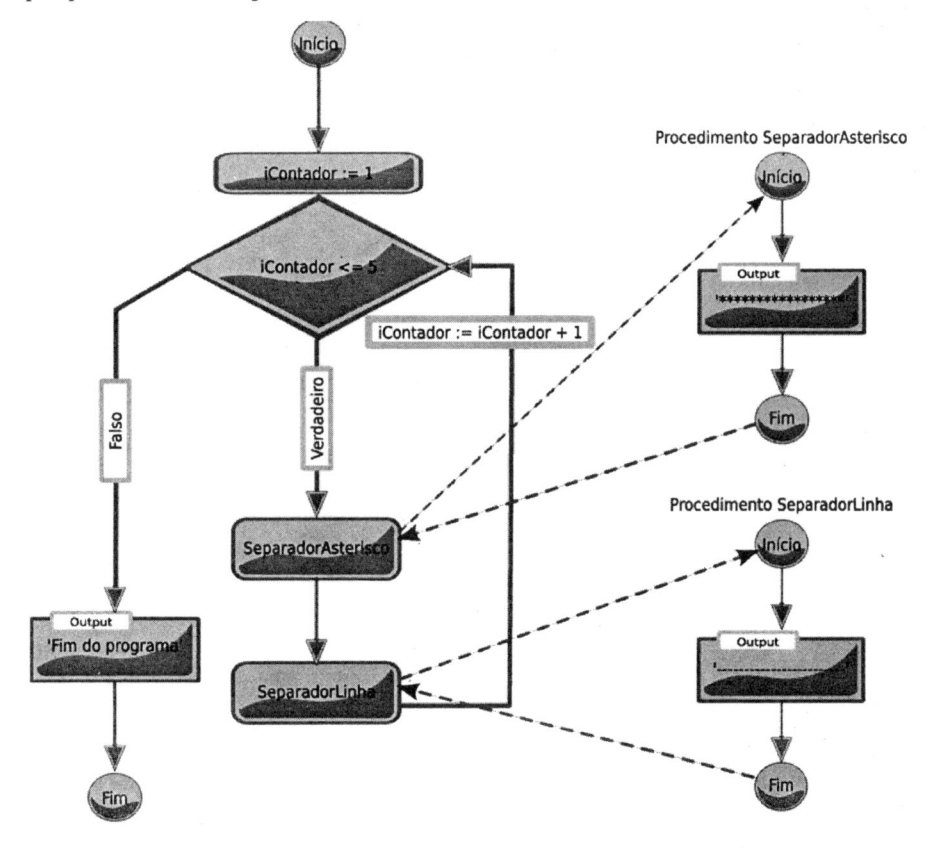

Figura 8.1: Fluxograma do programa 8.2

8.2.1 Procedures, variáveis locais e globais

Como explicado anteriormente, variáveis globais são declaradas dentro do corpo principal do programa e, portanto, estão disponíveis para uso (alterações, impressão, etc.) em qualquer parte do programa (inclusive nos procedimentos). O programa 8.3 é um exemplo de uso de variáveis globais.

Programa 8.3: Exemplo de uso de variável global.

```
1   (* ExemploDeclaracaoProcedure03.pas *)
2   Program ExemploDeclaracaoProcedure03;
3
4   Var
5      iContador: integer; (* esta é uma variável global *)
6
7
8      (* a declaração dos procedimentos deve ser
9         realizadas dentro do corpo do programa *)
10     procedure AlteraContador ;
11     begin
12        (* alterando a variável global *)
13        iContador := iContador + 1;
14     end ;
15
16     procedure ImprimeContador;
17     begin
18        (* imprimindo a variável global *)
19        writeln ('Valor do contador:', iContador) ;
20     end;
21
22  Begin
23     iContador := 1;
24     while iContador <= 5 do
25     begin
26        ImprimeContador;
27        AlteraContador;
28     end;
29     writeln('Fim do programa!!');
30  End.
```

Observe o programa 8.4, nesle a variável *iContador* foi declarada globalmente, no corpo do programa, e no corpo do procedimento *ImprimeLinha*. Embora o nome das variáveis seja o mesmo, cada variável ocupa uma área diferente de memória.

Programa 8.4: Exemplo de uso de variáveis globais e locais.

```
1   (* ExemploDeclaracaoProcedure04.pas *)
2   Program ExemploDeclaracaoProcedure04;
3
4   Var
5      iContador: integer; (* esta é uma variável global *)
6
7
8      (* a declaração dos procedimentos deve ser
9         realizadas dentro do corpo do programa *)
10     procedure AlteraContador ;
11     begin
12        (* alterando a variável global *)
13        iContador := iContador + 1;
14     end ;
15
16     procedure ImprimeContador;
17     begin
18        (* imprimindo a variável global *)
19        writeln ('Valor do contador:', iContador) ;
20     end;
21
22     procedure ImprimeLinha;
23     var
24        iContador:integer; (* variável local *)
25        begin
26           for iContador := 1 to 5 do
27           begin
28              writeln('------------');
29           end;
30        end;
31
32  Begin
```

```
33      iContador := 1;
34      while iContador <= 5 do
35      begin
36         ImprimeContador;
37         AlteraContador;
38         ImprimeLinha;
39      end;
40      writeln('Fim do programa!!');
41   End.
```

Quando um programa está em execução, ele ocupa um determinado espaço de memória. Tecnicamente, o programa se divide na memória em pedaços chamados *segmentos*. A figura 8.2 ilustra o conceito de segmentos. Nesta figura, pode-se observar os passos de acesso à memória durante a execução de um programa. Quando o conteúdo de uma variável é necessário durante a execução das instruções, o segmento de memória daquele procedimento é consultado (passo um), caso a variável não esteja disponível no segmento, é consultado o segmento do programa principal (passo dois).

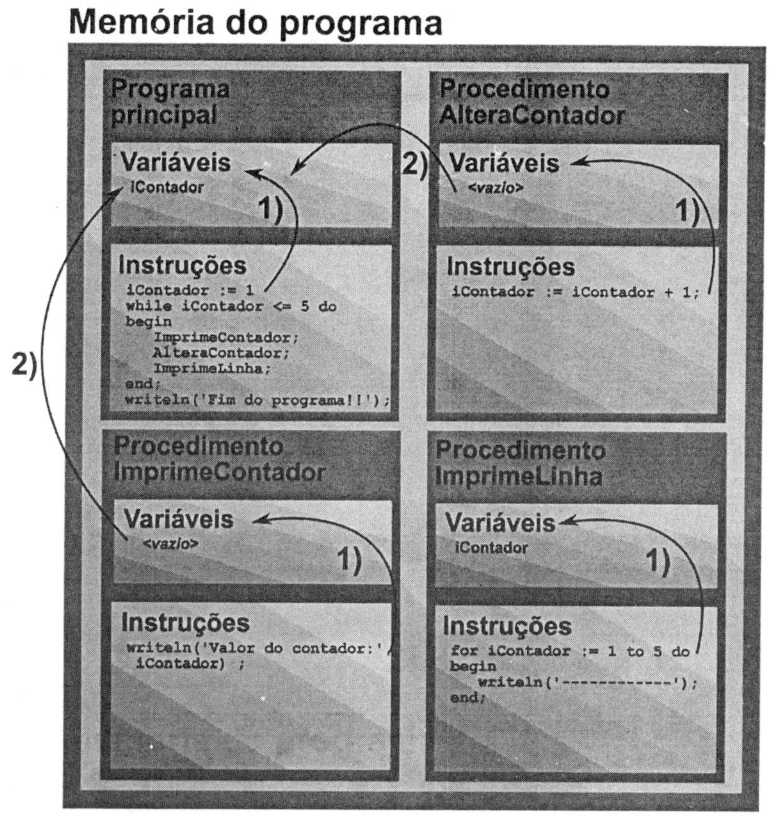

Memória do programa

```
Programa principal
  Variáveis
    iContador
  Instruções
    iContador := 1
    while iContador <= 5 do
    begin
        ImprimeContador;
        AlteraContador;
        ImprimeLinha;
    end;
    writeln('Fim do programa!!');

Procedimento AlteraContador
  Variáveis
    <vazio>
  Instruções
    iContador := iContador + 1;

Procedimento ImprimeContador
  Variáveis
    <vazio>
  Instruções
    writeln('Valor do contador:',
    iContador);

Procedimento ImprimeLinha
  Variáveis
    iContador
  Instruções
    for iContador := 1 to 5 do
    begin
        writeln('------------');
    end;
```

Figura 8.2: Representação da memória do programa 8.4

A variável *iContador*, definida no procedimento *ImprimeContador* (programa 8.4) é uma variável local do procedimento, que só existirá dentro desse procedimento, deixando de existir quando ele termina.

Variáveis com o mesmo nome podem existir em diversos procedimentos, sem risco de interferência entre elas. Isso significa que a variável *iContador*, definida no procedimento *ImprimeContador*, não será confundida com outras variáveis *iContador* definidas em outros procedimentos, ou mesmo no programa principal.

Lembre-se:

- Uma variável só existe no módulo onde foi declarada e deixa de existir com o fim da execução desse.

- Uma variável declarada em um módulo também é acessível em seus módulos internos. Da mesma forma, uma variável declarada no programa principal é acessível a todos os módulos do programa.

- Uma variável pode ser redefinida para um módulo e seus módulos internos. Essa redefinição vale enquanto durar a execução do módulo; fora desse, volta a valer a definição anterior.

8.2.2 Parâmetros

Se desejarmos passar informações a um procedimento ou receber informações dele, devemos declarar parâmetros para o mesmo. Os dados declarados entre parênteses após o nome do procedimento constituem seus parâmetros e podem ser usados no corpo do procedimento da mesma forma que uma variável local.

Por exemplo, vamos indicar ao procedimento *ImprimeContador* o comprimento da linha a traçar e o caractere a ser usado na linha (programa 8.5).

Programa 8.5: Procedimento com parâmetros de entrada.

```
1   (* ExemploDeclaracaoProcedure05.pas *)
2   Program ExemploDeclaracaoProcedure05;
3
4   Var
5      iContador: integer; (* esta é uma variável global *)
6
7
8      (* a declaração dos procedimentos deve ser
9        realizadas dentro do corpo do programa *)
10     procedure AlteraContador ;
11     begin
12        (* alterando a variável global *)
13        iContador := iContador + 1;
14     end ;
15
16     procedure ImprimeContador;
17     begin
18        (* imprimindo a variável global *)
```

```
19      writeln ('Valor do contador:', iContador) ;
20    end;
21
22                      (* parâmetros de entrada *)
23    procedure ImprimeLinha( iQtdCaracteres: integer;
24                            cCaractere: char);
25    var
26      iContador, iQtdColunas:integer; (* variável local *)
27    begin
28      for iContador := 1 to 5 do
29      begin
30        for iQtdColunas := 1 to iQtdCaracteres do
31        begin
32          write(cCaractere);
33        end;
34        writeln;
35      end;
36    end;
37
38    Begin
39      iContador := 1;
40      while iContador <= 5 do
41      begin
42        ImprimeContador;
43        AlteraContador;
44        (* passando parâmetros *)
45        ImprimeLinha(iContador*5,'+');
46      end;
47      writeln('Fim do programa!!');
48    End.
```

Podemos também declarar parâmetros para retornar valores calculados dentro de um procedimento para o programa principal, ou para o procedimento que o ativou. Para isso usa-se o atributo *var* na declaração do parâmetro. Parâmetros, assim declarados, são considerados *parâmetros de entrada e saída*. Eles permitem passar dados ao procedimento e recebê-los de volta com as modificações efetuadas sobre o mesmo dentro do procedimento. Como exemplo, vejamos a definição de um procedimento *Limite(iNum)*, que limita o valor de *iNum* entre -100 e 100 (programa 8.6). Para ativar o procedimento, precisamos indicar como parâmetro de entrada e saída uma variável que irá conter o valor inicial e receberá o resultado. Todas as modificações efetuadas no parâmetro dentro do procedimento serão refletidas sobre a variável indicada:

Programa 8.6: Procedimento com parâmetros de entrada e saída.

```
1    (* ExemploDeclaracaoProcedure06.pas *)
2    Program ExemploDeclaracaoProcedure06;
3
4    Var
5       iNumero: integer;
6
7       (* o var significa que a variável está sendo passada
8        por referência *)
9       procedure Limite( var iNum: integer );
10      const (* definição da constante *)
11      LIMITE = 100;
12      begin
13         if iNum < -LIMITE then
14         begin
15            iNum := -LIMITE;
16         end;
17
18         if iNum > LIMITE then
19         begin
20            iNum := LIMITE;
21         end;
22      end;
23
24   Begin
25      write('Entre com um número:');
26      readln(iNumero);
27      Limite(iNumero);
28      writeln('Número digitado ', iNumero);
29      writeln('Fim do programa!!');
30   End.
```

Atenção: Uma chamada a *Limite(iNumero*5)* é inválida, pois o procedimento está aguardando uma variável como parâmetro de entrada e não uma expressão. Isso porque o valor de retorno deve ser depositado em uma variável. Na realidade, a diferença entre parâmetros normais e parâmetros *var* reside no fato de que os primeiros são passados *por valor* e os últimos *por referência*. Em outras palavras, na passagem de um parâmetro normal, uma cópia do mesmo é entregue ao procedimento, que a descarta no final de sua execução; na passagem de um parâmetro *var* é entregue apenas uma referência (endereço) da variável indicada, e, portanto, as operações serão efetuadas sobre a própria variável e não mais em uma cópia da mesma.

O programa 8.7 exemplica mais claramente o que ocorre com parâmetros de entrada e saída.

Programa 8.7: Um exemplo mais claro de procedimento com parâmetros de entrada e saída.

```
1    (* ExemploDeclaracaoProcedure07.pas *)
2
3    program ExemploDeclaracaoProcedure07;
4
5       (* o 1o. parametro é por var, o segundo não *)
6       procedure AlteraValor(var iX:integer; iY:integer);
7       begin
8          iX:=10;
9          iY:=15;
10      end;
11
12   var
13      iA,iB:integer;
14   begin
15      iA:=2;
16      iB:=4;
17
18      (* sabemos que será impresso 2 e 4 *)
19      writeln(iA,' ',iB);
20
21      AlteraValor(iA,iB);
22
```

```
23      (* e agora ? quais valores serão impressos ? *)
24      writeln(iA,' ',iB);
25
26      writeln('Fim do programa!');
27 end.
```

8.2.3 Projetando um procedimento

Vamos projetar, passo a passo, um procedimento para ordenar vetores usando o método de ordenação *BubbleSort*. Desejamos passar ao procedimento o vetor a ordenar e recebê-lo de volta ordenado. O algoritmo de ordenação bolha é visto em detalhes na seção 9.2. Para projetá-lo vamos seguir os seguintes passos:

Vamos definir a interface do procedimento, ou seja, seu nome e os parâmetros que ele recebe e/ou devolve. Vamos usar o nome *Bolha*; ele recebe um vetor de reais *rVetor* e o seu número de elementos *iTamanho* e deve devolver o mesmo vetor, ordenado. Portanto, *rVetor* é um parâmetro de entrada e saída e *iTamanho* apenas de entrada. Com isso, a interface do nosso procedimento fica assim:

```
1     procedure Bolha (var arVetor : VetorReal ; iTamanho :
      integer) ;
```

O corpo do procedimento implementa o algoritmo da bolha:

```
1     for iI := 1 to iTamanho-1 do
2     begin
3       for iJ := iTamanho - 1 downto iI do
4       begin
5         if arVetor[iJ-1] > arVetor[iJ] then
6         begin
7           rAuxiliar := arVetor[iJ-1] ;
8           arVetor[iJ-1] := arVetor[iJ];
9           arVetor[iJ] := rAuxiliar;
10        end;
11      end ;
12    end;
```

Para definir o contexto local do procedimento, devemos analisar seu corpo e determinar as variáveis constantes, tipos e procedimentos necessárias à implementação dele. Algumas variáveis são recebidas como parâmetros, e, portanto, não precisam ser declaradas localmente. Observando o código acima, podemos construir o seguinte contexto com as variáveis necessárias à implementação do algoritmo da bolha:

```
1    var
2        iI, iJ : integer;
3        rAuxiliar: real;
```

Devemos observar que a declaração do tipo *VetorReal*[5] é externa ao procedimento, pois esse tipo deve ser conhecido de quem ativa o procedimento (para poder passar o vetor como parâmetro). Juntando os elementos acima, temos a declaração completa do procedimento *Bolha* que pode ser observada no programa 8.8:

Programa 8.8: Projetando um procedimento, exemplo com ordenção *Bubble-Sort*.

```
1    (* ExemploDeclaracaoProcedure08.pas *)
2    Program ExemploDeclaracaoProcedure08;
3
4    Type
5        (* não é possível especificar o tamanho das
6            matrizes/vetores nos parâmetros de entrada
7            de um procedimento ou função. *)
8        VetorReal = array [1..1000] of real;
9
10   Var
11       iI, iQtdValores: integer;
12       (* uma variável pode ter o mesmo nome
13           de outra variável declarada como parâmetro de
14           entrada e saída, afinal, estão na mesma área
15           de memória *)
16       arVetor: VetorReal;
17
```

---

5 Veja como funciona o comando *type* na seção 7.5.2.

```pascal
18      procedure Bolha (var arVetor: VetorReal;
19                           iTamanho : integer) ;
20      var
21      iI, iJ : integer;
22      rAuxiliar : real;
23      begin
24        for iI := 1 to iTamanho-1 do
25        begin
26          for iJ := iTamanho - 1 downto iI do
27          begin
28            if arVetor[iJ-1] > arVetor[iJ] then
29            begin
30              rAuxiliar := arVetor[iJ-1] ;
31              arVetor[iJ-1] := arVetor[iJ];
32              arVetor[iJ] := rAuxiliar;
33            end;
34          end ;
35        end;
36      end;
37
38
39   Begin
40      write('Entre com a quantidade de elementos:');
41      readln(iQtdValores);
42
43      for iI := 1 to iQtdValores do
44      begin
45        arVetor[iI] := random(100);
46      end;
47
48      writeln('Vetor antes da ordenação:');
49      for iI := 1 to iQtdValores do
50      begin
51        writeln('Vetor[',iI:3,'] = ', arVetor[iI]:3:2);
52      end;
53
54      (* chamada do procedimento *)
```

```
55      Bolha( arVetor, iQtdValores);
56
57      writeln('Vetor depois da ordenação:');
58      for iI := 1 to iQtdValores do
59      begin
60         writeln('Vetor[',iI:3,'] = ', arVetor[iI]:3:2);
61      end;
62
63      writeln('Fim do programa!!');
64   End.
```

8.2.4 Exemplo de simplificação de código (modularização)

O programa de exemplo 7.23 demonstrava como realizar a multiplicação de duas matrizes quaisquer. O que ocorria naquele programa:

1. Leitura da matriz A;

2. Leitura da matriz B;

3. Multiplicação de A por B;

4. Impressão de A;

5. Impressão de B;

6. Impressão de C.

Conforme pode ser observado, vários passos são repetidos e com a utilização de procedimentos o programa pode ser simplificado (diminuição de código). O problema consiste em apenas três passos:

1. Leitura de matrizes;

2. Multiplicação de matrizes;

3. Impressão de matrizes.

Portanto, basta definir procedimentos genéricos para cada passo. Desta forma, o novo programa fica mais legível e de fácil entedimento (programa 8.9).

Programa 8.9: Multiplicação de matrizes (nova versão do programa 7.23).

```
1     (* ExemploDeclaracaoProcedure09.pas *)
2     Program ExemploDeclaracaoProcedure09;
3
4     Type
5          (* não é possível especificar o tamanho das
6             matrizes/vetores nos parâmetros de entrada
7             de um procedimento ou função. *)
8          MatrizInteiro = array[1..100,1..100] of integer;
9     Var
10      (* uma variável pode ter o mesmo nome
11         de outra variável declarada como parâmetro de
12         entrada e saída, afinal, estão na mesma área
13         de memória *)
14
15      aA,aB,aC: MatrizInteiro;
16      iLinhasA,iColunasA,iLinhasB,iColunasB: integer;
17
18                   (* variáveis de mesmo tipo, basta separar
19                       na declaração com uma vírgula *)
20      procedure MultiplicacaoMatrizes(aA, aB: MatrizInteiro;
21                              var aC: MatrizInteiro;
22                       iLinhasA, iColunasA, iColunasB: integer);
23      var
24        iI, iJ,iK, iSoma: integer;
25      begin
26        (* calcular a multiplicação de A x B *)
27        for iI := 1 to iLinhasA do
28        begin
29          for iJ := 1 to iColunasB do
30          begin
31            iSoma := 0;
32            for iK := 1 to iColunasA do
33            begin
34              iSoma := iSoma + (aA[iI,iK] * aB[iK, iJ] );
35            end;
36            aC[iI,iJ] := iSoma;
```

```
37         end;
38       end;
39     end;
40
41     (* leitura de matrizes *)
42     procedure LeMatriz( var aMatriz: MatrizInteiro;
43                             iLinhas, iColunas: integer);
44     var
45       iI, iJ: integer;
46     begin
47       for iI := 1 to iLinhas do
48       begin
49         for iJ :=1 to iColunas do
50         begin
51           write('Entre com o elemento ', iI, ',', iJ, ' da matriz:');
52           readln(aMatriz[iI,iJ]);
53         end
54       end;
55     end;
56
57     (* impressão de matrizes *)
58     procedure ImprimeMatriz( aMatriz: MatrizInteiro;
59                              iLinhas, iColunas: integer);
60     var
61       iI, iJ: integer;
62     begin
63       for iI := 1 to iLinhas do
64       begin
65         for iJ :=1 to iColunas do
66         begin
67           write( aMatriz[iI,iJ],' ');
68         end;
69         writeln;
70       end;
71     end;
72
```

```
73
74   Begin
75     (* leitura dos dados *)
76     writeln('Digite as dimensões da matriz A');
77     readln(iLinhasA,iColunasA);
78
79     writeln('Digite os elementos da matriz A!');
80     LeMatriz(aA, iLinhasA, iColunasA);
81
82     repeat
83     begin
84       writeln('O número de colunas de A deve ser igual ao
     número de linhas de B!');
85
86       writeln('Digite as dimensões da matriz B');
87       readln(iLinhasB,iColunasB);
88     end;
89     until iColunasA = iLinhasB;
90
91     writeln('Digite os elementos da matriz B!');
92     LeMatriz(aB, iLinhasB, iColunasB);
93
94     (* calcular a multiplicação de A x B *)
95     MultiplicacaoMatrizes(aA, aB, aC, iLinhasA, iColunasA,
     iColunasB);
96
97     (* impressão de todas as matrizes *)
98     writeln('Matriz A:');
99     ImprimeMatriz(aA, iLinhasA, iColunasA);
100
101    writeln('Matriz B:');
102    ImprimeMatriz(aB, iLinhasB, iColunasB);
103
104    writeln('Resultado da multiplicação de AxB (C):');
105    ImprimeMatriz(aC, iLinhasA, iColunasB);
106
107  end.
```

8.2.5 Exercícios

1. Implementar uma instrução que receba os coeficientes **a**, **b** e **c** de uma equação do segundo grau e que retorne suas raízes. Resolva: como fazer quando a equação resultante não tiver raízes reais?

2. Elaborar um procedimento que mostre os números de 1 a 100.

3. Declarar um procedimento semelhante ao acima, mas que receba como parâmetros os valores inicial e final.

8.3 Função

Certos blocos de programa buscam determinar um resultado específico e único a partir dos dados de entrada que recebe, como, por exemplo, o determinante de uma equação do 2º grau a partir dos valores dos coeficientes de $f(x) = ax^2 + bx + c$. Nesse caso podemos construir uma estrutura similar a um procedimento, mas que permita retornar esse valor de forma mais simples e clara: a função. Existem muitas funções pré-definidas em Pascal, como *sin(x)*, *abs(x)* e esta seção mostra como é possível criar outras. A declaração de uma nova função é similar a de um procedimento, com duas ressalvas: devemos indicar o tipo do resultado que ela retorna e no bloco de instruções devemos atribuir um valor a esse resultado. A forma genérica de uma declaração de função é apresentada no programa 8.10.

Programa 8.10: Declaração de uma função.

```
1   (* ExemploDeclaracaoFuncao01.pas *)
2   function nome_da_função (parâmetros da função) : tipo_do_
    resultado;
3       (* declarações locais *)
4   begin
5     instruções;
6     ...
7     return resultado;
8   end;
9
10  (* OU *)
11
12  function nome_da_função (parâmetros da função) : tipo_do_
    resultado;
```

```
13      (* declarações locais *)
14   begin
15      instruções;
16      ...
17      nome_da_função := retorno;
18   end;
```

Para se definir uma função deve-se indicar o tipo de retorno da função, seu nome e seus parâmetros. Uma função deve retornar um valor. Os parâmetros devem ser definidos, um por um, indicando o seu tipo e nome separados por vírgulas e os tipos. As funções são similares aos procedimentos no que diz respeito aos parâmetros de entrada ou entrada e saída, declarações locais e escopo de variáveis. Todavia, o valor de retorno de uma função deve pertencer a um tipo básico (integer, byte, real, character, boolean, etc) ou a um tipo criado (matriz, vetor ou registro).

Observe o programa 8.11. Neste programa, podem ser observadas as duas formas possíveis de uma função retornar um valor.

1ª forma: utilizando comando *return* ao final da função. No programa de exemplo 8.11, a função *Soma* utiliza esse recurso. Nesse caso pode-se retornar um conteúdo fixo (-1 por exemplo) ou uma variável que contenha o valor a ser retornado. O único cuidado a se tomar nesse caso é que a variável de retorno seja do mesmo tipo do retorno da função. Atenção: O comando *return* não está disponível em todas as versões do Pascal. Por exemplo, o *gpc* suporta esse comando, mas o *fpc* não.

2ª forma: utilizando uma variável com o nome da função, que é criada automaticamente, atribuindo a essa o valor a ser retornado. No programa de exemplo 8.11, a função *OutraSoma* utiliza esse recurso.

Programa 8.11: Exemplo de uso de função.

```
1    (* ExemploDeclaracaoFuncao02.pas *)
2    Program ExemploDeclaracaoFuncao02;
3
4       (* retornando um valor utilizando o comando return *)
5       Function Soma( iNumero01: integer; iNumero02: integer )
         : integer;
6          var iSoma:integer;
```

```pascal
7    begin
8      iSoma := iNumero01 + iNumero02;
9      return iSoma; (* lembrar que este comando não está
   disponível em todos os compiladores *)
10
11   end;
12
13   (* utilizando a variável com o nome da função (criada
   automaticamente) para retornar um valor *)
14
15   Function OutraSoma(iNumero01: integer; iNumero02: integer ) :
   integer;
16   begin
17     OutraSoma := iNumero01 + iNumero02;
18   end;
19
20
21 Var
22    iA, iB, iResultado : integer;
23 Begin
24    write('Entre com o primeiro número:');
25    readln(iA);
26    write('Entre com o segundo número:');
27    readln(iB);
28
29    (* lembrar de pegar o retorno da função *)
30    iResultado := Soma(iA,iB);
31    writeln('O resultado é:', iResultado:5 );
32
33    write('Entre com o primeiro número:');
34    readln(iA);
35    write('Entre com o segundo número:');
36    readln(iB);
37
38    (* lembrar de pegar o retorno da função *)
39    iResultado := OutraSoma(iA,iB);
```

```
40      writeln('O resultado é:', iResultado:5 );
41
42      writeln('Fim do programa!');
43  End.
```

8.3.1 Exercícios

1. Escreva um programa que faça estatísticas de notas de um aluno. Ele deve oferecer opções de: entrar com nomes de disciplinas e respectivas notas, encontrar a maior e a menor nota e calcular a média das notas. Quando o programa mostrar algum resultado, espera-se que seja teclado algo para oferecer novamente o menu. Sugestões para modularização:

   - Mostrar o menu, ler e retornar a opção (função);
   - Ler os valores das notas, disciplinas e retornar a quantidade (procedimento);
   - identificar a posição do menor (função);
   - identificar a posição do maior (função);
   - calcular a média (função);

2. Escreva uma função que calcule um inteiro elevado a outro inteiro, usando multiplicação.

3. Implemente uma função que receba uma data no formato 'DD/MM/AAAA' e a retorne por extenso. Por exemplo: a data *27/12/1975* deve retornar *27 de dezembro de 1975*.

4. Escreva uma função que receba o número do mês e retorne seu nome por extenso.

5. Elabore um programa que calcule a expressão

$$N = \frac{1!}{(N+1)!} + \frac{2!}{(N+2)!} + \frac{3!}{(N+3)!} + \ldots + \frac{N!}{(N+N)!}$$

8.4 Recursividade

Recursão é o processo de definir algo em termos de si mesmo e é, algumas vezes, chamado de definição circular. Assim, pode-se dizer que o conceito de algo recursivo está dentro de si, que por sua vez está dentro de si e assim sucessivamente, infinitamente.

O exemplo a seguir define o ancestral de uma pessoa:

- Os pais de uma pessoa são seus ancestrais (caso base);
- Os pais de qualquer ancestral são também ancestrais da pessoa inicialmente considerada (passo recursivo).

Definições como essas são normalmente encontradas na matemática. O grande apelo que o conceito da recursão traz é a possibilidade de dar uma definição finita para um conjunto que pode ser infinito. Um exemplo aritmético:

- O primeiro número natural é zero.
- O sucessor de um número natural é um número natural.

Na computação o conceito de recursividade é amplamente utilizado, mas difere da recursividade típica por apresentar uma condição que provoca o fim do ciclo recursivo. Essa condição deve existir, pois, devido às limitações técnicas que o computador apresenta, a recursividade é impedida de continuar eternamente.

8.4.1 Função para cálculo de Fatorial

Na linguagem Pascal, as funções e procedimentos podem chamar a si mesmos. A função é recursiva se um comando no corpo da função a chama. Para uma linguagem de computador ser recursiva, uma função deve poder chamar a si mesma. Um exemplo simples é a função fatorial, que calcula o fatorial de um inteiro. O fatorial de um número N é o produto de todos os números inteiros entre 1 e N. Por exemplo, três fatorial (ou 3!) é $1 \times 2 \times 3 = 6$. O programa 8.12 apresenta uma versão iterativa para cálculo do fatorial de um número.

Programa 8.12: Fatorial (versão iterativa).

```pascal
1    (* ExemploRecursividade01.pas *)
2    Program ExemploRecursividade01;
3
4      Function Fatorial( iNumero: integer ) : integer;
5      var iFatorial, iContador:integer;
6      begin
7        iFatorial := 1;
8        for iContador := 1 to iNumero do
9        begin
10         iFatorial := iFatorial * iContador;
11       end;
12       (* neste ponto, o programa retorna automaticamente
13       o conteúdo da variável Fatorial *)
14       Fatorial := iFatorial;
15     end;
16
17   Var
18     iNumero: integer;
19   Begin
20     write('Entre com um número:');
21     readln(iNumero);
22
23     writeln('O fatorial de ', iNumero, ' é ', fatorial(iNumero));
24
25     writeln('Fim do programa!');
26   End.
```

Mas multiplicar N pelo produto de todos os inteiros a partir de N - 1 até um resulta no produto de todos os inteiros de N a 1. Portanto, é possível dizer que fatorial:

- 0! = 1
- 1! = 1 x 0
- 2! = 2 x 1!
- 3! = 3 x 2!

- 4! = 4 x 3!

Logo, o fatorial de um número também pode ser definido recursivamente (ou por recorrência) através das seguintes regras (representação matemática):

- N! = N , se N = 0
- N! = N x (N - 1)!, se N > 0

O programa 8.13 mostra a versão recursiva do programa fatorial.

Programa 8.13: Fatorial (versão recursiva).

```
1   (* ExemploRecursividade02.pas *)
2   Program ExemploRecursividade02;
3
4     Function Fatorial( iNumero: integer ) : integer;
5     begin
6       (* condição de parada *)
7       if (iNumero = 1) or (iNumero = 0) then
8       begin
9         Fatorial := 1;
10      end
11      else
12      begin
13        (* neste ponto, o programa retorna automaticamente
14        o conteúdo da variável Fatorial *)
15        Fatorial := Fatorial(iNumero-1)*iNumero;
16      end;
17    end;
18
19  Var
20    iNumero: integer;
21  Begin    .
22    write('Entre com um número:');
23    readln(iNumero);
24
```

```
25      writeln('O fatorial de ', iNumero, ' é ',
    fatorial(iNumero));
26
27      writeln('Fim do programa!');
28  End.
```

A versão não-recursiva de fatorial deve ser clara. Ela usa um laço que é executado de um a N e multiplica, progressivamente, cada número pelo produto móvel.

A operação de fatorial recursiva é um pouco mais complexa. Quando a função *Fatorial* é chamada com um argumento de um, a função devolve um. Caso contrário, ela devolve o produto de *Fatorial(N −1)× N*. Para avaliar essa expressão, a função *Fatorial* é chamada com N - 1. Isso acontece até que N se iguale a um e as chamadas à função comecem a retornar.

Calculando o fatorial de dois, a primeira chamada *Fatorial* provoca uma segunda chamada com o argumento um. Essa chamada retorna um, que é, então, multiplicado por dois (o valor original de N). A resposta então é: dois.

Para melhor entendimento, é interessante ver como o programa é executado internamente no computador. No caso do programa iterativo (programa 8.12) é necessário dois variáveis **iFatorial** e **iContador** para armazenar os diversos passos do processamento. Por exemplo, ao calcular fatorial de seis, o computador vai passar sucessivamente pelos seguintes passos (tabela 8.1).

No programa recursivo (8.13) nada disso acontece. Para calcular o fatorial de seis, o computador tem de calcular primeiro o fatorial de cinco e só depois é que faz a multiplicação de seis pelo resultado (120). Por sua vez, para calcular o fatorial de cinco, vai ter de calcular o fatorial de quatro. Resumindo, aquilo que acontece internamente é uma expansão seguida de uma contração:

Tabela 8.1: Cálculo de fatorial de seis

iContador	iFatorial
1	1
2	2
3	6
4	24
5	120
6	720

```
Fatorial(6)
6 * Fatorial(5)
6 * 5 * Fatorial(4)
6 * 5 * 4 * Fatorial(3)
6 * 5 * 4 * 3 * Fatorial(2)
6 * 5 * 4 * 3 * 2 * Fatorial(1)
6 * 5 * 4 * 3 * 2 * 1
6 * 5 * 4 * 3 * 2
6 * 5 * 4 * 6
6 * 5 * 24
6 * 120
720
```

Quando uma função chama a si mesma, novos parâmetros e variáveis locais são alocados na pilha e o código da função é executado com essas novas variáveis. Uma chamada recursiva não faz uma nova cópia da função; apenas os argumentos são novos. Quando cada função recursiva retorna, as variáveis locais e os parâmetros são removidos da pilha e a execução recomeça do ponto da chamada à função dentro da função.

8.4.2 Número triangular

Pitágoras, matemático e filósofo grego, demonstrou várias propriedades matemáticas, entre elas a propriedade dos números triangulares. Um número triangular é um número natural que pode ser representado na forma de triângulo equilátero. Para encontrar o *n-ésimo* número triangular a partir do anterior basta somar-lhe N unidades. Os primeiros números triangulares são 1,3,6,10,15,21,28 . O *n-ésimo* termo pode ser descoberto pela fórmula

$$T_n = \sum_{k=1}^{n} k = 1 + 2 + 3 + \ldots + (n-2) + (n-1) + n = \frac{n(n+1)}{2} \quad .$$

Esses números são chamados de triangulares, pois podem ser visualizados como objetos dispostos na forma de um triângulo (figura 8.3).

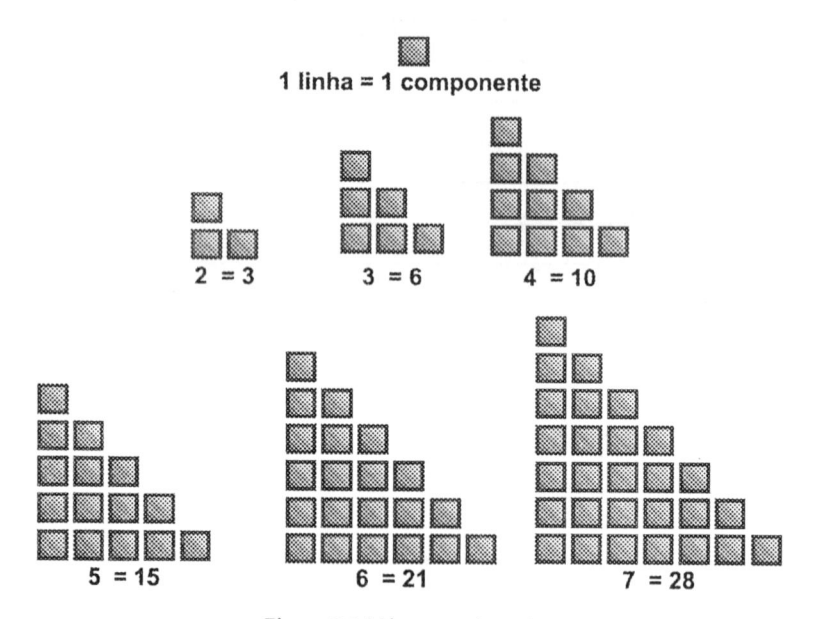

Figura 8.3: Números triangulares.

Supondo que se esteja buscando o quinto elemento (dado pelo número 15), como descobrir este elemento? Basta distribuir entre as linhas e colunas conforme a figura 8.4 (5 + 4 + 3 + 2 + 1 = 15)

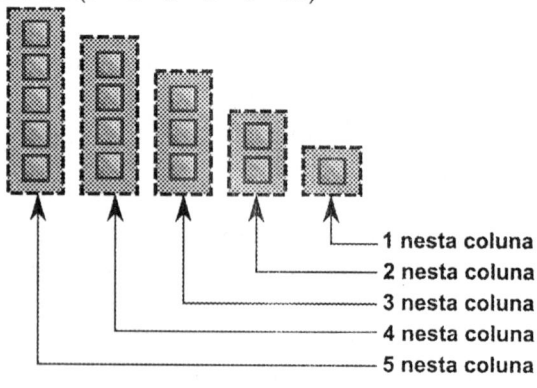

Total: 15 componentes

Figura 8.4: Descobrindo o quinto elemento triangular.

Esse é um processo repetitivo, dado por um programa simples (programa 8.14).

Programa 8.14: Descobrindo o número triangular (interativo).

```
1   (* ExemploRecursividade03.pas *)
2   Program ExemploRecursividade03;
3
4     Function Triangular( iNumero: integer ) : integer;
5       var iTotal: integer;
6       begin
7         iTotal := 0;
8         while iNumero > 0 do
9         begin
10          iTotal := iTotal + iNumero;
11          iNumero := iNumero - 1;
12        end;
13        (* neste ponto, o programa retorna automaticamente
14        o conteúdo da variável Triangular *)
15        Triangular := iTotal;
16      end;
17
18  Var
19    iNumero: integer;
20  Begin
21    write('Entre com um número:');
22    readln(iNumero);
23
24    writeln('O triangular de ', iNumero, ' é ',
    triangular(iNumero));
25
26    writeln('Fim do programa!');
27  End.
```

Esse é um processo recursivo (figura 8.5), pois:

1. Primeira coluna tem N elementos;
2. Soma-se a próxima coluna com N - 1 elementos até que reste apenas um elemento.

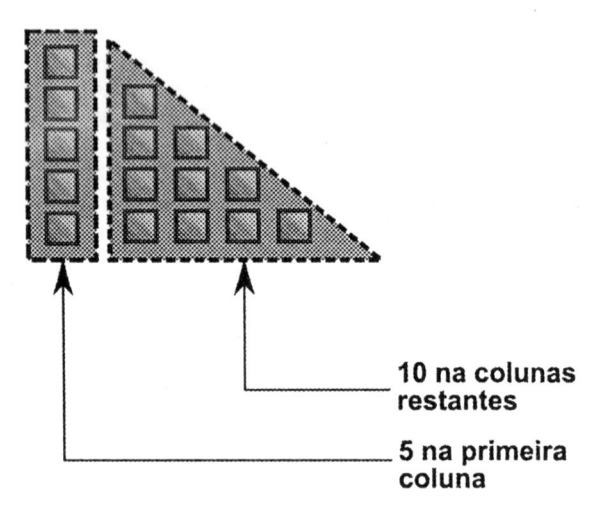

Total: 15 componentes

Figura 8.5: Descobrindo o quinto elemento triangular de forma recursiva.

O programa 8.15 implementa a solução recursiva do problema. A figura 8.6 demostra o que ocorre a cada chamada da função *Triangular(4)*, na figura pode ser observado o retorno de cada execução da função.

Programa 8.15: Descobrindo o número triangular (recursivo).

```
1    (* ExemploRecursividade04.pas *)
2    Program ExemploRecursividade04;
3
4    Function Triangular( iNumero: integer ) : integer;
5    begin
6       (* condição de parada *)
7       if iNumero = 1 then
8       begin
9          Triangular := iNumero;
10      end
11      else
```

```
12      begin
13          (* neste ponto, o programa retorna automaticamente
14              o conteúdo da variável Triangular *)
15          Triangular := iNumero + Triangular(iNumero-1);
16      end;
17   end;
18
19 Var
20    iNumero: integer;
21 Begin
22    write('Entre com um número:');
23    readln(iNumero);
24
25    writeln('O triangular de ', iNumero, ' é ',
     triangular(iNumero));
26
27    writeln('Fim do programa!');
28 End.
```

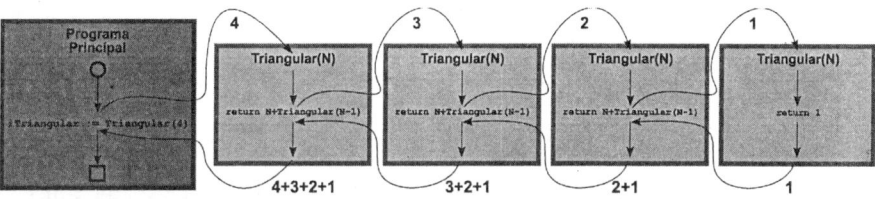

Figura 8.6: O que ocorre a cada chamada recursiva.

8.4.3 Números de Fibonacci

Fibonacci (matemático da Renascença italiana) estabeleceu uma série curiosa de números para modelar o número de casais de coelhos em sucessivas gerações. Assumindo que nas primeiras duas gerações só existe um casal de coelhos, a sequência de Fibonacci é a sequência de inteiros: 1,1,2,3,5,8,13,21,34,... No programa 8.16 é mostrado uma versão iterativa para calcular o n-ésimo termo da sequência de Fibonacci.

Programa 8.16: Cálculodo n-ésimo termo de Fibonacci(versão iterativa).

```pascal
1    (* ExemploRecursividade05.pas *)
2    Program ExemploRecursividade05;
3
4      Function Fibonacci( iNumero: integer ) : integer;
5        var
6          iContador, iTermo01, iTermo02, iTermo03:integer;
7        begin
8          if iNumero <= 2 then
9          begin
10           Fibonacci := 1;
11         end
12         else
13         begin
14           iTermo01 :=0;
15           iTermo02 :=1;
16           for iContador := 2 to iNumero do
17           begin
18             (* Cálculo do próximo número da sequência. *)
19             iTermo03 := iTermo01;
20             iTermo01 := iTermo02;
21             iTermo02 := iTermo01 + iTermo03;
22           end;
23           (* neste ponto, o programa retorna automaticamente
24           o conteúdo da variável Fibonacci *)
25           Fibonacci := iTermo02;
26         end;
27       end;
28
29
30   Var
31     iNumero: integer;
32   Begin
33     write('Entre com um número:');
34     readln(iNumero);
35
```

```
36    writeln('O ', iNumero, ' termo de Fibonacci é ',
      Fibonacci(iNumero));
37
38    writeln('Fim do programa!');
39  End.
```

O n-ésimo número é definido como sendo a soma dos dois números anteriores. Logo, fazendo a definição recursiva:

- $Fibonacci(n) = n$ se $n \leq 2$;
- $Fibonacci(n) = Fibonacci(n-2) + Fibonacci(n-1)$ se $n > 2$.

A sua determinação recursiva impõe o cálculo direto do valor para dois elementos de base (a 1ª e a 2ª geração). No programa 8.17 é mostrada a versão recursiva para calcular o n-ésimo termo da sequência de Fibonacci.

Programa 8.17: Cálculo do n-ésimo termo de Fibonacci (versão recursiva).

```
1   (* ExemploRecursividade06.pas *)
2   Program ExemploRecursividade06;
3
4     Function Fibonacci( iNumero: integer ) : integer;
5     begin
6       (* condição de parada *)
7       if iNumero <= 2 then
8       begin
9         Fibonacci := 1;
10      end
11      else
12      begin
13        (* chama a si próprio 2 vezes!!! *)
14        Fibonacci := Fibonacci(iNumero-1)+Fibonacci(iNumero-2);
15      end;
16    end;
17
18
19  Var
20    iNumero: integer;
21  Begin
```

```
22    write('Entre com um número:');
23    readln(iNumero);
24
25    writeln('O ', iNumero, ' termo de Fibonacci é ',
      Fibonacci(iNumero));
26
27    writeln('Fim do programa!');
28  End.
```

Essa solução (programa 8.17) é muito mais simples de programar do que a versão iterativa (programa 8.16). Contudo, essa versão é ineficiente, pois cada vez que a função recursiva *Fibonacci* é chamada, a dimensão do problema reduz-se a apenas uma unidade (de n para n - 1), mas são feitas duas chamadas recursivas. Isso dá origem a uma explosão combinatorial e o computador acaba por ter de calcular o mesmo termo várias vezes.

Para calcular *Fibonacci(5)* é necessário calcular *Fibonacci(4)* e *Fibonacci(3)*. Consequentemente, para calcular *Fibonacci(4)* é preciso calcular *Fibonacci(3)* e *Fibonacci(2)*, e assim sucessivamente. Esse tipo de processamento é inadequado já que o computador é obrigado a fazer trabalho desnecessário. No exemplo, usando o programa 8.17, para calcular *Fibonacci(5)* foi preciso calcular *Fibonacci(4)* 1 vez, *Fibonacci(3)* 2 vezes, *Fibonacci(2)* 3 vezes e *Fibonacci(1)* 2 vezes. No programa iterativo (programa 8.16), apenas era necessário calcular *Fibonacci(5)*, *Fibonacci(4)*, *Fibonacci(3)*, *Fibonacci(2)* e *Fibonacci(1)* 1 vez. A figura 8.7 demonstra como ficaria a chamada do programa 8.17 para cálculo do sétimo termo.

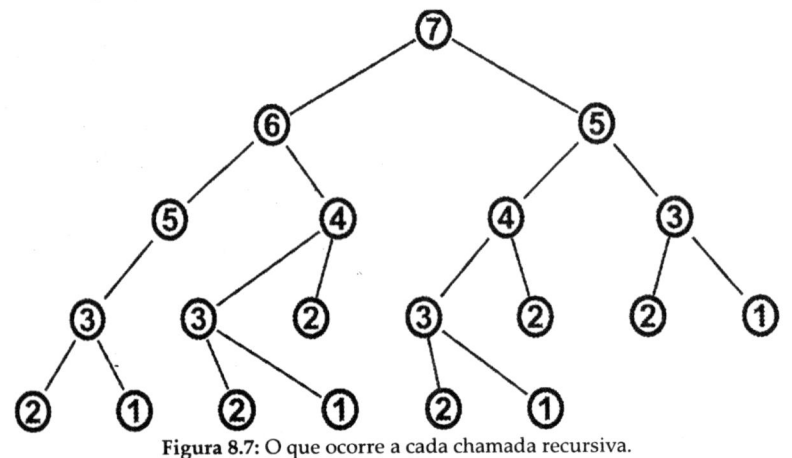

Figura 8.7: O que ocorre a cada chamada recursiva.

8.4.4 Cuidados com Recursividade

Ao se escrever funções recursivas, deve-se ter um comando *if..then* em algum lugar para forçar a função a retornar sem que a chamada recursiva seja executada. Se não existir, a função nunca retornará quando chamada (equivalente a um loop infinito). Omitir o comando *if..then* é um erro comum quando se escreve funções recursivas

Isso garante que o programa recursivo não gere uma sequência infinita de chamadas a si mesmo. Portanto, todo programa deve ter uma condição de parada não recursiva, nos exemplos vistos, as condições de paradas não recursivas eram:

- Fatorial: 0! = 1 ;

- Números Triangulares: N = 1 ;

- Sequência de Fibonacci: *Fibonacci(1)* = 1 e *Fibonacci(2)* = 1

Sem essa saída não recursiva, nenhuma função recursiva poderá ser computada. Ou seja, todo programa recursivo deve ter uma condição de parada não recursiva.

8.4.5 Vantagens

A maioria das funções recursiva não minimiza, significativamente, o tamanho do código ou a melhora a utilização da memória. Além disso, as versões recursivas da maioria das rotinas podem ser executadas um pouco mais lentamente que suas equivalentes iterativas devido às repetidas chamadas à função. De fato, muitas chamadas recursivas a uma função podem provocar um estouro da pilha. Como o armazenamento para os parâmetros da função e variáveis locais está na pilha e cada nova chamada cria uma nova cópia dessas variáveis, a pilha pode, provavelmente, escrever sobre outra memória de dados ou de programa. Contudo, não é necessário se preocupar com isso, a menos que uma função recursiva seja executada de forma desenfreada.

A principal vantagem das funções recursivas é que se pode utilizá-las para criar versões mais claras e simples de vários algoritmos. Embora, uma solução não recursiva envolvendo outras estruturas (pilhas, filas, etc) é mais difícil de desenvolver e mais propensa a erros.

Dessa forma, ocorre um conflito entre a eficiência da máquina e a do programador. O custo da programação está aumentando e o custo da computação está diminuindo, isso leva a um cenário que não vale a pena para um programador demandar muito tempo para elaborar programas iterativos, quando soluções recursivas podem ser escritas mais rapidamente. Somente deve-se evitar o uso de soluções recursivas que utilizam recursão múltipla (*Fibonacci*, por exemplo).

8.4.6 Exercícios

1. A função de Ackermann é definida, recursivamente, nos números não negativos como segue:

    (a) $a(m,n) = n+1$. Se $m=0$,

    (b) $a(m,n) = a(m-1,1)$. Se $m \neq 0$ e $n = 0$,

    (c) $a(m,n) = a(m-1, a(m,n-1))$. Se $m \neq 0$ e $n \neq 0$

Faça um procedimento recursivo para computar a função de Ackermann. Observação: Essa função cresce muito rápido, assim ela deve ser impressa para valores pequenos de m e n.

9 Pesquisa e Ordenação

> É melhor perguntar e parecer
> ignorante do que permanecer
> ignorante.
>
> Provérbio chinês.

Bancos de dados existem para que, de tempos em tempos, um usuário possa localizar o dado de um registro, simplesmente digitando sua chave. Há apenas um método para se encontrar informações em um arquivo (matriz) desordenado e outro para um arquivo (matriz) ordenado. Encontrar informações em uma matriz desordenada requer uma pesquisa sequencial começando no primeiro elemento e parando quando o elemento procurado, ou o final da matriz, é encontrado. Esse método deve ser usado em dados desordenados, podendo ser aplicado também a dados ordenados. Se os dados foram ordenados, pode-se utilizar uma pesquisa binária, o que ajuda a localizar o dado mais rapidamente.

Ordenação é o processo de arranjar um conjunto de informações semelhantes em uma ordem crescente ou descrente. Especificamente, dada uma lista ordenada i de n elementos, então: $i_1 \leq i_2 \ldots \leq I_n$

Algoritmo de ordenação em ciência da computação é um algoritmo que coloca os elementos de uma dada sequência em certa ordem - em outras palavras, efetua sua ordenação completa ou parcial. As ordens mais usadas são a numérica e a lexicográfica. Existem várias razões para se ordenar uma sequência, uma delas é a possibilidade se acessar seus dados de modo mais eficiente.

9.1 Pesquisa Sequencial

Este é o método mais simples de pesquisa e consiste em uma varredura serial da tabela (vetor, matriz ou arquivo), durante a qual o argumento de pesquisa é comparado com a chave de cada entrada até ser encontrada uma que seja igual, ou ser atingido o final da tabela, caso a chave procurada não exista. A pesquisa sequencial é fácil de ser codificada. A função de pesquisa pode ser implementada de duas formas:

- Retornar o próprio elemento encontrado;
- Retornar o índice do elemento (no caso de um vetor).

A figura 9.1 demostra um processo de pesquisa sequencial em um arquivo qualquer, no caso, esse arquivo deveria ter um campo chave para ser utilizado na pesquisa.

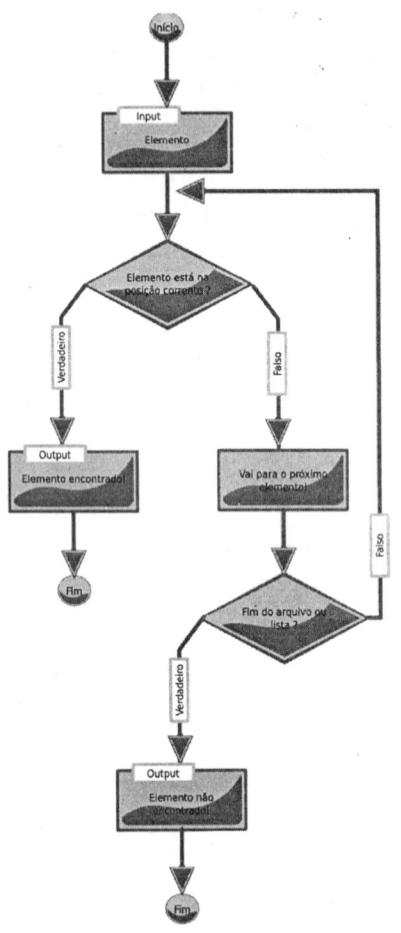

Figura 9.1: Pesquisa sequencial.

O desempenho desse algoritmo é bastante modesto, já que o número médio de comparações para a localização de uma entrada arbitrária é dada por $N_c = \dfrac{n+1}{2}$.

É comum o fato de algumas entradas serem mais solicitadas do que outras. Dessa forma, se a tabela contiver nas suas primeiras posições as entradas mais solicitadas, o número médio de comparações será menor do que se a lista estiver distribuída aleatoriamente. Observe a tabela 9.1, nela há cinco entradas e suas frequências de pesquisa.

Tabela 9.1: Entradas e frequências para cálculo de comparações médias

Entrada	Frequência
A	0,5
B	0,3
C	0,15
D	0,05
E	0,03

O número médio de comparações para a localização de uma entrada, considerando que elas aparecem na sequência dada, será dado por: $N_c = 1 \times 0{,}5 + 2 \times 0{,}3 + 3 \times 0{,}15 + 4 \times 0{,}05 + 5 \times 0{,}03 = 1{,}9$ comparações. Caso as entradas estivessem distribuídas aleatoriamente, o número médio de comparações seria dado por $N_c = \dfrac{n+1}{2} = \dfrac{5+1}{2} = 3$ comparações.

Como não é possível conhecer antecipadamente a distribuição das entradas e suas frequências de acesso, durante o processo de pesquisa é possível mover as entradas mais solicitadas para o início da tabela. Uma estratégia consiste em mover a entrada para o início da tabela cada vez que ela for solicitada. O programa 9.1 apresenta essa possibilidade.

Programa 9.1: Pesquisa Sequencial com re-ordenação.

```
1    (* ExemploPesquisaSequencial01.pas *)
2
3    Program ExemploPesquisaSequencial;
4      type
5        VetorInteiro = array [1..30] of integer;
6
7      function PesquisaSequencial( var aiVetor: VetorInteiro;
8                     iQtdElementos, iChave: integer): integer;
9      var
10       iContador, iIndice: integer;
```

```
11    begin
12      (* pesquisa sequencial *)
13      PesquisaSequencial := -1; (* chave não encontrada *)
14      for iIndice := 1 to iQtdElementos do
15      begin
16        if aiVetor[iIndice] = iChave then
17        begin
18          (* reajuste dos elementos *)
19          for iContador := iIndice-1 downto 1 do
20          begin
21            aiVetor[iContador+1] := aiVetor[iContador];
22          end;
23          aiVetor[ 1 ] := iChave;
24          PesquisaSequencial := iChave; (* retorna a própria chave *)
25        end;
26      end;
27      (* neste ponto é retornado o valor da variável
28      PesquisaSequencial *)
29    end;
30
31  Var
32
33    aiVetor : VetorInteiro;
34    iIndice, iNumero: integer;
35  Begin
36    (* carregamento do vetor *)
37    for iIndice := 1 to 30 do
38    begin
39      aiVetor[iIndice] := random(100);
40    end;
41
42    repeat
43    begin
44      write('Informe um numero para pesquisa:');
45      readln(iNumero);
46
47      (* chama a função de pesquisa para verificação *)
```

```
48      if PesquisaSequencial(aiVetor,30, iNumero) = -1 then
49      begin
50        writeln(iNumero, ' não está na lista!');
51      end;
52
53      (* impressão do vetor para simples conferência
54      somente para fins didáticos *)
55      for iIndice := 1 to 30 do
56      begin
57        write(aiVetor[iIndice], ' ');
58      end;
59      writeln;
60
61    end;
62    until iNumero = 0;
63    writeln('Fim do programa!!!');
64 End.
```

9.2 Ordenação com BubleSort

O algoritmo de ordenação *BubbleSort* é um método simples de ordenação por troca. Sua popularidade vem do seu nome fácil e de sua simplicidade. Porém, é uma das piores ordenações já concebidas. Ela envolve repetidas comparações e, se necessário, a troca de dois elementos adjacentes.

Inicialmente, percorre-se a lista da esquerda para a direita, *comparando pares de elementos consecutivos*, trocando de lugar os que estão fora de ordem. A tabela 9.2 exemplifica o método *BubbleSort*.

Tabela 9.2: BubbleSort - primeira varredura

troca	L[1]	L[2]	L[3]	L[4]	L[5]
1 com 2	10	9	7	13	5
2 com 3	9	**10**	7	13	5
4 com 5	9	7	**10**	13	5
fim da varredura	9	7	10	5	**13**

Após a primeira varredura (tabela 9.2) o maior elemento se encontra alocado em sua posição definitiva na lista ordenada. Logo, a ordenação pode continuar no restante da lista sem considerar o último elemento (tabela 9.3).

Tabela 9.3: BubbleSort - segunda varredura

troca	L[1]	L[2]	L[3]	L[4]	L[5]
troca 1 com 2	9	7	10	5	13
troca 3 com 4	7	9	10	5	13
fim da varredura	7	9	5	**10**	13

Na segunda varredura, o segundo maior elemento se encontra na sua posição definitiva e o restante da ordenação é realizada considerando apenas os três últimos elementos (7, 9 e 5). Logo, são necessários *elementos - 1* varreduras, pois cada varredura leva um elemento para sua posição definitiva.

A ordenação *Bubble* é dirigida por dois laços (programa 9.2). Dados que existem *iQtdElementos* elementos no vetor, o laço mais externo faz o vetor ser varrido *iQtdElementos-1* vez. Isso garante que, na pior hipótese, todo elemento estará na posição correta quando o programa terminar. O laço mais interno faz as comparações e as trocas.

Programa 9.2: Ordenação por Bubble.

```
1   (* ExemploOrdenacaoBolha01.pas *)
2   Program ExemploOrdenacaoBolha01;
3
4   Type
5       (* não é possível especificar o tamanho das
6          matrizes/vetores nos parâmetros de entrada
7          de um procedimento ou função. *)
8       VetorInteiros = array [1..1000] of integer;
9
10  Var
11    iI, iQtdValores: integer;
12    (* uma variável pode ter o mesmo nome
13       de outra variável declarada como parâmetro de
14       entrada e saída, afinal, estão na mesma área
15       de memória *)
16    aiVetor: VetorInteiros;
```

```
17
18
19      procedure Bolha (var aiVetor: VetorInteiros;
20                              iTamanho : integer) ;
21      var
22        iI, iJ,iAuxiliar : integer;
23      begin
24        for iI := 1 to iTamanho-1 do
25        begin
26          for iJ := iTamanho - 1 downto iI do
27          begin
28            if aiVetor[iJ-1] > aiVetor[iJ] then
29            begin
30              iAuxiliar := aiVetor[iJ-1] ;
31              aiVetor[iJ-1] := aiVetor[iJ];
32              aiVetor[iJ] := iAuxiliar;
33            end;
34          end ;
35        end;
36      end;
37
38
39   Begin
40      write('Entre com a quantidade de elementos:');
41      readln(iQtdValores);
42
43      for iI := 1 to iQtdValores do
44      begin
45        aiVetor[iI] := random(100);
46      end;
47
48      writeln('Vetor antes da ordenação:');
49      for iI := 1 to iQtdValores do
50      begin
51        writeln('Vetor[',iI:3,'] = ', aiVetor[iI]);
52      end;
53
```

```
54    (* chamada do procedimento *)
55    Bolha( aiVetor, iQtdValores);
56
57    writeln('Vetor depois da ordenação:');
58    for iI := 1 to iQtdValores do
59    begin
60       writeln('Vetor[',iI:3,'] = ', aiVetor[iI]);
61    end;
62
63    writeln('Fim do programa!!');
64 End.
```

9.3 Pesquisa Binária

Se o dado a ser encontrado se apresentar de forma ordenada, pode ser utilizado um método muito superior para encontrar o elemento procurado. Esse método é a pesquisa binária que utiliza a abordagem *dividir e conquistar*. Ele primeiro verifica o elemento central, se esse elemento é maior do que a chave, ele testa o elemento central da primeira metade; caso contrário, ele testa o elemento central da segunda metade. Esse procedimento é repetido até que o elemento seja encontrado ou que não haja mais elementos a testar.

Por exemplo, para encontrar o número 4 no vetor 1 2 3 4 5 6 7 8 9 uma pesquisa binária primeiro testa o elemento médio, nesse caso 5. Visto que é maior que 4, a pesquisa continua com a primeira metade ou 1 2 3 4 5. O elemento central agora é 3, que é menor que 4, então, a primeira metade é descartada. A pesquisa continua com 4 5. Nesse momento o elemento é encontrado.

A figura 9.2 exemplifica a busca binária em uma tabela ordenada, nesse caso, está sendo pesquisado o elemento 34.

15 itens

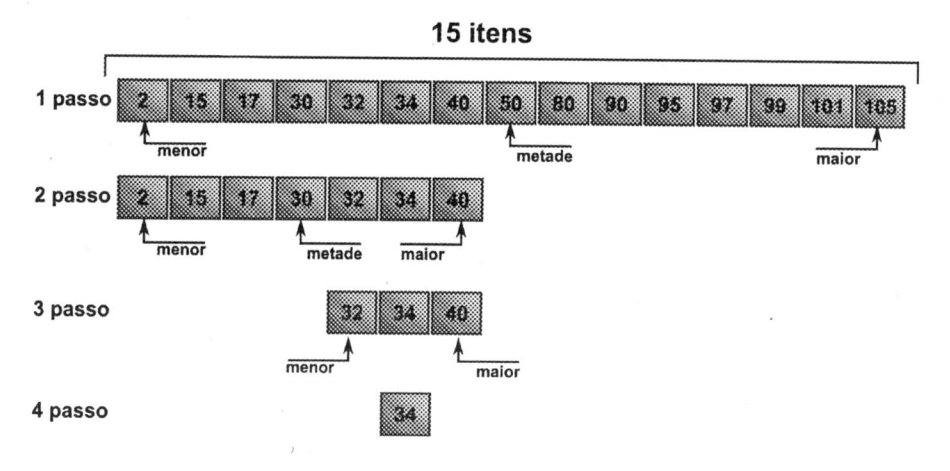

```
1 passo   2  15  17  30  32  34  40  50  80  90  95  97  99  101 105
          ↑                       ↑                        ↑
        menor                   metade                   maior

2 passo   2  15  17  30  32  34  40
          ↑           ↑       ↑
        menor       metade  maior

3 passo              32  34  40
                     ↑       ↑
                   menor   maior

4 passo                  34
```

Figura 9.2: Pesquisa binária.

No programa 9.3 é demonstrada uma pesquisa binária para um vetor de caracteres. Esse programa pode ser adaptado para realizar pesquisas em qualquer tipo de dados (vetores de inteiros ou registros, por exemplo).

Programa 9.3: Pesquisa Binária.

```
1    (* ExemploPesquisaBinaria01.pas *)
2
3    Program ExemploPesquisaBinaria01 ;
4    type
5       VetorLetras = array [1..20] of char;
6    Var
7       acLetras: VetorLetras;
8       iI: integer;
9       cLetra: char;
10
11      function PesquisaBinaria( acLetras: VetorLetras;
12                      cChave: char; iTamanho: integer ): integer;
13      var
14         iAlto,iBaixo, iMeio, iI: integer;
15         bAchou: boolean;
16      begin
17         bAchou := false;
18         PesquisaBinaria := -1;
```

```pascal
19      iBaixo := 1;
20      iAlto := iTamanho;
21      while (iBaixo <= iAlto) and not bAchou do
22      begin
23        iMeio := (iBaixo+iAlto) div 2;
24
25        if cChave < acLetras[ iMeio ] then
26        begin
27          (* elemento está na metade inferior *)
28          iAlto := iMeio -1;
29        end
30        else
31        begin
32          if cChave > acLetras[ iMeio ] then
33          begin
34            (* elemento está na metade superior *)
35            iBaixo := iMeio +1;
36          end
37          else
38          begin
39            (* achou *)
40            bAchou := true;
41            PesquisaBinaria := iMeio;
42          end;
43        end;
44      end;
45
46   end;
47 Begin
48   (* leitura da primeira disciplina *)
49   writeln('Informe os dados de forma ordenada!');
50   for iI := 1 to 20 do
51   begin
52     write('Entre com uma letra:');
53     readln(acLetras[iI]);
54   end;
55
```

```
56      write('Informe qual letra você busca:');
57      readln(cLetra);
58
59      iI := PesquisaBinaria( acLetras,cLetra,20 );
60      if iI > 0 then
61      begin
62         writeln('Encontrado na posicao ', iI);
63      end;
64
65      writeln('Fim do programa!!!');
66  End.
```

9.4 Exercícios

1. Ler um vetor com 20 números inteiros, colocar em ordem do menor para o maior e imprimir na tela. Usar ordenação bolha.

2. Ler um vetor com 20 números inteiros, colocar em ordem do maior para o menor e imprimir na tela. Usar ordenação bolha.

3. Rever os exercícios dos capítulos anteriores, para que essas rotinas sejam adaptadas e utilizadas.

10 Resolução dos exercícios

> Ninguém é tão ignorante que não tenha algo a ensinar. Ninguém é tão sábio que não tenha algo a aprender.
>
> Blaise Pascal.

10.1 Exercícios da seção 1.2.6

1. Resposta: **B**. Comentário: O cachorro tem oito anos, se ele fosse ser humano teria 56. Nesse caso, o ser humano (56) tem sete vezes mais que a idade do cachorro (oito), como o pai tem 42 anos e é um ser humano, então se ele fosse um cachorro teria sete vezes menos que a idade do ser humano. Portanto 42 dividido por 7 é 6.

2. Resposta: **C**. Comentário: Se o pai do homem que ele está vendo no retrato é o pai do filho dele, então é o pai vendo o retrato do próprio filho.

3. Resposta: **C**. Pois:

    (a) **Menor dia**: Caso o dia 1º seja um domingo, o próximo domingo será dia 8, se o dia 1º for uma segunda, o próximo domingo será dia 7, mas o dia das mães é no segundo domingo do mês de maio, dessa forma, não pode ser dia 7 e nem 6 pela mesma razão.

    (b) **Maior dia**: Se o dia 1º cair na segunda, o 1º domingo será dia 7 e o dia das mães que é no segundo domingo será dia 14, se o dia 1º cair na terça o domingo das mães será dia 13. Portanto, o maior número poderá ser 14 ou menor.

4. Resposta: **A**. Comentário: Se a bactéria dobra a cada minuto e em 60 minutos está na metade do casco, mais um minuto ela irá dobrar e ao dobrar encherá o casco de vidro. Portanto, 60 minutos para chegar até a metade e mais 1 minuto para encher o casco.

5. Resposta: **C**. Comentário: Se na jarra, ao colocar um litro, sobrar metade da jarra para que preencha todo o seu conteúdo, então colocando-se mais 1 litro irá encher a jarra. Portanto, um litro que já tinha mais um litro para encher, totalizam 2 litros.

6. Resposta: **C**. Comentário: A única alternativa poderia ser a letra C, pois considerando quatro pássaros e três galhos, dois pássaros em cada galho sobra um galho e um pássaro em cada galho fica um pássaro sem galho.

7.'Resposta: **D**. Comentário: Cada raposa pega uma galinha por minuto, se tiver 100 minutos, as mesmas seis raposas pegarão 100 galinhas.

8. Resposta: **E**. Comentário: Como a pessoa vai gostar se ela não gosta?

9. Resposta: **D**. Comentário: Ao retirar três bolas pelo menos, uma de cada cor, ela deve ter tirado alguma cor mais de uma vez, mas para ter certeza ao retirar a quarta bola, pelo menos uma delas será repetida, pois só existem três cores de bolas.

10. Resposta: **A**. Comentário: Na primeira caixa só não pode conter os livros de Física do autor A, os demais podem.

11. Resposta: **E**. Comentário: Devido ao fato de que cada bola é apenas de uma cor, não tem duas bolas da mesma cor e apenas uma dessas afirmações é verdadeira, dessa forma apenas a afirmação C *não é azul* é verdadeira, sendo que a única sequência válida é azul, vermelha e branca.

12. Resposta: **E**. Comentário: Devido ao fato de cada um dos rapazes comer um lanche diferente e apenas uma das afirmativas estiver correta, então a única afirmativa que pode ser correta é que *Álvaro não comeu lanche de frango,* dessa forma a única sequência válida é frango, presunto e peru.

13. Resposta: **D**. Comentário: Só pode ser na quinta-feira, pois se fosse segunda-feira o Fred estaria falando a verdade sobre o dia da semana e o Beto estaria mentindo sobre que ele iria mentir no dia seguinte. Se fossem os outros dias ambos estariam mentindo.

10.2 Exercícios da seção 3.9

Programa 10.1: Exercício01

```
1  (* exer_iniciando01.pas *)
2
3  (* Implemente um programa que escreva na tela a frase
4     'O primeiro programa a gente nunca esquece!'. *)
5  Program exer_iniciando01;
6  Begin
7    writeln('O primeiro programa a gente nunca esquece!');
8  End.
```

Programa 10.2: Exercício 02

```
1  (* exer_iniciando02.pas *)
2
3  (* Elabore um programa que escreva seu nome completo na
      primeira linha, seu endereço na segunda e o CEP e o tele-
      fone na terceira. *)
4
5  Program exer_iniciando02;
6  Begin
7    writeln('Pacifico Pacato Cordeiro Manso');
8    writeln('Rua das Abobrinhas, 1313');
9    writeln('CEP: 80.000-000 FONE: 41-3333-3333');
10 End.
```

Programa 10.3: Exercício 03

```
1  (* exer_iniciando03.pas *)
2
3  (* Faça um programa que mostre na tela algumas frases assassinas,
      que são aquelas que fazem com que muitas idéias sejam
4     perdidas antes que amadureçam ou sejam aprofundadas. *)
5  Program exer_iniciando03;
6  Begin
7    writeln('Isto não vai dar certo.');
8    writeln('Você nunca vai conseguir.');
```

```
9     writeln('Você vai se estrepar.');
10    writeln('Não vai dar em nada.');
11    writeln('Está tudo errado!');
12  End.
```

Programa 10.4: Exercício 04

```
1   (* exer_iniciando04.pas *)
2
3   (* Escreva uma mensagem para uma pessoa de quem goste.
    Implemente umprograma que imprima essa mensagem, chame a
4   pessoa e execute o programa na frente dela. *)
5   Program exer_iniciando04;
6   Begin
7     writeln('Eu te amo!! Casa comigo ??');
8   End.
```

Programa 10.5: Exercício 05

```
1   (* exer_iniciando05.pas *)
2
3   (* Escreva um bilhete ao seu professor, informando seus objetivos
    nessa disciplina e o que espera dela e do professor.
4
5      Implemente um programa que mostre seu bilhete na tela.*)
6   Program exer_iniciando05;
7   Begin
8     writeln('Professor:');
9     writeln('Eu espero aprender:');
10    writeln(' - Conceitos de variáveis');
11    writeln(' - Lógica de programação');
12    writeln(' - Como resolver problemas de programação');
13    writeln(' - Programar em Pascal');
14    writeln(' - Estruturas de condição e repetição');
15    writeln(' - Funções e procedimentos');
16    writeln(' - Vetores, matrizes e registros');
17    writeln('Eu espero que o senhor me ajude a cumprir estes
    objetivos!');
18  End.
```

Programa 10.6: Exercício 06

```
1   (* exer_iniciando06.pas *)
2
3   (* Faça um programa que leia o nome, o telefone, a idade
4      e a nota de um aluno. E depois imprima na sequência. *)
5   Program exer_iniciando06;
6   var
7     sNome: string[30];
8     iTelefone, iDade: integer;
9     rNota: real;
10  Begin
11    write('Entre com o seu nome:');
12    readln(sNome); (* readln é indicado por ler espaços em
      branco *)
13    write('Entre com seu telefone:');
14    read(iTelefone);
15    write('Entre com sua idade:');
16    read(iDade);
17    write('Entre com sua nota:');
18    read(rNota);
19
20    write(sNome, ' você tem ', iDade, ' anos');
21    write(' seu telefone é ', iTelefone );
22    write( ' e sua nota é ', rNota:0:2 );
23  End.
```

Programa 10.7: Exercício 07

```
1   (* exer_iniciando07.pas *)
2
3   (* Faça um algoritmo para imprimir um desenho na tela *)
4   Program exer_iniciando07 ;
5     Begin
6       writeln;
7       writeln(' , ');
8       writeln(' /:\ ');
9       writeln(' >:< ');
```

```
10      writeln(' >:< POCAHONTAS COMANDA!! ');
11      writeln(' >:< ');
12      writeln(' ,,,,,\:/ ');
13      writeln(' ######### ');
14      writeln(' //////\\\\\ ');
15      writeln(' // /_\ /_\ \\ ');
16      writeln(' \( 0 _ 0 )/ ');
17      writeln(' /\\= _\ =//\ ');
18      writeln(' \\/\ --- /\// ');
19      writeln(' //\ +---+ /\\ ');
20      writeln(' \// \\/ ');
21      writeln(' /\\ //\ ');
22      writeln(' \\/ \// ');
23      writeln(' # # ');
24      writeln(' " "');
25  End.
```

Programa 10.8: Exercício 08

```
1   (* exer_iniciando08.pas *)
2
3   (* Elabore um programa para produzir na tela a letra X
    usando a própria. *)
4   Program exer_iniciando08 ;
5   Begin
6     writeln;
7     writeln(' XX XX ');
8     writeln(' XX XX ');
9     writeln(' XX XX ');
10    writeln(' XX XX ');
11    writeln(' XXX ');
12    writeln(' XX XX ');
13    writeln(' XX XX ');
14    writeln(' XX XX ');
15    writeln(' XX XX ');
16  End.
```

Programa 10.9: Exercício 09 .

```
1    (* exer_iniciando09.pas *)
2
3    (* Elabore um programa que mostre na tela os emoticons,
     um em cada linha, com a descrição de cada um. *)
4
5
6    Program exer_iniciando09 ;
7     Begin
8       writeln('sorriso :-)');
9       writeln('tristeza :-(');
10      writeln('mostrando a língua :-p');
11      writeln('espanto :-o');
12      writeln('cabelo partido ao meio {:-)');
13      writeln('usa bigode :-{');
14      writeln('beijo :-*');
15    End.
```

Programa 10.10: Exercício 10

```
1    (* exer_iniciando10.pas *)
2
3    (* Escreva um programa que leia duas cadeias de caracteres
4       de tamanho 10 e mostre-as concatenadas na tela. *)
5
6    Program exer_iniciando10 ;
7     var
8       sCadeia01, sCadeia02: string[10];
9     Begin
10      write('Entre com uma palavra:');
11      readln(sCadeia01);
12      write('Entre com outra palavra:');
13      readln(sCadeia02);
14
15      write(sCadeia01,sCadeia02);
16
17    End.
```

10.3 Exercícios da seção 4.8

Programa 10.11: Exercício 01

```
1   (* exer_operador01.pas *)
2
3   (* Transforme as expressões matemáticas para expressões
    lineares *)
4   Program exer_operador01;
5   Begin
6     writeln('a. (5*4)4');
7     writeln('b. E = M * (C*C)');
8     writeln('c. ((4.2 + 4.6)/(x+y+z+w)) - 4.7');
9     writeln('d. sqrt(4.6)/(sqrt(4)+sqrt(3))');
10  End.
```

Programa 10.12: Exercício 02

```
1   (* exer_operador02.pas *)
2
3   (* Faça um programa que leia 5 números e mostre sua soma
    na tela. *)
4   Program exer_operador02;
5   Var
6      iN1, iN2, iN3, iN4, iN5, iSoma: integer;
7   Begin
8     write('Informe o 1o. número:');
9     read(iN1);
10    write('Informe o 2o. número:');
11    read(iN2);
12    write('Informe o 3o. número:');
13    read(iN3);
14    write('Informe o 4o. número:');
15    read(iN4);
16    write('Informe o 5o. número:');
17    read(iN5);
18
```

```
19    iSoma := iN1 + iN2 + iN3 + iN4 + iN5;
20
21    writeln('A soma dos 5 números é:', iSoma);
22
23 End.
```

Programa 10.13: Exercício 03

```
1  (* exer_operador03.pas *)
2
3  (* Faça um programa que leia o raio de uma circunferência
   e calcule a sua área. *)
4  Program exer_operador03;
5  Var
6    rRaio, rArea: real;
7  Begin
8    write('Informe o raio da circunferência:');
9    read(rRaio);
10
11   rArea := 3.14 * (rRaio * rRaio);
12
13   writeln('A área é:', rArea:0:2);
14 End.
```

Programa 10.14: Exercício 04

```
1  (* exer_operador04.pas *)
2
3  (* Resolvendo a tabela verdade *)
4  Program exer_operador04;
5  Var
6    bA, bB, bC: boolean;
7  Begin
8    bA := true; (* só trocar os valores para testar *)
9    bB := false; (* toda a tabela *)
10   bC := true;
11   writeln('A and (B or C):', bA and (bB or bC));
```

```
12    writeln('A and not C :', bA and not bC);
13    writeln('B or C or A :', bB or bC or bA);
14    writeln('C and (B or A):', bC and (bB or bA));
15  End.
```

Programa 10.15: Exercício 05

```
1   (* exer_operador05.pas *)
2
3   (* Calcule as expressões abaixo: o operador mod calcula o resto, e div,
4      o quociente da divisão inteira. Depois, escreva um programa que
5      lhe permita verificar, quando executado, se você calculou
       corretamente. *)
6   Program exer_operador05;
7   Begin
8     writeln('37 mod 13 =', 37 mod 13);
9     writeln('41 div 7 =', 41 div 7);
10    writeln('11 div 3 mod 2 =', 11 div 3 mod 2);
11    writeln('11 mod 3 div 2 =', 11 mod 3 div 2);
12  End.
```

Programa 10.16: Exercício 06

```
1   (* exer_operador06.pas *)
2
3   (* Elabore um programa que leia 2 valores A e B
4      e faça a permuta entre eles, ou seja, A recebe o valor
       de B e vice-versa.*)
5   Program exer_operador06;
6   Var
7     iA, iB, iAux: integer;
8   Begin
9     write('Entre com um valor para A:');
10    read(iA);
11    write('Entre com um valor para B:');
12    read(iB);
13
14    iAux := iA; (* grava numa variável auxiliar *)
```

```
15    iA := iB; (* A recebe valor de B *)
16    iB := iAux; (*B recebe valor de A que estava na auxiliar *)
17
18    writeln('A = ', iA);
19    writeln('B = ', iB);
20 End.
```

Programa 10.17: Exercício 07

```
1  (* exer_operador07.pas *)
2
3  (* Um professor atribui pesos de 1 a 4 para as notas de
      quatro avaliações. A nota é calculada por meio da média
4     ponderada (N1 + N2*2 + N3*3 + N4*4)/10, onde N1 é a
5     nota da primeira avaliação, N2 a da segunda, etc. Um
      aluno tirou as seguintes notas: 8 - 7,5 - 10 - 9.
6     Faça um programa que calcule e mostre as notas e a
7     média desse aluno, sendo a média formatada com 1 casa
      decimal. *)
8  Program exer_operador07;
9  Var
10    rNota1, rNota2, rNota3, rNota4, rMedia:real;
11 Begin
12    write('Entre com a nota 01:');
13    read(rNota1);
14    write('Entre com a nota 02:');
15    read(rNota2);
16    write('Entre com a nota 03:');
17    read(rNota3);
18    write('Entre com a nota 04:');
19    read(rNota4);
20
21    rMedia := ( rNota1 + rNota2*2 + rNota3*3 + rNota4*4 ) /10;
22
23    writeln('A média é:', rMedia:0:1);
24
25 End.
```

Programa 10.18: Exercício 08

```
1   (* exer_operador08.pas *)
2
3   (* Vou e volto diariamente a pé para o trabalho, que é
    distante, aproximadamente, 800m de minha casa.
4     Supondo que trabalho 5 dias por semana, 45 semanas por
5     ano, bole a operação matemática que deve ser efetuada
      para calcular quantos quilômetros, aproximadamente,
6     terei andado ao final de um ano. Elabore um programa que
7     faça as contas e mostre o resultado na tela. *)
8   Program exer_operador08;
9   Var
10    rDistância : real;
11  Begin
12
13    (* reparem que o cálculo foi quebrado em várias linhas
      *)
14    rDistância := (800 * 2 (* vai e volta diariamente *)
15                  * 5 (* cinco dias da semana *)
16                  * 45) (* 45 semanas no ano *)
17                  / 1000; (* 1 km tem 1000 metros *)
18
19    writeln('Ao final de 1 ano, terás caminhado ', rDistância:0:2,
      ' Km!');
20
21  End.
```

Programa 10.19: Exercício 09

```
1   (* exer_operador09.pas *)
2
3   (* Escreva um programa que leia três notas inteiras e
    calcule a sua média aritmética. *)
4   Program exer_operador09;
5   Var
6     iNota01, iNota02, iNota03: integer;
```

```
7      rMedia : real;
8    Begin
9      write('Entre com a nota 1:');
10     read(iNota01);
11     write('Entre com a nota 2:');
12     read(iNota02);
13     write('Entre com a nota 3:');
14     read(iNota03);
15
16     rMedia := (iNota01 + iNota02 + iNota03)/3; (* divisão
       sempre gera um número real *)
17
18
19     writeln('A média aritmética é ', rMedia:0:2);
20
21   End.
```

Programa 10.20: Exercício 10

```
1    (* exer_operador10.pas *)
2
3    (* Elabore um programa que leia três valores e calcule a
        média geométrica dos números lidos
4       (divisão do produto pela quantidade de valores). *)
5    Program exer_operador10;
6    Var
7      iNota01, iNota02, iNota03: integer;
8      rMedia : real;
9    Begin
10     write('Entre com a nota 1:');
11     read(iNota01);
12     write('Entre com a nota 2:');
13     read(iNota02);
14     write('Entre com a nota 3:');
15     read(iNota03);
16
```

```
17    rMedia := (iNota01 * iNota02 * iNota03)/3; (* divisão
      sempre gera um número real *)
18
19
20    writeln('A média geométrica é ', rMedia:0:2);
21
22 End.
```

Programa 10.21: Exercício 11

```
1  (* exer_operador11.pas *)
2
3  (* Implemente um programa que leia três valores e calcule
4     a média ponderada para pesos 1, 2 e 3, respectivamente
5     (multiplique cada nota pelo seu peso, some os produtos e
6     divida o resultado pela soma dos pesos*)
7  Program exer_operador11;
8  Var
9     rNota01, rNota02, rNota03, rMedia: real;
10 Begin
11    write('Entre com a nota 1:');
12    read(rNota01);
13    write('Entre com a nota 2:');
14    read(rNota02);
15    write('Entre com a nota 3:');
16    read(rNota03);
17
18    rMedia := (rNota01 + rNota02*2 + rNota03*3)/6;
19
20    writeln('A média ponderada é ', rMedia:0:2);
21
22 End.
```

Programa 10.22: Exercício 12

```
1   (* exer_operador12.pas *)
2
3   (* Implemente um programa que leia dois números quaisquer
    e que informe
4      sua soma, diferença, produto e divisão, formatados
5      com 2 casas decimais.*)
6   Program exer_operador12;
7   Var
8      rNumero01, rNumero02, rSoma, rDiferenca, rProduto, rDivisao: real;
9   Begin
10     write('Entre com o 1o. número:');
11     read(rNumero01);
12     write('Entre com o 2o. número:');
13     read(rNumero02);
14
15     rSoma := rNumero01 + rNumero02;
16     rDiferenca := rNumero01 - rNumero02;
17     rProduto := rNumero01 * rNumero02;
18     rDivisao := rNumero01 / rNumero02;
19
20     writeln('A soma é :', rSoma:0:2);
21     writeln('A diferença é:', rDiferenca:0:2);
22     writeln('O produto é :', rProduto:0:2);
23     writeln('A divisão é :', rDivisao:0:2);
24
25  End.
```

Programa 10.23: Exercício 13

```
1   (* exer_operador13.pas *)
2
3   (* Elabore um programa que leia um número (suponha que será positivo)
4      e informe seu quadrado, raiz, logaritmo e exponencial,
5      formatados com 4 casas decimais. *)
6   Program exer_operador13;
7   Var
```

```
8      rNumero, rQuadrado, rRaiz, rLogaritmo, rExponencial:
       real;
9  Begin
10     write('Entre com um número:');
11     read(rNumero);
12
13     rQuadrado := sqr(rNumero);
14     rRaiz := sqrt(rNumero);
15     rLogaritmo := ln(rNumero);
16     rExponencial := exp(rNumero);
17
18
19     writeln('Quadrado é :', rQuadrado:0:4 );
20     writeln('Raiz é :', rRaiz:0:4 );
21     writeln('Logaritmo é :', rLogaritmo:0:4 );
22     writeln('Exponencial é:', rExponencial:0:4 );
23
24 End.
```

Programa 10.24: Exercício 14

```
1  (* exer_operador14.pas *)
2
3  (* O critério de notas de uma faculdade consiste de uma
4     nota de 0 a 10 em cada bimestre, sendo a primeira
5     nota peso 2 e a segunda peso 3. Elabore um
6     programa que leia as notas bimestrais e calcula a nota do semestre.*)
7  Program exer_operador14;
8  Var
9     rNota1BM, rNota2BM, rNotaSemestre: real;
10 Begin
11    write('Entre com a nota do 1o. bimestre:');
12    read(rNota1BM);
13    write('Entre com a nota do 2o. bimestre:');
14    read(rNota2BM);
```

```
15
16    rNotaSemestre := (rNota1BM*2 + rNota2BM*3)/5;
17
18    writeln('A nota semestral é ', rNotaSemestre:0:2);
19
20  End.
```

Programa 10.25: Exercício 15

```
1   (* exer_operador15.pas *)
2
3   (* Um canal de notícias internacionais, a cabo, previa
    temperatura máxima para Brasília de 85 graus Fahreneit.
4      Escrever um programa que lhe permita converter esta
5      temperatura (e qualquer outra) para graus Celsius *)
6   Program exer_operador15;
7   Var
8     rGrausFahreneit, rGrausCelsius: real;
9   Begin
10    write('Entre com o grau Fahreneit:');
11    read(rGrausFahreneit);
12
13    rGrausCelsius := (5/9) * (rGrausFahreneit-32);
14
15    writeln('Graus Celsius é ', rGrausCelsius:0:2);
16
17  End.
```

Programa 10.26: Exercício 16

```
1   (* exer_operador16.pas *)
2
3   (* Escreva um programa que leia duas cadeias de caracteres
4      de tamanho 10 e mostre-as concatenadas na tela. *)
5
6   Program exer_operador16 ;
7   var
8     sCadeia01, sCadeia02: string[10];
9     sConcatenado: string[20];
```

```
10  Begin
11    write('Entre com uma palavra:');
12    readln(sCadeia01);
13    write('Entre com outra palavra:');
14    readln(sCadeia02);
15
16    (* é possível somar strings... ;) *)
17    sConcatenado := sCadeia01 + sCadeia02;
18    write(sConcatenado);
19
20  End.
```

Programa 10.27: Exercício 17

```
1   (* exer_operador17.pas *)
2
3   (* Um casal divide as despesas domésticas mensalmente.
       Durante o mês cada um anota seus gastos
4      e as contas que paga; no final eles dividem meio a meio.
5      O casal deseja um programa que facilite o acerto: eles
       digitariam os gastos de cada um, e o programa mostraria
6      quem deve a quem. Portanto, os saldos devem ser iguais,
7      e quem tiver o saldo negativo deve pagar o valor para o outro.
8      Faça um programa que leia os valores adequados e efetue
       os cálculos. O total é a soma das despesas individuais;
9      um percentual é o gasto individual dividido pelo total,
10     multiplicado por 100; o valor devido por cada um é o
       mesmo e igual à metade do total; finalmente, cada saldo
11     corresponde a diferença entre o valor pago pela pessoa
       e a média do que foi pago. *)
12
13  Program exer_operador17;
14  Var
15    rPagoMarido, rSaldoMarido, rPercMarido: real;
16    rPagoEsposa, rSaldoEsposa, rPercEsposa: real;
17    rTotal, rMedia: real;
```

```
18  Begin
19    write('Entre com o valor pago pelo marido:');
20    read(rPagoMarido);
21    write('Entre com o valor pago pela esposa:');
22    read(rPagoEsposa);
23
24    rTotal := rPagoMarido + rPagoEsposa;
25    rMedia := rTotal / 2;
26    rSaldoMarido := rMedia - rPagoMarido;
27    rSaldoEsposa := rMedia - rPagoEsposa;
28
29    rPercMarido := (rPagoMarido/rTotal) * 100;
30    rPercEsposa := (rPagoEsposa/rTotal) * 100;
31
32    writeln('ITEM MARIDO ESPOSA TOTAL');
33    writeln('======= ====== ====== =====');
34    writeln('Despesas Pagas ', rPagoMarido:8:2, ' ', rPagoEsposa:8:2, '
      ', rTotal:8:2 );
35    writeln(' % ', rPercMarido:4:2, ' ', rPercEsposa:4:2, '
      ', 100.0:4:2 );
36    writeln('Valor Devido ', rMedia:8:2, ' ', rMedia:8:2, '
      ', rTotal:8:2 );
37    writeln('Saldo ', rSaldoMarido:8:2, ' ', rSaldoEsposa:8:2 );
38
39  End.
```

Programa 10.28: Exercício 18

```
1  (* exer_operador18.pas *)
2
3  (* Um casal divide as despesas domésticas mensalmente. Durante
      o mês cada um anota seus gastos e as contas que paga;
4     no final eles dividem meio a meio. O casal deseja um programa
5     que facilite o acerto: eles digitariam os gastos de
6     cada um, e o programa mostraria quem deve a quem.
7     Portanto, os saldos devem ser iguais, e quem tiver o
      saldo negativo deve pagar o valor para o outro.
```

```
8      Faça um programa que leia os valores adequados e
       efetue os cálculos. O total é a soma das despesas
9      individuais; um percentual é o gasto individual dividido
10     pelo total, multiplicado por 100; o valor devido por
       cada um é o mesmo e igual à metade do total; finalmente,
11     cada saldo corresponde à metade da diferença entre o
       valor pago pela pessoa e o valor total.
12
13     Altere o programa acima de forma que o marido arque
       com 60 das despesas e a esposa com o restante.*)
14
15  Program exer_operador18;
16
17  Var
18     rPagoMarido, rSaldoMarido, rPercMarido, rMediaMarido: real;
19     rPagoEsposa, rSaldoEsposa, rPercEsposa, rMediaEsposa: real;
20     rTotal, rMedia: real;
21  Begin
22     write('Entre com o valor pago pelo marido:');
23     read(rPagoMarido);
24     write('Entre com o valor pago pela esposa:');
25     read(rPagoEsposa);
26
27     rTotal := rPagoMarido + rPagoEsposa;
28     rMediaMarido := rTotal * 0.6;
29     rMediaEsposa := rTotal * 0.4;
30     rSaldoMarido := rMediaMarido - rPagoMarido;
31     rSaldoEsposa := rMediaEsposa - rPagoEsposa;
32
33     rPercMarido := (rPagoMarido/rTotal) * 100;
34     rPercEsposa := (rPagoEsposa/rTotal) * 100;
35
36     writeln('ITEM MARIDO ESPOSA TOTAL');
37     writeln('======= ====== ====== =====');
38     writeln('Despesas Pagas ', rPagoMarido:8:2, ' ', rPagoEsposa:8:2, ' ', rTotal:8:2 );
39     writeln(' % ', rPercMarido:4:2, ' ', rPercEsposa:4:2, ' ', 100.0:4:2 );
```

```
40      writeln('Valor Devido ', rMediaMarido:8:2, ' ', rMediaEsposa:8:2, '
        ', rTotal:8:2 );
41      writeln('Saldo ', rSaldoMarido:8:2, ' ', rSaldoEsposa:8:2 );
42
43   End.
```

Programa 10.29: Exercício 19

```
1    (* exer_operador19.pas *)
2
3    (* Um casal divide as despesas domésticas mensalmente.
        Durante o mês cada um anota seus gastos
4       e as contas que paga; no final eles dividem meio a meio.
5       O casal deseja um programa que facilite o acerto: eles
        digitariam os gastos de cada um, e o programa mostraria
6       quem deve a quem. Portanto, os saldos devem ser iguais,
7       e quem tiver o saldo negativo deve pagar o valor para
8       o outro. Faça um programa que leia os valores adequados
        e efetue os cálculos. O total é a soma das despesas
9       individuais; um percentual é o gasto individual dividido
10      pelo total, multiplicado por 100; o valor devido por
        cada um é o mesmo e igual à metade do total;
11      finalmente, cada saldo corresponde à metade da diferença
12      entre o valor pago pela pessoa e o valor total.
13
14      Para o mesmo programa de rateio acima, suponha que o
        casal, ao invés de dividir meio a meio as despesas, vai
        dividi-las proporcionalmente à renda de cada um.
15      Altere o programa de forma que este leia também a renda
        de cada um e use a proporção das rendas para a divisão. *)
16
17   Program exer_operador19;
18   Var
19      rPagoMarido, rSaldoMarido, rPercMarido, rMediaMarido,
     rRendaMarido: real;
```

```pascal
20     rPagoEsposa, rSaldoEsposa, rPercEsposa, rMediaEsposa,
       rRendaEsposa: real;
21     rPercDevidoMarido, rPercDevidoEsposa, rTotal: real;
22  Begin
23     write('Entre com o valor pago pelo marido:');
24     read(rPagoMarido);
25     write('Entre com a renda do marido:');
26     read(rRendaMarido);
27     write('Entre com o valor pago pela esposa:');
28     read(rPagoEsposa);
29     write('Entre com a renda da esposa:');
30     read(rRendaEsposa);
31
32     rPercDevidoMarido := rRendaMarido/
       (rRendaMarido+rRendaEsposa);
33        rPercDevidoEsposa := rRendaEsposa/
       (rRendaMarido+rRendaEsposa);
34
35     rTotal := rPagoMarido + rPagoEsposa;
36     rMediaMarido := rTotal * rPercDevidoMarido;
37     rMediaEsposa := rTotal * rPercDevidoEsposa;
38     rSaldoMarido := rMediaMarido - rPagoMarido;
39     rSaldoEsposa := rMediaEsposa - rPagoEsposa;
40
41     rPercMarido := (rPagoMarido/rTotal) * 100;
42     rPercEsposa := (rPagoEsposa/rTotal) * 100;
43
44     writeln('ITEM MARIDO ESPOSA TOTAL');
45     writeln('======= ====== ====== =====');
46     writeln('Despesas Pagas ', rPagoMarido:8:2, ' ',
       rPagoEsposa:8:2, ' ', rTotal:8:2 );
47     writeln(' % pago ', rPercMarido:4:2, ' ', rPercEsposa:4:2,
       ' ', 100.0:4:2 );
48     writeln(' % devido ', rPercDevidoMarido*100:4:2, ' ',
```

```
49                 rPercDevidoEsposa*100:4:2, ' ', 100.0:4:2 );
50   writeln('Valor Devido ', rMediaMarido:8:2, ' ', rMediaEsposa:8:2, '
     ', rTotal:8:2 );
51   writeln('Saldo ', rSaldoMarido:8:2, ' ', rSaldoEsposa:8:2 );
52
53   End.
```

Programa 10.30: Exercício 20

```
1   (* exer_operador20.pas *)
2
3   (* Elabore um programa que dado um número inteiro de
4      segundos, mostrar a quantas horas, minutos e segundos
       ele corresponde. *)
5   Program exer_operador20 ;
6   var
7   iQtdSegundos, iHoras, iMinutos, iSegundos : integer;
8   Begin
9     writeln('Entre com o valor em segundos:');
10    readln(iQtdSegundos);
11    iHoras := iQtdSegundos DIV 3600;
12    iMinutos := (iQtdSegundos - (iHoras*3600)) DIV 60;
13    iSegundos := (iQtdSegundos - (iHoras*3600)) MOD 60;
14
15    writeln('Hora convertida é:', iHoras:2, ':', iMinutos:2,
      ':', iSegundos:2);
16
17  End.
```

Programa 10.31: Exercício 21

```
1   (* exer_operador21.pas *)
2
3   (* O governo acaba de liberar 10 milhões de dólares para a
4      construção de casas populares, a qual contratou a Construtora
5      Pica-Pau S.A. Cada casa custa o equivalente a 150 salários
       mínimos. Faça um algoritmo que leia o valor do salário
6      mínimo, o valor do dólar e calcule a quantidade de casas
```

```
7          possíveis de se construir. *)
8    Program exer_operador21;
9    var
10   rTotal, rDolar, rSalario, rCustoCasa, rCasas, rSobras:
     real;
11   Begin
12     write('Entre com o valor do dólar:');
13     readln(rDolar);
14     write('Entre com o valor do salário:');
15     readln(rSalario);
16
17     rTotal := 10000000 * rDolar;
18     rCustoCasa := (rSalario*150);
19     rCasas := trunc(rTotal / rCustoCasa);
20   .
21     rSobras := rTotal - (rCasas * rCustoCasa );
22
23     writeln('Foram construidos ', rCasas:0:0, ' casas e
     sobrou ', rSobras:0:2);
24     writeln('Cada casa custou ', rCustoCasa:0:2);
25
26   End.
```

Programa 10.32: Exercício 22

```
1    (* exer_operador22.pas *)
2
3    (* Escrever um programa que leia um valor em reais e calcule
4       qual o menor número possível de notas de 100, 50, 20,
5       10, 5 e 1 em que o valor lido pode ser decomposto
6       e escreva o valor lido e a relação de notas necessárias. *)
7
8    Program exer_operador22 ;
9    var
10     rValorReais : integer;
```

```
11    iNotas100, iNotas50, iNotas20, iNotas10, iNotas05, iNotas01,
      iResto: integer;
12    Begin
13      writeln('Entre com o valor em reais');
14      readln(rValorReais);
15
16      iNotas100 := rValorReais DIV 100;
17      iResto    := rValorReais MOD 100;
18
19      iNotas50 := iResto DIV 50;
20      iResto   := iResto MOD 50;
21
22      iNotas20 := iResto DIV 20;
23      iResto   := iResto MOD 20;
24
25      iNotas10 := iResto DIV 10;
26      iResto   := iResto MOD 10;
27
28      iNotas05 := iResto DIV 5;
29      iResto   := iResto MOD 5;
30
31      iNotas01 := iResto;
32
33      writeln( iNotas100, ' de R$ 100,00');
34      writeln( iNotas50,  ' de R$ 50,00');
35      writeln( iNotas20,  ' de R$ 20,00');
36      writeln( iNotas10,  ' de R$ 10,00');
37      writeln( iNotas05,  ' de R$ 5,00');
38      writeln( iNotas01,  ' de R$ 1,00');
39    End.
```

Programa 10.33: Exercício 23

```
1    (* exer_operador23.pas *)
2
3    (* Escrever um programa que leia:
4       - a percentagem do rIPI a ser acrescida no valor das peças
```

```
5      - o código da peça 1, valor unitário da peça 1, quantidade
       de peças 1
6      - o código da peça 2, valor unitário da peça 2, quantidade
       de peças 2
7
8      O programa deve calcular o valor total a ser pago e
       apresentar o resultado.
9      Fórmula: Total = (valor1 * quant1+valor2*quant2) *
       (rIPI / 100 + 1) *)
10  Program exer_operador23 ;
11  var
12    rIPI, rValorUnitario_1, rValorUnitario_2, rValorTotal : real;
13    iCodigo_1, iCodigo_2, iQtdPecas_1, iQtdPecas_2 : integer;
14
15  Begin
16     writeln('Entre com o código da peça:');
17     readln(iCodigo_1);
18     writeln('Entre com a quantidade de peças da peça ', iCodigo_1);
19     readln(iQtdPecas_1);
20     writeln('Entre o valor unitário da peça ', iCodigo_1);
21     readln(rValorUnitario_1);
22
23     writeln('Entre com o código da peça:');
24     readln(iCodigo_2);
25     writeln('Entre com a quantidade de peças da peça ',
       iCodigo_2);
26     readln(iQtdPecas_2);
27     writeln('Entre o valor unitário da peça ', iCodigo_2);
28     readln(rValorUnitario_2);
29
30     writeln('Entre com o IPI:');
31     readln(rIPI);
32     rValorTotal := (rValorUnitario_1*iQtdPecas_1 +
       rValorUnitario_2*iQtdPecas_2) * (rIPI/100+1);
33
34     writeln('O valor a ser pego é:', rValorTotal:0:2);
35  End.
```

Programa 10.34: Exercício 24

```
1    (* exer_operador24.pas *)
2
3    (* Faça um programa que leia o número de um funcionário,
         seu número de horas trabalhadas e o valor que recebe
4        por hora. O programa deve calcular e mostrar o salário
5        deste funcionário. *)
6    Program exer_operador24 ;
7    var
8    iNumeroFuncionario, iNumeroHoras:integer;
9    rValorHora, rSalario : real;
10   Begin
11     writeln('Entre com o número do funcionário:');
12     readln(iNumeroFuncionario);
13     writeln('Entre com a quantidade de horas trabalhadas:');
14     readln(iNumeroHoras);
15     writeln('Entre com o valor hora do funcionário:');
16     readln(rValorHora);
17
18     rSalario := rValorHora * iNumeroHoras;
19
20     writeln('O valor do salário é:', rSalario:0:2);
21   End.
```

Programa 10.35: Exercício 25

```
1    (* exer_operador25.pas *)
2
3    (* Faça um programa para efetuar o cálculo do valor
4        de uma prestação em atraso, usando a fórmula:
5        PRESTAÇÃO = valor+(valor*(taxa/100)*dias). *)
6
7    Program exer_operador25 ;
8    var
9    iDias : integer;
10   rPrestacao, rValor, rTaxa : real;
11   Begin
```

```
12      writeln('Caloteiro Versao 1.171');
13      write('Entre com o numero de dias:');
14      readln(iDias);
15      write('Entre com o valor da prestação:');
16      readln(rValor);
17      write('Entre com a taxa a ser cobrado do caloteiro:');
18      readln(rTaxa);
19
20      rPrestacao := rValor + (rValor * (rTaxa/100) * iDias);
21
22      writeln('O novo valor é:', rPrestacao:0:2);
23 End.
```

10.4 Exercícios da seção 5.5

Programa 10.36: Exercício 01

```
1    (* exer_condicao01.pas *)
2
3    (* Tendo como dados de entrada a altura e o sexo de
4       uma pessoa (M - masculino e F - feminino), construa um
     algoritmo que calcule seu peso ideal,
5       utilizando as seguintes fórmulas:
6       - Para homens: (72.7 * altura) - 58
7       - Para mulheres: (62.1 * altura) - 44.7 *)
8
9    Program exer_condicao01;
10   Var
11     rPesoIdeal, rAltura: real;
12     cSexo: char;
13   Begin
14     write('Entre com o sexo:');
15     read(cSexo);
16     write('Entre com sua altura:');
17     read(rAltura);
18
19     (* solução utilizando if..then..else *)
20     if (cSexo = 'M') or (cSexo = 'm') then
```

```
21         rPesoIdeal := (72.7 * rAltura) - 58
22     else
23         rPesoIdeal := (62.1 * rAltura) - 44.7;
24
25     writeln('Seu peso ideal é ', rPesoIdeal:0:2);
26
27     (* solução utilizando case..of *)
28     case cSexo of
29       'M','m': rPesoIdeal := (72.7 * rAltura) - 58;
30       'F','f': rPesoIdeal := (62.1 * rAltura) - 44.7;
31     end;
32     writeln('Seu peso ideal é ', rPesoIdeal:0:2);
33
34 End.
```

Programa 10.37: Exercício 02

```
1  (* exer_condicao02.pas *)
2
3  (* Ler um número e verificar se ele é múltiplo de 5. *)
4
5  Program exer_condicao02;
6  Var
7     iNumero: integer;
8  Begin
9     write('Entre com um número:');
10    read(iNumero);
11
12    if iNumero/5 = trunc(iNumero/5) then (* se o número dividido for
13                igual a ele truncado, significa divisao exata *)
14      writeln('É múltiplo de 5!')
15    else
16      writeln('Não é múltiplo de 5!');
17
18    writeln('Fim do programa!');
19
20 End.
```

Programa 10.38: Exercício 03

```
1   (* exer_condicao03.pas *)
2
3   (* Obtenha a idade de uma pessoa e escreva se ele é maior
    ou menor de idade. *)
4
5   Program exer_condicao03;
6   Var
7     iIdade: integer;
8   Begin
9     write('Entre com sua idade:');
10    read(iIdade);
11
12    if iIdade <= 17 then
13    begin
14      writeln('É menor de idade!');
15    end
16    else
17    begin
18      writeln('É maior de idade!');
19    end;
20
21    writeln('Fim do programa!');
22  End.
```

Programa 10.39: Exercício 04

```
1   (* exer_condicao04.pas *)
2
3   (* Leia dois números e informe se eles são iguais ou
    diferentes. *)
4
5   Program exer_condicao04;
6   Var
7     iNumero01, iNumero02: integer;
8   Begin
```

```
9     write('Entre com o 1o. número:');
10    read(iNumero01);
11
12    write('Entre com o 2o. número:');
13    read(iNumero02);
14
15    if iNumero01 = iNumero02 then
16    begin
17      writeln('Os números são iguais!');
18    end
19    else
20    begin
21      writeln('Os números são diferentes!');
22    end;
23
24    writeln('Fim do programa!');
25  End.
```

Programa 10.40: Exercício 05

```
1   (* exer_condicao05.pas *)
2
3   (* Verifique se um número par ou impar. *)
4
5   Program exer_condicao05;
6   Var
7     iNumero: integer;
8   Begin
9     write('Entre com o número:');
10    read(iNumero);
11
12    if iNumero mod 2 = 0 then (* resto de divisão por 2 é par *)
13    begin
14      writeln('O número é par!');
15    end
16    else
17    begin
18      writeln('O número é ímpar!');
```

```
19      end;
20
21      writeln('Fim do programa!');
22  End.
```

Programa 10.41: Exercício 06

```
1   (* exer_condicao06.pas *)
2
3   (* Ler dois valores e verificar a divisão do maior pelo
       menor. *)
4
5   Program exer_condicao06;
6   Var
7      iNumero01, iNumero02: integer;
8      rDivisao: real;
9   Begin
10     write('Entre com o 1o. número:');
11     read(iNumero01);
12
13     write('Entre com o 2o. número:');
14     read(iNumero02);
15
16     if iNumero01 > iNumero02 then
17     begin
18        rDivisao := iNumero01 / iNumero02;
19     end
20     else
21     begin
22        rDivisao := iNumero02 / iNumero01;
23     end;
24
25     writeln('A divisão do maior pelo menor foi ', rDivisao:0:2);
26     writeln('Fim do programa!');
27  End.
```

Programa 10.42: Exercício 07

```
1    (* exer_condicao07.pas *)
2
3    (* Escreva um algoritmo que leia um valor em reais e um
         tipo de moeda (1 - dólar ou 2 - euro) e faça a conversão
4        do valor para a moeda solicitada. *)
5
6    Program exer_condicao07;
7    Var
8       rValor, rMoeda, rValorConvertido: real;
9       iOpcao: integer;
10   Begin
11      write('Entre 1 - dólar ou 2 - euro:');
12      read(iOpcao);
13      write('Entre com o valor em reais:');
14      read(rValor);
15
16      case iOpcao of
17         1: begin
18               write('Entre com valor do dólar:');
19               read(rMoeda);
20            end;
21         2: begin
22               write('Entre com valor do dólar:');
23               read(rMoeda);
24            end;
25         else
26            writeln('Opcao inválida!');
27      end;
28
29      if (iOpcao = 1) or (iOpcao = 2) then
30      begin
31         rValorConvertido := rValor * rMoeda;
32         writeln('O valor convertido é:', rValorConvertido:0:2);
```

```
33    end;
34
35
36    writeln('Fim do programa!');
37 End.
```

Programa 10.43: Exercício 08

```
1  (* exer_condicao08.pas *)
2
3  (* Ler um número e informar se ele é positivo ou nega-
      tivo. *)
4
5  Program exer_condicao08;
6  Var
7     iNumero: integer;
8  Begin
9     write('Entre com o número:');
10    read(iNumero);
11
12    if iNumero >= 0 then
13       writeln('Número positivo!') (* última linha antes
14                                   de else não recebe ;*)
15    else
16       writeln('Número negativo!');
17
18       writeln('Fim do programa!');
19 End.
```

Programa 10.44: Exercício 09

```
1  (* exer_condicao09.pas *)
2
3  (* Elabore um algoritmo que dada a idade de um nadador
4     classifique-o em uma das seguintes categorias:
5     - Infantil A = 5 a 7 anos
6     - Infantil B = 8 a 11 anos
7     - Juvenil A = 12 a 13 anos
8     - Juvenil B = 14 a 17 anos
```

```
9          - Adultos = Maiores de 18 anos *)
10   Program exer_condicao09;
11   Var
12      iIdade: integer;
13   Begin
14      write('Entre com a sua idade:');
15      read(iIdade);
16
17      if (iIdade >= 5) and (iIdade <= 7) then
18      begin
19         writeln('Infantil A.');
20      end
21      else
22      begin
23         if (iIdade >= 8) and (iIdade <= 11) then
24         begin
25            writeln('Infantil B.');
26         end
27         else
28         begin
29            if (iIdade >= 12) and (iIdade <= 13) then
30            begin
31               writeln('Juvenil A.');
32            end
33            else
34            begin
35               if (iIdade >= 14) and (iIdade <= 17) then
36               begin
37                  writeln('Juvenil B.');
38               end
39               else
40               begin
41                  if ( iIdade >= 18 ) then
42                  begin
43                     writeln('Adulto.');
44                  end
45                  else
```

```
46           begin
47              writeln('Idade sem classificação!');
48           end
49         end;
50       end;
51     end;
52   end;
53   writeln('Fim do programa!');
54 End.
```

Programa 10.45: Exercício 10

```
1  (* exer_condicao10.pas *)
2
3  (* Elabore um algoritmo que dada a idade de um nadador
4     classifique-o em uma das seguintes categorias:
5     - Infantil A = 5 a 7 anos
6     - Infantil B = 8 a 11 anos
7     - Juvenil A = 12 a 13 anos
8     - Juvenil B = 14 a 17 anos
9     - Adultos = Maiores de 18 anos *)
10 Program exer_condicao10;
11 Var
12    iIdade: integer;
13 Begin
14    write('Entre com a sua idade:');
15    read(iIdade);
16
17    case iIdade of
18       5,6,7: writeln('Infantil A.');
19       8,9,10,11: writeln('Infantil B.');
20       12,13: writeln('Juvenil A.');
21       14,15,16,17: writeln('Juvenil B.');
22    else
23    begin
24       if ( iIdade >= 18 ) then
```

```
25        begin
26           writeln('Adulto.');
27        end
28        else
29        begin
30           writeln('Idade sem classificação!');
31        end;
32      end;
33   end;
34   writeln('Fim do programa!');
35 End.
```

Programa 10.46: Exercício 11

```
1  (* exer_condicao11.pas *)
2  (* Faça um programa que leia a receita e a despesa
3     de uma firma e que imprima lucro ou prejuízo. *)
4  Program exer_condicao11;
5  Var
6     rReceita, rDespesa, rLucro: real;
7  Begin
8     write('Entre com a despesa:');
9     read(rDespesa);
10    write('Entre com a receita:');
11    read(rReceita);
12    rLucro := rReceita - rDespesa;
13
14    if rLucro > 0 then
15        writeln('Empresa com lucro!')
16    else
17        writeln('Empresa com prejuízo!');
18
19    writeln('Fim do programa!');
20 End.
```

Programa 10.47: Exercício 12

```
1   (* exer_condicao12.pas *)
2   (* Uma empresa está contratando para seu quadro de funcionários
3      pessoas com as seguintes características:
4      - Maior de 18, universitário e com conhecimentos de inglês.
5      Construa um algoritmo que leia os dados e informe se o
6      candidato está apto ou não ao cargo. *)
7
8   Program exer_condicao12;
9   Var
10    iIdade: integer;
11    cFormacao, cIngles: char;
12  Begin
13    write('Entre com a idade do candidato:');
14    readln(iIdade);
15
16    write('Candidato é universitário ? (s/n):');
17    readln( cFormacao );
18
19    write('Candidato conhece inglês ? (s/n):');
20    readln( cIngles );
21
22    if (iIdade >= 18) and (cFormacao = 's') and (cIngles = 's') then
23       writeln('Candidato habilitado!!')
24    else
25       writeln('Candidato não habilitado!!');
26
27    writeln('Fim do programa!');
28  End.
```

Programa 10.48: Exercício 13

```
1   (* exer_condicao13.pas *)
2
3   (* Um imposto é calculado com base na seguinte tabela:
4        Até 1.200,00 isento
5        de 1.201,00 a 5.000,00 10
6        de 5.001,00 a 10.000,00 15
```

```
7          acima de 10.000,00   20
8
9          Implemente um programa que calcule os impostos a
10         pagar para um valor de acordo com a faixa. Peça para o
           usuário informar este valor. *)
11
12  Program exer_condicao13;
13  Var
14     rValor, rImposto: real;
15  Begin
16     write('Entre com valor:');
17     read(rValor);
18
19     if rValor <= 1200 then
20     begin
21       writeln('Isento de imposto!');
22     end
23     else
24     begin
25       if rValor <= 5000 then (* já sabemos que é maior que 1200 *)
26       begin
27         rImposto := rValor * 0.10;
28       end
29       else
30       begin
31         if rValor <= 10000 then (* já sabemos que é maior que 5000 *)
32         begin
33           rImposto := rValor * 0.15;
34         end
35         else
36         begin
37           rImposto := rValor * 0.20;
38         end;
39       end;
40
41       writeln('Valor de imposto a pagar é R$ ', rImposto:0: 2);
42     end;
43  End.
```

Programa 10.49: Exercício 14

```
1    (* exer_condicao14.pas *)
2
3    (* Implemente um programa que receber 3 valores numéricos,
        X, Y e Z, e verificar se esses valores podem corresponder
4       aos lados de um triângulo. Em caso afirmativo, informar
5       ao usuário se o triângulo é
6       equilátero, isósceles ou escaleno. *)
7    Program exer_condicao14 ;
8    var
9    rX,rY,rZ: real;
10   Begin
11     writeln('Entre com os valores dos 3 lados:');
12     readln(rX,rY,rZ);
13
14     if ( abs(rY-rZ) < rX) and (rX <(rY+rZ)) then
15     begin
16       if (rX=rY) and (rX=rZ) then
17       begin
18         writeln('Triângulo equilátero!');
19       end
20       else
21       begin
22         if (rX<>rY) and (rX<>rZ) then
23         begin
24           writeln('Triângulo escaleno');
25         end
26         else
27         begin
28           writeln('Triângulo isósceles');
29         end;
30       end;
31     end
32     else
```

```
33      begin
34         writeln('As medidas não formam um triângulo!');
35      end;
36  End.
```

10.5 Exercícios da seção 6.1.1

Programa 10.50: Exercício 01

```
1   (* exer_for01.pas *)
2
3   (* Faça um programa que mostre a tabuada de 7 (7x1=7,
    7x2=14,...) *)
4   Program exer_for01;
5   Var
6      iContador, iTabuada: integer;
7   Begin
8
9      for iContador := 1 to 10 do
10     begin
11        iTabuada := 7 * iContador;
12        writeln(' 7 x ', iContador, ' = ', iTabuada);
13     end;
14
15     writeln('Fim do programa!!!');
16  End.
```

Programa 10.51: Exercício 02

```
1   (* exer_for02.pas *)
2
3   (* Calcule e mostre a soma de todos os números entre 1 e 100. *)
4   Program exer_for02;
5   Var
6      iContador, iSoma: integer;
7   Begin
```

```
8
9      iSoma := 0;
10     for iContador := 1 to 100 do
11     begin
12       iSoma := iSoma + iContador;
13     end;
14
15     writeln('A soma é:', iSoma);
16     writeln('Fim do programa!!!');
17  End.
```

Programa 10.52: Exercício 03

```
1   (* exer_for03.pas *)
2
3   (* Calcule e mostre a soma dos números pares entre 1 e
    100. *)
4   Program exer_for03;
5   Var
6     iContador, iSoma: integer;
7   Begin
8
9     iSoma := 0;
10    for iContador := 1 to 100 do
11    begin
12      (* verifica se contador é par *)
13      if iContador mod 2 = 0 then
14      begin
15        iSoma := iSoma + iContador;
16      end;
17    end;
18
19    writeln('A soma é:', iSoma);
20
21    writeln('Fim do programa!!!');
22  End.
```

Programa 10.53: Exercício 04

```
1   (* exer_for04.pas *)
2
3   (* Calcule e mostre a soma dos números ímpares entre 1 e 100. *)
4   Program exer_for04;
5   Var
6     iContador, iSoma: integer;
7   Begin
8
9     iSoma := 0;
10    for iContador := 1 to 100 do
11    begin
12      (* verifica se contador é ímpar *)
13      if iContador mod 2 <> 0 then
14      begin
15        iSoma := iSoma + iContador;
16      end;
17    end;
18
19    writeln('A soma é:', iSoma);
20
21    writeln('Fim do programa!!!');
22  End.
```

Programa 10.54: Exercício 05

```
1   (* exer_for05.pas *)
2
3   (* Escreva um programa que gere os números de 1000 a 1999 e
4      escreva aqueles que dividido por 11 dão resto igual a 5 *)
5   Program exer_for05;
6   Var
7     iContador: integer;
8   Begin
9
10    for iContador := 1000 to 1999 do
11    begin
```

```pascal
12        if iContador mod 11 = 5 then
13        begin
14          writeln(iContador, ' é divisível por 11 com resto 5.');
15        end;
16     end;
17
18     writeln('Fim do programa!!!');
19 End.
```

Programa 10.55: Exercício 06

```pascal
1  (* exer_for06.pas *)
2
3  (* Faça um programa que leia 2 números inteiros e positivos.
      O programa deverá mostrar a multiplicação de todos
4     os números entre o intervalo (inclusive).
5     Exemplo: se for digitado 15 e 19 deverá ser apresentado
      o resultado da
6     multiplicação de 15 * 16 * 17 * 18 * 19. *)
7  Program exer_for06;
8  Var
9     iNumero_01, iNumero_02: integer;
10    iContador, iProdutorio: integer;
11 Begin
12    write('Entre com o 1. número:');
13    readln(iNumero_01);
14
15    write('Entre com o 2. número:');
16    readln(iNumero_02);
17
18    iProdutorio := 1;
19    (* do menor para o maior *)
20    if iNumero_01 < iNumero_02 then
21    begin
22      for iContador := iNumero_01 to iNumero_02 do
23      begin
24        iProdutorio := iProdutorio * iContador;
25      end;
```

```
26    end
27    (* do maior para o menor *)
28    else
29    begin
30      for iContador := iNumero_01 downto iNumero_02 do
31      begin
32        iProdutorio := iProdutorio * iContador;
33      end;
34    end;
35
36    writeln('A múltiplicação do intervalo ', iNumero_01, ' até ',
37          iNumero_02, ' é ', iProdutorio);
38
39    writeln('Fim do programa!!!');
40 End.
```

10.6 Exercícios da seção 6.2.1

Programa 10.56: Exercício 01

```
1    (* exer_whiledo01.pas *)
2    (* Faça um algoritmo que mostre a tabuada de 2 (2x1=2,
     2x2=4,...). *)
3
4    Program exer_whiledo01;
5    var
6      iContador, iTabuada: integer;
7    Begin
8      iContador := 1;
9      while iContador <= 10 do
10     begin
11       iTabuada := 2 * iContador;
12       writeln('2 x ', iContador, ' = ', iTabuada);
13       iContador := iContador + 1;
14     end;
15   end.
```

Programa 10.57: Exercício 02

```
1   (* exer_whiledo02.pas *)
2   (* Calcule e mostre a soma de todos os números entre 1 e 100. *)
3
4   Program exer_whiledo02;
5   var
6     iContador, iSoma: integer;
7   Begin
8     iContador := 1;
9     iSoma := 0;
10    while iContador <= 100 do
11    begin
12      iSoma := iSoma + iContador;
13      iContador := iContador + 1;
14    end;
15
16    writeln('A soma de todos os números é:', iSoma);
17  end.
```

Programa 10.58: Exercício 03

```
1   (* exer_whiledo03.pas *)
2   (* Calcule e mostre a soma de todos os números pares
      entre 1 e 100. *)
3
4   Program exer_whiledo03;
5   var
6     iContador, iSoma: integer;
7   Begin
8
9     (* reposta 1 *)
10    iContador := 1;
11    iSoma := 0;
12    while iContador <= 100 do
13    begin
14      if iContador mod 2 = 0 then
15      begin
```

```
16         iSoma := iSoma + iContador;
17       end;
18       iContador := iContador + 1;
19     end;
20
21     writeln('A soma de todos os números pares é:', iSoma);
22
23     (* resposta 2 *)
24     iContador := 2;
25     iSoma := 0;
26     while iContador <= 100 do
27     begin
28       iSoma := iSoma + iContador;
29       iContador := iContador + 2;
30     end;
31
32     writeln('A soma de todos os números pares é:', iSoma);
33   end.
```

Programa 10.59: Exercício 04

```
1   (* exer_whiledo04.pas *)
2   (* Calcule e mostre a soma de todos os números ímpares
    entre 1 e 100. *)
3
4   Program exer_whiledo04;
5   var
6     iContador, iSoma: integer;
7   Begin
8
9     (* reposta 1 *)
10    iContador := 1;
11    iSoma := 0;
12    while iContador <= 100 do
13    begin
14      if iContador mod 2 <> 0 then
15      begin
```

```
16          iSoma := iSoma + iContador;
17        end;
18        iContador := iContador + 1;
19     end;
20
21     writeln('A soma de todos os números ímpares é:', iSoma);
22
23     (* resposta 2 *)
24     iContador := 1;
25     iSoma := 0;
26     while iContador <= 100 do
27     begin
28        iSoma := iSoma + iContador;
29        iContador := iContador + 2;
30     end;
31
32     writeln('A soma de todos os números ímpares é:', iSoma);
33  end.
```

Programa 10.60: Exercício 05

```
1   (* exer_whiledo05.pas *)
2   (* Apresente o quadrado de cada um dos números pares
    entre 1 e 1000 *)
3
4   Program exer_whiledo05;
5   var
6      iContador, iQuadrado: integer;
7   Begin
8
9      (* reposta 1 *)
10     iContador := 1;
11     while iContador <= 1000 do
12     begin
13        if iContador mod 2 = 0 then
14        begin
15           iQuadrado := iContador * iContador;
```

```
16          writeln('Quadrado de ', iContador, ' é ', iQuadrado);
17        end;
18        iContador := iContador + 1;
19      end;
20
21      (* reposta 2 *)
22      iContador := 1;
23      while iContador <= 1000 do
24      begin
25        if iContador mod 2 = 0 then
26        begin
27          iQuadrado := sqr(iContador);
28          writeln('Quadrado de ', iContador, ' é ', iQuadrado);
29        end;
30        iContador := iContador + 1;
31      end;
32
33    end.
```

Programa 10.61: Exercício 06

```
1    (* exer_whiledo06.pas *)
2    (* Apresente todos os números divisíveis por 5 que sejam maiores
3       do que 0 e menores ou iguais a 200. *)
4
5    Program exer_whiledo06;
6    var
7      iContador: integer;
8    Begin
9      iContador := 1;
10     while iContador <= 200 do
11     begin
12       if iContador mod 5 = 0 then
13       begin
```

```
14        writeln(iContador, ' é divisível por 5');
15      end;
16      iContador := iContador + 1;
17    end;
18  End.
```

Programa 10.62: Exercício 07

```
1   (* exer_whiledo07.pas *)
2
3   (* Escreva um algoritmo que leia 10 valores quaisquer.
4      A seguir, mostre quantos deles estão dentro do intervalo
5      [10,20] e quantos estão fora do intervalo, mostrando
    essas informações *)
6   Program exer_whiledo07 ;
7    var
8    iContador, iDentro, iFora, iNumero: integer;
9    Begin
10     iContador := 1;
11     iDentro := 0;
12     iFora := 0;
13     while iContador <= 10 do
14     begin
15       write('Entre com o número ->');
16       readln(iNumero);
17       if (iNumero >= 10) and (iNumero <= 20) then
18       begin
19          iDentro := iDentro + 1;
20       end
21       else
22       begin
23          iFora := iFora + 1;
24       end;
25       iContador:= iContador+1;
26     end;
27     writeln(iDentro, ' números dentro do intervalo.');
28     writeln(iFora, ' números fora do intervalo.');
29   End.
```

Programa 10.63: Exercício 08

```
1    (* exer_whiledo08.pas *)
2
3    (* Faça um programa que verifique se um número é primo.
4       Observação 1: É considerado número primo somente os
         números que são divisíveis por 1 e por ele mesmo
5       (exemplos: 1,2,3,5,7,11,13,17,19,23,29....).
6       Observação 2: Todos os números primos são ímpares (ex-
         ceto o 2). *)
7    Program exer_whiledo08 ;
8    var
9    iContador, iPrimo, iNumero: integer;
10   Begin
11
12      writeln('Entre com o iNumero ->');
13      readln(iNumero);
14      iContador := 2;
15      iPrimo := 0;
16      while iContador <= iNumero do
17      begin
18
19         if iNumero mod iContador = 0 then
20         begin
21            iPrimo := iPrimo +1;
22         end;
23         iContador:=iContador+1;
24      end;
25
26      (* para um número ser primo, deve ter ocorrido no
     máximo 1 divisão *)
27      if iPrimo <= 1 then
28      begin
29         writeln('Numero é Primo!');
30      end
31      else
32      begin
```

```
33          writeln('Numero não é primo!');
34       end;
35  End.
```

10.7 Exercícios da seção 6.3.1

Programa 10.64: Exercício 01

```
1   (* exer_repeat01.pas *)
2   (* Ler o nome de um aluno e suas duas notas A e B, e após
    calcular a média ponderada entre estas notas (A tem peso 1 e
3   B tem peso 2). Repetir esse procedimento para uma turma
4   composta por cinco alunos, usando o comando repeat..until. *)
5
6   Program exer_repeat01;
7   var
8      iContador: integer;
9      rNotaA, rNotaB, rMedia: real;
10     sNome: string[30];
11  Begin
12     iContador := 0;
13     repeat
14     begin
15        write('Entre o nome do aluno:');
16        readln(sNome);
17        write('Entre com o grau A:');
18        readln(rNotaA);
19        write('Entre com o grau B:');
20        readln(rNotaB);
21
22        rMedia := (rNotaA + rNotaB*2)/3;
23        writeln('O aluno ', sNome, ' tem uma média:', rMedia:0:2);
24        iContador := iContador + 1;
25     end;
26     until iContador = 5;
27  end.
```

Programa 10.65: Exercício02

```pascal
(* exer_repeat02.pas *)
(* Ler o nome de um aluno e suas duas notas A e B, e após
   calcular a média ponderada entre estas notas (A tem peso 1
   e B tem peso 2). Repetir esse procedimento para uma turma
   composta por cinco alunos, usando o comando repeat..until.

   Baseado no programa anterior, faça um novo programa de
   maneira que possamos trabalhar com turmas compostas por
   um número variável de alunos. Após calcular e imprimir a
   média de um aluno, exibir uma mensagem perguntando ao usuário
   se existem mais alunos (resposta: sim/não). Se tiver mais
   alunos, continuar o procedimento de leitura das notas
   e o cálculo da média até que o usuário responda 'não'. *)

Program exer_repeat02;
var
   rNotaA, rNotaB, rMedia: real;
   sNome: string[30];
   sResposta: string[10];

Begin
   repeat
   begin
     write('Entre o nome do aluno:');
     readln(sNome);
     write('Entre com o grau A:');
     readln(rNotaA);
     write('Entre com o grau B:');
     readln(rNotaB);

     rMedia := (rNotaA + rNotaB*2)/3;
     writeln('O aluno ', sNome, ' tem uma média:', rMedia:0:2);

     (* garante que o usuário irá digitar sim ou nao *)
     repeat
     begin
```

```
34          write('Continua (sim/não):');
35          readln(sResposta);
36       end;
37       until (sResposta = 'sim') or (sResposta = 'nao');
38
39    end;
40    until sResposta = 'nao';
41    writeln('Fim do programa!!');
42 end.
```

Programa 10.66: Exercício 03

```
1  (* exer_repeat03.pas *)
2  (* Ler o nome de um aluno e suas duas notas A e B, e após
      calcular a média ponderada entre estas notas (A tem peso 1
3     e B tem peso 2). Repetir esse procedimento para uma turma
4     composta por cinco alunos, usando o comando repeat..until.
5
6     Baseado no programa anterior, faça um novo programa de
      maneira que possamos trabalhar com turmas compostas por
7     um número variável de alunos. Após calcular e imprimir a
      média de um aluno, exibir uma mensagem perguntando ao
8     usuário se existem mais alunos (resposta:sim/não). Se tiver
9     mais alunos, continuar o procedimento de leitura das no
10    tas e o cálculo da média até que o usuário responda 'não'.
11
12    Baseado no programa anterior, faça um novo programa de
      maneira a validar as notas fornecidas pelo usuário
13    (notas devem ser valores positivos entre 0.0 e 10.0).
      Indicar ao usuário se a nota fornecida é inválida
14    e pedir para fornecer uma nova nota, repetindo este
15    processo até que o usuário informe uma nota correta. *)
16
17 Program exer_repeat03;
18 var
19    rNotaA, rNotaB, rMedia: real;
20    sNome: string[30];
21    sResposta: string[10];
```

```
22
23   Begin
24     repeat
25     begin
26       write('Entre o nome do aluno:');
27       readln(sNome);
28
29       write('Entre com o grau A:');
30       readln(rNotaA);
31       while (rNotaA < 0) or (rNotaA > 10) do
32       begin
33         writeln('ERRO: Nota inválida! Digite novamente a nota.');
34         write('Entre com o grau A:');
35         readln(rNotaA);
36       end;
37
38       write('Entre com o grau B:');
39       readln(rNotaB);
40
41       while (rNotaB < 0) or (rNotaB > 10) do
42       begin
43         writeln('ERRO: Nota inválida! Digite novamente a nota.');
44         write('Entre com o grau B:');
45         readln(rNotaB);
46       end;
47
48       rMedia := (rNotaA + rNotaB*2)/3;
49       writeln('O aluno ', sNome, ' tem uma média:', rMedia:0:2);
50
51       (* garante que o usuário irá digitar sim ou nao *)
52       repeat
53       begin
54         write('Continua (sim/não):');
55         readln(sResposta);
56       end;
57       until (sResposta = 'sim') or (sResposta = 'nao');
```

```
58
59      end;
60      until sResposta = 'nao';
61      writeln('Fim do programa!!');
62  end.
```

Programa 10.67: Exercício 04

```
1   (* exer_repeat04.pas *)
2   (* Fazer um programa que calcule e imprima o fatorial de um
        número fornecido pelo usuário, usando o comandorepeat..until.
3       Repetir a execução do programa tantas vezes quantas o
4       usuário quiser. .Lembre-se que o resultado do cálculo
5       de um fatorial pode ser um número grande.
6       `(Exemplo: Fatorial de 8 = 40320). *)
7
8   Program exer_repeat04;
9   var
10     iContador, iFatorial, iNumero: integer;
11  Begin
12    repeat
13    begin
14      writeln('Entre com um número positivo:');
15      readln(iNumero);
16      if iNumero > 0 then
17      begin
18        iContador := 1;
19        iFatorial := 1;
20        repeat
21        begin
22          iFatorial := iFatorial * iContador;
23          iContador := iContador + 1;
24        end;
25        until iContador > iNumero;
```

```
26        writeln('O fatorial de ', iNumero, ' é ', iFatorial );
27      end;
28   end;
29   until iNumero <= 0;
30   writeln('Fim do programa!!');
31 end.
```

Programa 10.68: Exercício 05

```
1  (* exer_repeat05.pas *)
2  (* Escrever um programa que calcule todos os números in-
      teiros divisíveis por um certo valor indicado pelo
3     usuário, e compreendidos em um intervalo também especificado
4     pelo usuário.
5     O usuário deve entrar com um primeiro valor correspon-
      dente ao divisor e após ele vai fornecer o valor inicial
6     do intervalo, seguido do valor final deste intervalo. *)
7
8
9  Program exer_repeat05;
10 var
11    iDivisor, iInicio, iFim, iContador: integer;
12 Begin
13    writeln('Entre com número divisor:');
14    readln(iDivisor);
15    writeln('Entre com o inicio do intervalo:');
16    readln(iInicio);
17    writeln('Entre com o final do intervalo:');
18    readln(iFim);
19
20    (* garante o que o fim é maior que o inicio *)
21    if iInicio >= iFim then
22    begin
23      repeat
24      begin
25        write('Erro: Fim do intervalo dever ser maior que inicio ');
26        write('Entre com fim do intervalo:');
```

```
27           read(iFim);
28        end;
29      until iFim > iInicio;
30    end;
31
32    writeln('Números divisíveis por ',iDivisor,' no intervalo
      de ',iInicio,' à ',iFim);
33    iContador := iInicio;
34    repeat
35    begin
36       if iContador/iDivisor = trunc(iContador/iDivisor) then
37       begin
38          write(iContador, ' ');
39       end;
40       iContador := iContador + 1;
41    end;
42    until iContador >= iFim;
43    writeln;
44    writeln('Fim do programa!!');
45  end.
```

10.8 Exercícios da seção 6.7

Programa 10.69: Exercício 01

```
1   (* exer_repeticao01.pas *)
2
3   (* Fazer um programa que leia um número e calcule o fato-
    rial desse número. *)
4   Program exer_repeticao01;
5   Var
6      iContador, iFatorial, iNumero: integer;
7   Begin
8      write('Entre com o número:');
9      read(iNumero);
10     iFatorial := 1;
11
12     for iContador := 1 to iNumero do
```

```
13     begin
14        iFatorial := iFatorial * iContador;
15     end;
16
17     writeln('O fatorial de ', iNumero, ' é ', iFatorial );
18
19     writeln('Fim do programa!!!');
20  End.
```

Programa 10.70: Exercício 02

```
1   (* exer_repeticao02.pas *)
2
3   (* Fazer um programa que leia um número e calcule o fato-
    rial desse número. *)
4   Program exer_repeticao02;
5   Var
6      iContador, iFatorial, iNumero: integer;
7   Begin
8      write('Entre com o número:');
9      read(iNumero);
10
11     iFatorial := 1;
12     iContador := 1;
13
14     while iContador <= iNumero do
15     begin
16        iFatorial := iFatorial * iContador;
17        iContador := iContador + 1;
18     end;
19
20     writeln('O fatorial de ', iNumero, ' é ', iFatorial );
21
22     writeln('Fim do programa!!!');
23  End.
```

Programa 10.71: Exercício 03

```
1   (* exer_repeticao03.pas *)
2
3   (* Fazer um programa que leia um número e calcule o fatorial desse número. *)
4   Program exer_repeticao03;
5   Var
6     iContador, iFatorial, iNumero: integer;
7   Begin
8     write('Entre com o número:');
9     read(iNumero);
10
11    iFatorial := 1;
12    iContador := 1;
13
14    repeat
15    begin
16      iFatorial := iFatorial * iContador;
17      iContador := iContador + 1;
18    end;
19    until iContador > iNumero;
20
21    writeln('O fatorial de ', iNumero, ' é ', iFatorial );
22
23    writeln('Fim do programa!!!');
24  End.
```

Programa 10.72: Exercício 04

```
1   (* exer_repeticao04.pas *)
2
3   (* Ler dois valores inteiros e imprimir o resultado da
       divisão do primeiro pelo segundo. Se o segundo valor
4      informado for ZERO, deverá ser impressa uma mensagem
5      de VALOR INVÁLIDO e ser lido um novo valor. Ao final do
       programa deve ser impressa a seguinte mensagem:
6      VOCÊ DESEJA OUTRO CÁLCULO (S/N).
7      Se a resposta for S o programa deverá retornar ao
       começo, caso contrário deverá encerrar a sua execução
```

```
8         imprimindo quantos cálculos foram feitos.
9         OBS: O programa só deverá aceitar como resposta para a
          pergunta as letras S ou N. *)
10
11  Program exer_repeticao04 ;
12    var
13    rValor_01, rValor_02:real;
14    iQtdContas:integer;
15    cContinua:char;
16
17  Begin
18      iQtdContas := 0;
19      cContinua := 'S';
20
21      while cContinua = 'S' do
22      begin
23        writeln('Entre com o primeiro valor:');
24        readln(rValor_01);
25        writeln('Entre com o segundo valor:');
26        readln(rValor_02);
27
28        while rValor_02 = 0 do
29        begin
30          writeln('VALOR INVÁLIDO. Valor 02 não pode ser zero!!!');
31          writeln('Entre com o segundo valor:');
32          readln(rValor_02);
33        end;
34
35        writeln('O resultado é:', rValor_01/rValor_02);
36
37        iQtdContas := iQtdContas + 1;
38
39        writeln('Deseja outro cálculo ?');
40        readln(cContinua);
41
42        while (cContinua <> 'S') and (cContinua <> 'N') do
```

```
43         begin
44           writeln('Digite S ou N!!! Deseja outro cálculo ?');
45           readln(cContinua);
46         end;
47       end;
48
49       writeln('Total de contas efetuadas foi ', iQtdContas);
50   End.
```

Programa 10.73: Exercício 05

```
1    (* exer_repeticao05.pas *)
2
3    (* Ler dois valores inteiros e imprimir o resultado da
        divisão do primeiro pelo segundo. Se o segundo
4       valor informado for ZERO, deverá ser impressa uma mensagem
5       de VALOR INVÁLIDO e ser lido um novo valor. Ao final do
        programa deve ser impressa a seguinte mensagem:
6       VOCÊ DESEJA OUTRO CÁLCULO (S/N).
7       Se a resposta for S o programa deverá retornar ao começo,
        caso contrário deverá encerrar a sua execução imprimindo
8       quantos cálculos foram feitos.
9       OBS: O programa só deverá aceitar como resposta para a
        pergunta as letras S ou N. *)
10
11   Program exer_repeticao05 ;
12    var
13     rValor_01, rValor_02:real;
14     iQtdContas:integer;
15     cContinua:char;
16
17   Begin
18     iQtdContas := 0;
19
20     repeat
21       begin
22         writeln('Entre com o primeiro valor:');
23         readln(rValor_01);
```

```
24        writeln('Entre com o segundo valor:');
25        readln(rValor_02);
26
27        if rValor_02 = 0 then
28        begin
29          repeat
30          begin
31            writeln('VALOR INVÁLIDO. Valor 02 não pode ser zero!!!');
32            writeln('Entre com o segundo valor:');
33            readln(rValor_02);
34          end;
35          until rValor_02 <> 0;
36        end;
37
38        writeln('O resultado é:', rValor_01/rValor_02);
39
40        iQtdContas := iQtdContas + 1;
41
42        writeln('Deseja outro cálculo ?');
43        readln(cContinua);
44
45        if (cContinua <> 'S') and (cContinua <> 'N') then
46        begin
47          repeat
48          begin
49            writeln('Digite S ou N!!! Deseja outro cálculo ?');
50            readln(cContinua);
51          end;
52          until (cContinua = 'S') or (cContinua = 'N');
53        end;
54      end;
55      until cContinua = 'N';
56
57      writeln('Total de contas efetuadas foi ', iQtdContas);
58    End.
```

Programa 10.74: Exercício 06

```pascal
1   (* exer_repeticao06.pas *)
2
3   (* Escreva um programa que calcule o resultado de cada uma
4      das seguintes séries com 50 termos:
5      - 1 + 3 + 9 + 27 + 81 + ....
6      - 1/1 + 2/4 + 3/9 + 4/16 + 5/25 + ....
7      - 1 - 2 + 3 - 4 + 5 - 6 +..... *)
8
9   Program exer_repeticao06 ;
10  var
11  iContador,iNumero : integer;
12  sSoma:real;
13  cSinal:char;
14  Begin
15
16     (* 1 + 3 + 9 + 27 + 81 + .... *)
17     iNumero := 1;
18     sSoma := 0;
19     for iContador := 1 to 50 do
20     begin
21        sSoma := sSoma + iNumero;
22        iNumero := iNumero * 3;
23     end;
24     writeln('1a. Série = ', sSoma:0:2);
25
26     (* 1/1 + 2/4 + 3/9 + 4/16 + 5/25 + .... *)
27     iNumero := 1;
28     sSoma := 0;
29     for iContador := 1 to 50 do
30     begin
31        sSoma := sSoma + iNumero/sqr(iNumero);
32        iNumero := iNumero + 1;
33     end;
34     writeln('2a. Série = ', sSoma:0:2);
35
36     (* 1 - 2 + 3 - 4 + 5 - 6 +..... *)
```

```
37      cSinal := '+';
38      iNumero := 1;
39      sSoma := 0;
40      for iContador := 1 to 50 do
41      begin
42        if cSinal = '+' the
43        begin
44          sSoma := sSoma + iNumero;
45          cSinal := '-';
46        end
47        else
48        begin
49          sSoma := sSoma - iNumero;
50          cSinal := '+';
51        end;
52        iNumero := iNumero + 1;
53      end;
54      writeln('3a. Série = ', sSoma:0:2);
55   End.
```

Programa 10.75: Exercício 07

```
1    (* exer_repeticao07.pas *)
2
3    (* Escreva um programa que calcule o resultado de cada uma
4       das seguintes séries com 50 termos:
5       - 1 + 3 + 9 + 27 + 81 + ....
6       - 1/1 + 2/4 + 3/9 + 4/16 + 5/25 + ....
7       - 1 - 2 + 3 - 4 + 5 - 6 +..... *)
8
9    Program exer_repeticao07 ;
10   var
11   iContador,iNumero : integer;
12   sSoma:real;
13   cSinal:char;
14   Begin
15
16      (* 1 + 3 + 9 + 27 + 81 + .... *)
17      iNumero := 1;
```

```
18      sSoma := 0;
19      iContador := 1;
20      while iContador <= 50 do
21      begin
22        sSoma := sSoma + iNumero;
23        iNumero := iNumero * 3;
24        iContador := iContador + 1;
25      end;
26      writeln('1a. Série = ', sSoma:0:2);
27
28      (* 1/1 + 2/4 + 3/9 + 4/16 + 5/25 + .... *)
29      iNumero := 1;
30      sSoma := 0;
31      iContador := 1;
32      while iContador <= 50 do
33      begin
34        sSoma := sSoma + iNumero/sqr(iNumero);
35        iNumero := iNumero + 1;
36        iContador := iContador + 1;
37      end;
38      writeln('2a. Série = ', sSoma:0:2);
39
40      (* 1 - 2 + 3 - 4 + 5 - 6 +..... *)
41      cSinal := '+';
42      iNumero := 1;
43      sSoma := 0;
44      iContador := 1;
45      while iContador <= 50 do
46      begin
47        if cSinal = '+' then
48        begin
49          sSoma := sSoma + iNumero;
50          cSinal := '-';
51        end
52        else
53        begin
54          sSoma := sSoma - iNumero;
```

```
55          cSinal := '+';
56        end;
57        iNumero := iNumero + 1;
58        iContador := iContador + 1;
59      end;
60      writeln('3a. Série = ', sSoma:0:2);
61    End.
```

Programa 10.76: Exercício 08

```
1    (* exer_repeticao08.pas *)
2
3    (* Escreva um programa que calcule o resultado de cada uma
4       das seguintes séries com 50 termos:
5       - 1 + 3 + 9 + 27 + 81 + ....
6       - 1/1 + 2/4 + 3/9 + 4/16 + 5/25 + ....
7       - 1 - 2 + 3 - 4 + 5 - 6 +..... *)
8
9    Program exer_repeticao08 ;
10   var
11   iContador,iNumero : integer;
12   sSoma:real;
13   cSinal:char;
14   Begin
15
16      (* 1 + 3 + 9 + 27 + 81 + .... *)
17      iNumero := 1;
18      sSoma := 0;
19      iContador := 1;
20      repeat
21      begin
22         sSoma := sSoma + iNumero;
23         iNumero := iNumero * 3;
24         iContador := iContador + 1;
25      end;
26      until iContador > 50;
27      writeln('1a. Série = ', sSoma:0:2);
28
```

```
29      (* 1/1 + 2/4 + 3/9 + 4/16 + 5/25 + .... *)
30      iNumero := 1;
31      sSoma := 0;
32      iContador := 1;
33      repeat
34      begin
35        sSoma := sSoma + iNumero/sqr(iNumero);
36        iNumero := iNumero + 1;
37        iContador := iContador + 1;
38      end;
39      until iContador > 50;
40      writeln('2a. Série = ', sSoma:0:2);
41
42      (* 1 - 2 + 3 - 4 + 5 - 6 +..... *)
43      cSinal := '+';
44      iNumero := 1;
45      sSoma := 0;
46      iContador := 1;
47      repeat
48      begin
49        if cSinal = '+' then
50        begin
51          sSoma := sSoma + iNumero;
52          cSinal := '-';
53        end
54        else
55        begin
56          sSoma := sSoma - iNumero;
57          cSinal := '+';
58        end;
59        iNumero := iNumero + 1;
60        iContador := iContador + 1;
61      end;
62      until iContador > 50;
63      writeln('3a. Série = ', sSoma:0:2);
64   End.
```

Programa 10.77: Exercício 09

```
1   (* exer_repeticao09.pas *)
2
3   (* Faça um programa que receba 30 números e mostre quantos
       positivos, quantos negativos, quantos pares,
4      quantos ímpares e qual é o maior e o
5      menor número informado nessa lista *)
6
7   Program exer_repeticao09 ;
8   Var
9      iNumero, iContador: integer;
10     iMaior, iMenor:integer;
11     iPar, iImpar:integer;
12     iPositivo, iNegativo:integer;
13  Begin
14     iPar := 0;
15     iImpar := 0;
16     iNegativo := 0;
17     iPositivo := 0;
18
19     write('Entre com um número:');
20     readln(iNumero);
21
22     iMaior := iNumero; (* 1o. número sempre é o maior número *)
23     iMenor := iNumero; (* 1o. número sempre é o menor número *)
24
25     for iContador := 1 to 30 do
26     begin
27       if iNumero < 0 then
28       begin
29         iNegativo := iNegativo + 1;
30       end
31       else
32       begin
33         iPositivo := iPositivo + 1;
34       end;
35
```

```
36        if iNumero mod 2 = 0 then
37        begin
38          iPar := iPar + 1;
39        end
40        else
41        begin
42          iImpar := iImpar + 1;
43        end;
44
45        if iNumero > iMaior then
46        begin
47          iMaior := iNumero;
48        end;
49
50        if iNumero < iMenor then
51        begin
52          iMenor := iNumero;
53        end;
54
55        write('Entre com um número:');
56        readln(iNumero);
57      end;
58
59      writeln('Quantidade positivos:', iPositivo);
60      writeln('Quantidade negativos:', iNegativo);
61      writeln('Quantidade pares :', iPar);
62      writeln('Quantidade ímpares :', iImpar);
63      writeln('Maior número :', iMaior);
64      writeln('Menor número :', iMenor);
65    End.
```

Programa 10.78: Exercício 10

```
1   (* exer_repeticao10.pas *)
2
3   (* Faça um programa que receba 30 números e mostre quan-
       tos positivos, quantos negativos, quantos pares,
```

```
 4       quantos ímpares e qual é o maior e o
 5       menor número informado nesta lista *)
 6
 7    Program exer_repeticao10 ;
 8    Var
 9       iNumero, iContador: integer;
10       iMaior, iMenor:integer;
11       iPar, iImpar:integer;
12       iPositivo, iNegativo:integer;
13    Begin
14       iPar := 0;
15       iImpar := 0;
16       iNegativo := 0;
17       iPositivo := 0;
18
19       write('Entre com um número:');
20       readln(iNumero);
21
22       iMaior := iNumero; (* 1o. número sempre é o maior número *)
23       iMenor := iNumero; (* 1o. número sempre é o menor número *)
24
25       iContador := 1;
26       while iContador <= 30 do
27       begin
28          if iNumero < 0 then
29          begin
30             iNegativo := iNegativo + 1;
31          end
32          else
33          begin
34             iPositivo := iPositivo + 1;
35          end;
36
37          if iNumero mod 2 = 0 then
38          begin
39             iPar := iPar + 1;
40          end
```

```
41      else
42      begin
43        iImpar := iImpar + 1;
44      end;
45
46      if iNumero > iMaior then
47      begin
48        iMaior := iNumero;
49      end;
50
51      if iNumero < iMenor then
52      begin
53        iMenor := iNumero;
54      end;
55
56      iContador := iContador + 1;
57      write('Entre com um número:');
58      readln(iNumero);
59    end;
60
61    writeln('Quantidade positivos:', iPositivo);
62    writeln('Quantidade negativos:', iNegativo);
63    writeln('Quantidade pares :', iPar);
64    writeln('Quantidade ímpares :', iImpar);
65    writeln('Maior número :', iMaior);
66    writeln('Menor número :', iMenor);
67 End.
```

Programa 10.79: Exercício 11

```
1  (* exer_repeticao11.pas *)
2
3  (* Faça um programa que receba 30 números e mostre quantos
4     positivos, quantos negativos, quantos pares, quantos
5     ímpares e qual é o maior e o menor número informado nesta lista *)
6
7  Program exer_repeticao11 ;
```

```
8    Var
9      iNumero, iContador: integer;
10     iMaior, iMenor:integer;
11     iPar, iImpar:integer;
12     iPositivo, iNegativo:integer;
13   Begin
14     iPar := 0;
15     iImpar := 0;
16     iNegativo := 0;
17     iPositivo := 0;
18
19     write('Entre com um número:');
20     readln(iNumero);
21
22     iMaior := iNumero; (* 1o. número sempre é o maior número *)
23     iMenor := iNumero; (* 1o. número sempre é o menor número *)
24
25     iContador := 1;
26     repeat
27     begin
28       if iNumero < 0 then
29       begin
30         iNegativo := iNegativo + 1;
31       end
32       else
33       begin
34         iPositivo := iPositivo + 1;
35       end;
36
37       if iNumero mod 2 = 0 then
38       begin
39         iPar := iPar + 1;
40       end
41       else
42       begin
43         iImpar := iImpar + 1;
44       end;
```

```
45
46      if iNumero > iMaior then
47      begin
48         iMaior := iNumero;
49      end;
50
51      if iNumero < iMenor then
52      begin
53         iMenor := iNumero;
54      end;
55
56      iContador := iContador + 1;
57      write('Entre com um número:');
58      readln(iNumero);
59    end;
60    until iContador = 31;
61
62    writeln('Quantidade positivos:', iPositivo);
63    writeln('Quantidade negativos:', iNegativo);
64    writeln('Quantidade pares :', iPar);
65    writeln('Quantidade ímpares :', iImpar);
66    writeln('Maior número :', iMaior);
67    writeln('Menor número :', iMenor);
68 End.
```

Programa 10.80: Exercício 12

```
1  (* exer_repeticao12.pas *)
2
3  (* Elaborar um programa em Pascal que leia dois números
      inteiros quaisquer, em linhas diferentes e que determine
4     mostre) se são AMIGOS ou NÃO AMIGOS.
5
```

```
 6      O programa deve também, para cada número, mostrar seus divisores
 7      em linhas diferentes e a soma dos mesmos. Números amigos
        e não amigos são aqueles que a soma dos seus divisores
 8      resulta no outro número.
 9           Exemplo:220 e 284
10           Os divisores de 220 são:1+2+4+5+10+11+20+22+44+55+110=284
11           Os divisores de 284 são:1+2+4+71+142=220 *)
12
13 Program exer repeticao12 ;
14 var
15    iI, iNumero01, iNumero02, iAmigo01, iAmigo02: integer;
16 Begin
17    write('Entre com o primeiro número:');
18    readln(iNumero01);
19    write('Entre com o segundo número:');
20    readln(iNumero02);
21
22    iAmigo01 := 0;
23    writeln('Divisores de ', iNumero01);
24    for iI := 1 to iNumero01-1 do
25    begin
26      if iNumero01 MOD iI = 0 then
27      begin
28        writeln(iI);
29        iAmigo01 := iAmigo01 + iI;
30      end;
31    end;
32    writeln('Soma dos divisores:', iAmigo01);
33
34    iAmigo02 := 0;
35    writeln('Divisores de ', iNumero02);
36    for iI := 1 to iNumero02-1 do
37    begin
38      if iNumero02 MOD iI = 0 then
39      begin
40        writeln(iI);
41        iAmigo02 := iAmigo02 + iI;
```

```
42        end;
43     end;
44     writeln('Soma dos divisores:', iAmigo02);
45
46     if (iAmigo01 = iNumero02) and (iAmigo02 = iNumero01) then
47     begin
48       writeln('Os números informados são amigos!');
49     end
50     else
51     begin
52       writeln('Os números informados não são amigos!');
53     end;
54
55     writeln('Fim do programa!');
56
57  End.
```

10.9 Exercícios da seção 7.2.2

Programa 10.81: Exercício 01

```
1   (* exer_vetor01.pas *)
2
3   (* Escrever um programa que leia 20 números inteiros para um
4   vetor e calcule a média dos valores digitados. *)
5   Program exer_vetor01;
6   Var
7     iIndice, iNumero, iSoma: integer;
8     aiNumerosLidos: array [1..20] of integer;
9     rMedia: real;
10  Begin
11
12    (* leitura dos números *)
13    for iIndice := 1 to 20 do
14    begin
15      write('Entre com um número:');
16      readln(iNumero);
17      aiNumerosLidos[ iIndice ] := iNumero;
```

```
18      end;
19
20      (* cálculo da somatória *)
21      iSoma := 0;
22      for iIndice := 1 to 20 do
23      begin
24        iSoma := iSoma + aiNumerosLidos[iIndice];
25      end;
26
27      rMedia := iSoma/20;
28      writeln('A média é:', rMedia:0:2);
29
30      writeln('Fim do programa!!!');
31  End.
```

Programa 10.82: Exercício 02

```
1   (* exer_vetor02.pas *)
2
3   (* Escrever um programa que leia 10 números dentro de um
        vetor. Após a leitura, o programa deve pedir para ser
4       informado um número e deve dizer se esse número
5       foi lido anteriormente ou não. O programa termina
6       quando for digitado o número 0 (zero). *)
7
8   Program exer_vetor02;
9   Var
10    iIndice, iNumero: integer;
11    aiNumerosLidos: array [1..10] of integer;
12  Begin
13
14    (* leitura dos números *)
15    for iIndice := 1 to 10 do
16    begin
17      write('Entre com um número:');
18      readln(iNumero);
19      aiNumerosLidos[ iIndice ] := iNumero;
```

```
20      end;
21
22      repeat
23      begin
24        write('Entre com um número para a pesquisa:');
25        readln(iNumero);
26
27        (* pesquisa sequencial simples *)
28        for iIndice := 1 to 10 do
29        begin
30          if aiNumerosLidos[ iIndice ] = iNumero then
31          begin
32            writeln('Número encontrado na posição ', iIndice);
33          end;
34        end;
35
36      end;
37      until iNumero = 0;
38
39      writeln('Fim do programa!!!');
40    End.
```

Programa 10.83: Exercício 03

```
1   (* exer_vetor03.pas *)
2
3   (* Escreva um programa que leia dois vetores de 10
        posições e faça a multiplicação dos elementos
4       de mesmo índice, colocando o resultado em um
5       terceiro vetor. Exiba o vetor resultante. *)
6
7   Program exer_vetor03 ;
8   var
9   aiVetor01, aiVetor02, aiVetorMultiplicacao : array
        [1..10] of integer;
10  iIndice : integer;
11  Begin
12
13     (* leitura dos vetores *)
```

```
14
15     writeln('Leitura dos dados para o 1o. vetor');
16     for iIndice := 1 to 10 do
17     begin
18       write('Entre com um valor:');
19       readln(aiVetor01[ iIndice ]);
20     end;
21
22     writeln('Leitura dos dados para o 2o. vetor');
23     for iIndice := 1 to 10 do
24     begin
25       write('Entre com um valor:');
26       readln(aiVetor02[ iIndice ]);
27     end;
28
29     (* multiplicação entre os vetores *)
30     for iIndice := 1 to 10 do
31     begin
32       aiVetorMultiplicacao[ iIndice ] := aiVetor01[ iIndice ] *
33                                          aiVetor02[ iIndice ];
34     end;
35
36     writeln('Resultado:');
37     for iIndice := 1 to 10 do
38     begin
39       writeln(aiVetor01[ iIndice ], ' * ', aiVetor02[ iIndice ],
40                   ' = ', aiVetorMultiplicacao[ iIndice ]);
41     end;
42  End.
```

Programa 10.84: Exercício 04

```
1   (* exer_vetor04.pas *)
2
3   (* Escreva um programa que leia um vetor de 50 posições
4      e o escreva em outro vetor de forma invertida.
5      Isto é, o elemento de índice 1 passara a
```

```
6       ser o 50, 2 à 49, 3 à 48,..,50 à 1 *)
7
8   Program exer_vetor04 ;
9   var
10  aiNormal, aiInvertido: array [1..50] of integer;
11  iNormal, iInvertido : integer;
12  Begin
13
14      (* leitura do vetor *)
15
16      writeln('Leitura dos dados vetor');
17      for iNormal := 1 to 50 do
18      begin
19        write('Entre com um valor:');
20        readln(aiNormal[ iNormal ]);
21      end;
22
23      (* Inversão dos vetores *)
24      iNormal := 1;
25      iInvertido := 50;
26
27      while iNormal <= 50 do
28      begin
29        aiInvertido[iInvertido] := aiNormal[iNormal];
30        iInvertido := iInvertido - 1;
31        iNormal := iNormal + 1;
32      end;
33
34      writeln('Resultado:');
35      for iNormal := 1 to 50 do
36      begin
37        writeln(aiInvertido[ iNormal ] );
38      end;
39
40      writeln('Fim do programa!!');
41  End.
```

Programa 10.85: Exercício 05

```
1    (* exer_vetor05.pas *)
2
3    (* Ler um vetor com 30 letras. Após a leitura, perguntar ao
4       usuário uma letra. Seu programa deve percorrer o vetor e
5       dizer quantas ocorrências daquela letra existe. *)
6
7    Program exer_vetor05;
8    Var
9       iIndice, iQtdOcorrencias: integer;
10      acCaracteresLidos: array [1..30] of char;
11      cCaractere: char;
12   Begin
13
14      (* leitura dos caracteres *)
15      for iIndice := 1 to 30 do
16      begin
17         write('Entre com o caractere:');
18         readln(cCaractere);
19         acCaracteresLidos[ iIndice ] := cCaracter;
20      end;
21
22      write('Entre com o caractere para a pesquisa:');
23      readln(cCaractere);
24
25      iQtdOcorrencias := 0;
26
27      (* pesquisa sequencial simples *)
28      for iIndice := 1 to 30 do
29      begin
30         (* para cada char encontrado, soma-se 1 *)
31         if acCaracteresLidos[ iIndice ] = cCaracter then
32         begin
33            iQtdOcorrencias := iQtdOcorrencias + 1;
34         end;
35      end;
```

```
36
37      writeln('O caractere "', cCaractere, '" foi encontrado ',
38         iQtdOcorrencias, ' vezes!' );
39      writeln('Fim do programa!!!');
40   End.
```

Programa 10.86: Exercício 06

```
1    (* exer_vetor06.pas *)
2
3    (* Dados dois vetores X e Y (lidos do teclado), ambos com N
4       elementos, determinar o produto escalar desses vetores.
5       Dica: considere o tamanho máximo do vetor como 50
6       elementos (0 < N < 50).*)
7
8    Program exer_vetor06;
9    Var
10      arX,arY : array[1..50] of real;
11      iTermosN, iContador : integer;
12      rEscalar : real;
13   Begin
14
15      writeln('Entre com N');
16      readln(iTermosN);
17
18      (* garantir que o valor informado seja válido *)
19      while (iTermosN < 0) and (iTermosN >50) do
20      begin
21         writeln('Entre com N');
22         readln(iTermosN);
23      end;
24
25      (* leitura até o limite informado *)
26      for iContador := 1 to iTermosN do
27      begin
28         write('Entre com o valor ', iContador, ' para X ->');
29         readln(arX[iContador]);
```

```
30       write('Entre com o valor ', iContador, ' para Y ->');
31       readln(arY[iContador]);
32     end;
33
34     (* cálculo do produto escalar *)
35     rEscalar := 0;
36     for iContador := 1 to iTermosN do
37     begin
38       rEscalar := rEscalar +(arX[iContador]*arY[iContador]);
39     end;
40     writeln('O produto escalar é:', rEscalar:0:2);
41
42  End.
```

Programa 10.87: Exercício 07

```
1   (* exer_vetor07.pas *)
2
3   (* Leia 20 valores para um vetor. Depois, dado uma
4      sequência de N números inteiros, determinar um
5      segmento de soma máxima. Exemplo: Na sequência
6      5, 2, -2, -7, 3, 14, 10, -3, 9, -6, 4, 1 a iSoma do
7      segmento é 33. *)
8
9   Program exer_vetor07;
10  Var
11    aiVetor : array [1..20] of integer;
12    iTermosN, iMaior, iInicio, iIndice, iSoma, iPosicao : integer;
13  Begin
14    for iIndice := 1 to 20 do
15    begin
16      write('Entre com um numero ', iIndice, ':');
17      readln(aiVetor[iIndice]);
18    end;
19
20    writeln('Entre com o N da sequencia:');
21    readln(iTermosN);
```

```
22
23     { primeira soma sempre é a maior soma }
24     iSoma := 0;
25     for iIndice := 1 to iTermosN do
26     begin
27        iSoma := iSoma + aiVetor[ iIndice ];
28     end;
29
30     iMaior := iSoma;
31
32     (* procura do inicio até o fim da sequencia
33     informada *)
34     for iIndice := 1 to (20-iTermosN+1) do
35     begin
36        iSoma := 0;
37
38        for iPosicao := iIndice to (iIndice + iTermosN - 1) do
39        begin
40           iSoma := iSoma + aiVetor[ iPosicao ];
41        end;
42
43        if iSoma > iMaior then
44        begin
45           iMaior := iSoma; (* maior soma *)
46           iInicio := iIndice; (* inicio da sequencia de maior soma *)
47        end;
48     end;
49
50     (* mostra a maior soma e a sequencia *)
51     writeln('A sequencia com a soma ', iMaior, ' comeca na posicao ', iInicio);
52     for iIndice := iInicio to (iInicio + iTermosN-1) do
53     begin
54        write(aiVetor[iIndice],',');
55     end;
56
57 End.
```

Programa 10.88: Exercício 08

```
1    (* exer_vetor08.pas *)
2
3    (* Escreva um programa que leia um vetor gabarito
4       de 10 elementos. Cada elemento do vetor contem um
5       numero inteiro 1, 2, 3, 4 ou 5 correspondente as
6       opções corretas de uma prova objetiva. Em seguida o
7       programa deve ler um vetor resposta, também de 10
8       elementos inteiros, contendo as respostas de um
9       aluno. O programa deve comparar os dois vetores e
10      escrever o numero de acertos do aluno. Após ler e
11      conferir o gabarito de um aluno, o programa deve
12      solicitar uma resposta do tipo SIM ou NÃO para
13      continuar o processamento do próximo aluno. *)
14
15   Program exer_vetor08;
16   Var
17      aiGabarito, aiRespostasAluno : array [1..10] of integer;
18      iIndice, iResposta, iQtdAcertos: integer;
19      cContinua : char;
20   Begin
21      (* leitura do gabarito *)
22      writeln('Informe as resposta do gabarito:');
23      for iIndice := 1 to 10 do
24      begin
25        repeat
26        begin
27          writeln('Respostas válidas de 1,2,3,4 ou 5!');
28          write('Entre com a reposta da questão ', iIndice,':');
29          readln(iResposta);
30        end;
31        until (iResposta >= 1) and (iResposta <= 5);
32        aiGabarito[ iIndice ] := iResposta;
33      end;
34
35      (* enquanto tiver alunos para processar *)
36      repeat
```

```
37    begin
38      (* ler as respostas dos alunos *)
39      writeln('Informe as respostas do aluno:');
40      for iIndice := 1 to 10 do
41      begin
42        repeat
43        begin
44          writeln('Respostas válidas de 1,2,3,4 ou 5!');
45          write('Entre com a reposta da questão ', iIndice,':');
46          readln(iResposta);
47        end;
48        until (iResposta >= 1) and (iResposta <= 5);
49        aiRespostasAluno[ iIndice ] := iResposta;
50      end;
51
52      (* verificar a quantidade de acertos *)
53      iQtdAcertos := 0;
54      for iIndice := 1 to 10 do
55      begin
56        if aiGabarito[iIndice] = aiRespostasAluno[iIndice] then
57        begin
58          iQtdAcertos := iQtdAcertos + 1;
59        end;
60      end;
61
62      writeln('O aluno acertou ', iQtdAcertos, ' questões!');
63
64      (* continua para o próximo aluno ?*)
65      repeat
66      begin
67        writeln('Informe S ou N para continuar!');
68        write('Entre com a opção:');
69        readln(cContinua);
70      end;
71      until (cContinua = 'S') or (cContinua = 'N');
72    end;
```

```
73      until cContinua = 'N';
74
75      writeln('Fim do programa!!!');
76   End.
```

Programa 10.89: Exercício 09

```
1    (* exer_vetor09.pas *)
2
3    (* Dadas duas sequências com N números inteiros
4       entre 0 e 9, interpretadas como dois números
5       inteiros de N algarismos, calcular a
6       sequência de números que representa a soma dos dois inteiros.
7       Leia um número para cada posição do vetor e considere um
8       número com no máximo 20 dígitos. *)
9    Program exer_vetor09;
10   Var
11      aiNumero01, aiNumero02 : array [1..20] of integer;
12      aiResposta: array [1..20] of integer;
13      iIndice, iTermosN, iVaiUm, iSomaAlgarismos: integer;
14   Begin
15      (* leitura do N *)
16      repeat
17      begin
18        write('Entre com N (1 <= N <= 20):');
19        readln(iTermosN);
20      end;
21      until (iTermosN >= 1) and (iTermosN <= 20);
22
23      (* leitura do primeiro número *)
24      writeln('Digite a 1a. sequencia:');
25      for iIndice := 2 to iTermosN+1 do
26      begin
27        read(aiNumero01[iIndice]);
28      end;
29
30      (* leitura do segundo número *)
```

```
31      writeln('Digite a 2a. sequencia:');
32      for iIndice := 2 to iTermosN+1 do
33      begin
34        read(aiNumero02[iIndice]);
35      end;
36
37      (* cálculo do novo número *)
38      iVaiUm := 0;
39      for iIndice := iTermosN+1 downto 2 do
40      begin
41
42        iSomaAlgarismos := aiNumero01[iIndice] +
43                           aiNumero02[iIndice] +
44                           iVaiUm;
45
46        aiResposta[iIndice] := iSomaAlgarismos MOD 10;
47        iVaiUm := iSomaAlgarismos DIV 10;
48      end;
49      aiResposta[1] := iVaiUm;
50
51      (* impressao do número calculado *)
52      writeln('A resposta é:');
53      for iIndice := 1 to iTermosN+1 do
54      begin
55        write(aiResposta[iIndice]);
56      end ;
57      writeln('Fim do programa!!!');
58  End.
```

Programa 10.90: Exercício 10

```
1   (* exer_vetor10.pas *)
2
3   (* Faça um programa que leia dois vetores de caracteres,
4      com 10 elementos cada e intercale em um terceiro vetor.
5      Imprima o vetor resultante. *)
6   Program exer_vetor10;
```

```
7   Var
8     acVetorA, acVetorB: array [1..10] of char;
9     acVetorC: array [1..20] of char;
10    iIndice, iI: integer;
11  Begin
12
13    (* leitura da sequência dos caracteres *)
14    for iIndice := 1 to 10 do
15    begin
16      write('Entre o termo ', iIndice, ' para o vetor A:');
17      readln(acVetorA[iIndice]);
18    end;
19
20    for iIndice := 1 to 10 do
21    begin
22      write('Entre o termo ', iIndice, ' para o vetor B:');
23      readln(acVetorB[iIndice]);
24    end;
25
26
27    (* intercalar os elementos *)
28    iI := 1;
29    for iIndice := 1 to 10 do
30    begin
31      acVetorC[ iI ] := acVetorA[ iIndice ];
32      iI := iI + 2;
33    end;
34
35    iI := 2;
36    for iIndice := 1 to 10 do
37    begin
38      acVetorC[ iI ] := acVetorB[ iIndice ];
39      iI := iI + 2;
40    end;
41
42    (* impressão do resultado *)
43    for iIndice := 1 to 20 do
```

```
44    begin
45      writeln('Vetor resultante na posicao ', iIndice,
46      ' contém ', acVetorC[iIndice]);
47    end;
48    writeln('Fim do programa!!!');
49 End.
```

10.10 Exercícios da seção 7.3.1

Programa 10.91: Exercício 01

```
1  (* exer_registro01.pas *)
2
3  (* Defina um registro para controle e emissão de passagens
4     para uma viagem de ônibus. O registro deve conter:
5     - data da viagem;
6     - código da viagem;
7     - origem e destino;
8     - número do assento;
9     - hora de partida;
10    - tempo de viagem;
11    - indicativo se o passageiro é fumante ou não; *)
12
13 Program exer_registro01 ;
14   type
15     Passagem = record
16       sDataViagem: string [8];
17       sOrigem, sDestino: string [20];
18       iCodigoViagem, iNumeroAssento, iTempoViagem: integer;
19       sHoraViagem: string [5];
20       bFumante: boolean;
21     end;
22
23 Begin
24   writeln('Fim do programa');
25 End.
```

10.11 Exercícios da seção 7.4.1

Programa 10.92: Exercício 01

```
1   (* exer_vetor_registro01.pas *)
2
3   (* Em Cafundos do Judas existe uma fazenda chamada PerdeuAsBotas,
4      cujo dono, é o senhor BoiTata. O senhor BoiTata quer
       implantar, em sua fazenda,
5      um sistema para controlar os seus pastores e
6      suas ovelhas. Ele precisa saber do pastor:
7      - Nome do pastor;
8      - Idade do pastor;
9      - Estado civil do pastor (Casado, Solteiro, Divorciado,
          Viúvo);
10     - Nome dos cachorros do pastor, afinal, todo pastor
          que se preze tem pelo
11       menos 1 auxiliar canino podendo chegar a ter até 10
          auxiliares caninos.
12         - Raça do amigo canino;
13         - Idade do amigo canino;
14
15     Um pastor cuida de 1 rebanho de ovelhas. Cada rebanho,
       pode conter até 150
16     ovelhas. Cada ovelha é identificada por:
17         - Código;
18         - Idade;
19         - Peso;
20         - Cor (Branca ou Preta);
21         - Data da última tosquia (retirada da lã);
22
23     Sabendo disso, faça a leitura de todos os dados solicitados
       pelo senhor BoiTata.
24     Lembre-se de validar todos os campos e de registrar a
       quantidade correta:
25     - de pastores que a fazenda possui (considere um máximo
          de 10 pastores);
26     - de amigos caninos de cada pastor;
27     - da quantidade de ovelhas do rebanho. *)
```

```pascal
28
29   Program exer_vetor_registro01;
30
31   Type
32      Caninos = record
33         sNome: string[40];
34         sRaca: string[20];
35         iIdade: integer;
36      end;
37
38      Ovelha = record
39         iCodigo: integer;
40         iIdade: integer;
41         iPeso: integer;
42         cCor: char;
43         sUltimaTosquia: string[8];
44      end;
45
46      Pastor = record
47         sNome: string[40];
48         iIdade: integer;
49         cEstadoCivil: char;
50         iQtdAmigosCaninos: integer;
51         AmigosCaninos: array[1..10] of Caninos;
52         iQtdOvelhas: integer;
53         Ovelhas: array[1..150] of Ovelha;
54      end;
55
56   Var
57      aPastores: array[1..10] of Pastor;
58      iQtdPastor: integer;
59      iP, iC, iO: integer;
60
61   Begin
62      repeat
63         write('Entre com a quantidade de pastores (entre 1 e 10):');
64         readln(iQtdPastor);
```

```
65      until (iQtdPastor >=1) and (iQtdPastor <= 10);
66
67      for iP := 1 to iQtdPastor do
68      begin
69        write('Entre com o nome do pastor ', iP, ':');
70        readln(aPastores[iP].sNome);
71        write('Entre com a idade do pastor ', aPastores[iP].sNome, ':');
72        readln(aPastores[iP].iIdade);
73        repeat
74          writeln('Entre com o estado civil do pastor ', aPastores[iP].sNome);
75          write('[C]asado, [V]iúvo, [D]ivorciado, [S]olteiro:');
76          readln(aPastores[iP].cEstadoCivil);
77        until (aPastores[iP].cEstadoCivil = 'C') or
78              (aPastores[iP].cEstadoCivil = 'S') or
79              (aPastores[iP].cEstadoCivil = 'V') or
80              (aPastores[iP].cEstadoCivil = 'D');
81        repeat
82          write('Entre com a quantidade de amigos caninos do pastor ',
83                  aPastores[iP].sNome, ' (entre 1 e 10):');
84          readln(aPastores[iP].iQtdAmigosCaninos);
85        until (aPastores[iP].iQtdAmigosCaninos >= 1) and
        (aPastores[iP].iQtdAmigosCaninos <= 10);
86
87        for iC := 1 to aPastores[iP].iQtdAmigosCaninos do
88        begin
89          write('Informe o nome do amigo ', iC, ' do pastor ', aPastores[iP].sNome, ':');
90          readln(aPastores[iP].AmigosCaninos[iC].sNome);
91
92          write('Informe a raça do amigo ', aPastores[iP].AmigosCaninos[iC].sNome,
93                  ' do pastor ', aPastores[iP].sNome, ':');
94          readln(aPastores[iP].AmigosCaninos[iC].sRaca);
95
96          write('Informe a idade do amigo ', aPastores[iP].AmigosCaninos[iC].sNome,
```

```
97                          ' do pastor ', aPastores[iP].sNome, ':');
98         readln(aPastores[iP].AmigosCaninos[iC].iIdade);
99       end;
100
101      repeat
102         write('Entre com a quantidade de ovelhas cuidado
         pelo pastor ',
103                     aPastores[iP].sNome, ' (entre 1 e 150):');
104         readln(aPastores[iP].iQtdOvelhas);
105      until (aPastores[iP].iQtdOvelhas >= 1) and
         (aPastores[iP].iQtdOvelhas <= 150);
106
107      for iO := 1 to aPastores[iP].iQtdOvelhas do
108      begin
109         write('Entre com o código da ovelha ', iO, ':');
110         readln(aPastores[iP].Ovelhas[iO].iCodigo);
111
112         write('Entre com a idade da ovelha de código ',
113                  aPastores[iP].Ovelhas[iO].iCodigo, ':');
114         readln(aPastores[iP].Ovelhas[iO].iIdade);
115
116         write('Entre com o peso da ovelha de código ',
117                 aPastores[iP].Ovelhas[iO].iCodigo, ':');
118         readln(aPastores[iP].Ovelhas[iO].iPeso);
119
120         repeat
121            writeln('Entre com a cor da ovelha de código ',
122                    aPastores[iP].Ovelhas[iO].iCodigo);
123            write('[P]reta, [B]ranca:');
124            readln(aPastores[iP].Ovelhas[iO].cCor);
125         until (aPastores[iP].Ovelhas[iO].cCor = 'B') or
            (aPastores[iP].Ovelhas[iO].cCor = 'P');
126
127         write('Entre com a data da última tosquia da ovelha
         de código ',
128                  aPastores[iP].Ovelhas[iO].iCodigo, ':');
129         readln(aPastores[iP].Ovelhas[iO].sUltimaTosquia);
```

```
130       end;
131    end;
132
133    writeln('Atenção para os dados digitados!');
134    for iP := 1 to iQtdPastor do
135    begin
136       writeln('Nome do pastor ', iP:2, ' :',
       aPastores[iP].sNome);
137       writeln('Idade do pastor : ', aPastores[iP].iIdade);
138       writeln('Estado civil do pastor :', aPastores[iP].
       cEstadoCivil );
139       writeln('Quantidade de amigos caninos do pastor: ',
140                aPastores[iP].iQtdAmigosCaninos);
141
142       for iC := 1 to aPastores[iP].iQtdAmigosCaninos do
143       begin
144          writeln(' Nome do amigo :', aPastores[iP].
       AmigosCaninos[iC].sNome);
145          writeln(' Raça do amigo :', aPastores[iP].
       AmigosCaninos[iC].sRaca);
146          writeln(' Idade do amigo:', aPastores[iP].
       AmigosCaninos[iC].iIdade);
147       end;
148
149       writeln('Quantidade de ovelhas cuidado pelo pastor:',
       aPastores[iP].iQtdOvelhas);
150
151       for iO := 1 to aPastores[iP].iQtdOvelhas do
152       begin
153          writeln(' Código da ovelha :', aPastores[iP].
       Ovelhas[iO].iCodigo);
154          writeln(' Idade da ovelha :', aPastores[iP].
       Ovelhas[iO].iIdade);
```

```
155         writeln(' Peso da ovelha :', aPastores[iP].
    Ovelhas[iO].iPeso);
156         writeln(' Cor da ovelha :', aPastores[iP].
    Ovelhas[iO].cCor);
157         writeln(' Data da última tosquia:', aPastores[iP].
    Ovelhas[iO].sUltimaTosquia);
158       end;
159     end;
160 End.
```

Programa 10.93: Exercício 02

```
1   (* exer_vetor_registro02.pas *)
2
3   (* Considere uma turma com no máximo 50 alunos. Faça um programa que
4      leia a quantidade de alunos de uma turma. Para cada
       aluno, o programa deverá ler o nome do aluno,
5      matrícula, 4 notas, calcular a média e informar se o aluno
6      está aprovado (A), em final (F), ou reprovado (R).
7      Siga os seguintes passos:
8      - Leia a quantidade de alunos;
9      - Leia os dados para todos os alunos;
10     - Calcule a média;
11     - Informe a situação de cada aluno.
12
13     O aluno estará aprovado se sua média for igual ou
14     superior a 7; em final se sua a sua for igual ou superior
15     a 4 e inferior a 7; reprovado se a média for inferior a 4. *)
16
17  Program exer_vetor_registro02;
18
19  Type
20     Aluno = record
21        sNome: string[40];
22        iMatricula: integer;
23        aNotas: array [1..4] of real;
24        rMedia: real;
```

```
25       cSituacao: char;
26     end;
27
28  Var
29     aAlunos : array [1..50] of Aluno;
30     iNota, iAluno, iQtdAlunos:integer;
31     rSoma: real;
32  Begin
33     repeat
34       write('Entre com a quantidade de alunos (entre 1 e 50):');
35         readln(iQtdAlunos);
36     until (iQtdAlunos >=1) and (iQtdAlunos <= 10);
37
38     (* leitura dos dados *)
39     for iAluno := 1 to iQtdAlunos do
40     begin
41       write('Entre com o nome do aluno ', iAluno, ':');
42         readln(aAlunos[iAluno].sNome);
43       write('Entre com a matrícula:');
44         readln(aAlunos[iAluno].iMatricula);
45       for iNota := 01 to 04 do
46       begin
47          repeat
48          begin
49            write('Entre com a ', iNota, ' nota do aluno (entre 0 e 10):');
50            readln(aAlunos[iAluno].aNotas[iNota]);
51          end;
52          until (aAlunos[iAluno].aNotas[iNota] >= 0) and (aAlunos[iAluno].aNotas[iNota] <= 10)
53       end;
54     end;
55
56     (* cálculo da média e verificação da situação *)
57     for iAluno := 1 to iQtdAlunos do
58     begin
59       rSoma := 0;
```

```pascal
60       for iNota := 01 to 04 do
61       begin
62         rSoma := rSoma + aAlunos[iAluno].aNotas[iNota];
63       end;
64       aAlunos[iAluno].rMedia := rSoma/4;
65
66       if aAlunos[iAluno].rMedia >= 7 then
67       begin
68         aAlunos[iAluno].cSituacao := 'A';
69       end
70       else
71       begin
72         if aAlunos[iAluno].rMedia >= 4 then
73         begin
74           aAlunos[iAluno].cSituacao := 'F';
75         end
76         else
77         begin
78           aAlunos[iAluno].cSituacao := 'R';
79         end;
80       end;
81     end;
82
83     (* impressão do relatório *)
84     for iAluno := 1 to iQtdAlunos do
85     begin
86       writeln('Aluno:', aAlunos[iAluno].sNome);
87       writeln('Matricula:', aAlunos[iAluno].iMatricula );
88       writeln('Média:', aAlunos[iAluno].rMedia:0:2);
89       case aAlunos[iAluno].cSituacao of
90            'A': writeln('Situação: Aprovado.');
91            'F': writeln('Situação: Final.');
92            'R': writeln('Situação: Reprovado.');
93       end;
94       writeln;
95     end;
96  End.
```

Programa 10.94: Exercício 03 à 09

```
1    (* exer_vetor_registro03_a_09.pas *)
2
3    (* Faça um programa que mostre e valide as opções de um
        menu de cadastro.
4    Definição: Faça um programa que leia nome, data de
5    nascimento, e-mail, telefone para um cadastro de agenda.
6    Considere no máximo 50 entradas para a sua agenda.
7    Inclusão: Utilizando a definição de registro do exercício
     anterior, faça o programa de inclusão de agendas
8    e permita o acesso pelo menu.
9    Consulta: Altere o programa anterior para possibilizar
     a consulta.
10   O acesso a consulta deve ser realizada pela opção
     específica do menu.
11   A consulta deve ser realizada pelo nome do contato.
12   Caso seja digitado 'João', o programa deverá verificar
13   e mostrar todos os contatos que começam com o nome
     'João'.
14   Alteração: Altere o programa anterior para possibilitar
15   a alteração dos registros já digitados.
16   Exclusão: Altere o programa anterior para permitir a
17   retirada de um registro.
18   Relatório geral: Altere o programa anterior para que
19   impresso toda a relação de contatos digitados. *)
20
21   Program exer_vetor_registro03_a_09;
22
23   Type
24      Contato = record
25         sNome: string[40];
26         sData: string[10]; (*10/10/2000*)
27         sEmail: string[60];
28         sTelefone: string[12]; (* 11-1234-1234 *)
29      end;
30
31   Var
```

```pascal
32      aAgenda : array [1..50] of Contato;
33      iQtdContatos, iContato, iPosicao:integer;
34      iOpcao : integer;
35      cContinua : char;
36      sNomePesquisa: string[40];
37    Begin
38      iOpcao := 0;
39      iQtdContatos := 0;
40      while iOpcao <> 9 do
41      begin
42        writeln('==============');
43        writeln('+ 1. Inclusão');
44        writeln('+ 2. Alteração');
45        writeln('+ 3. Exclusão');
46        writeln('+ 4. Consulta');
47        writeln('+ 5. Relatório geral');
48        writeln('+ ');
49        writeln('+ 9 Sair');
50        writeln('==============');
51        write('Opcao ->');
52        readln(iOpcao);
53        case iOpcao of
54
55          1: begin (* inclusão *)
56              repeat
57              begin
58                iQtdContatos := iQtdContatos + 1;
59                writeln('=================================');
60                writeln(' + Inclusão na Agenda');
61                write(' + Entre com o seu nome:');
62                readln( aAgenda[iQtdContatos].sNome);
63                write(' + Entre com sua data de nascimento:');
64                readln( aAgenda[iQtdContatos].sData);
65                write(' + Entre com seu e-mail:');
66                readln( aAgenda[iQtdContatos].sEmail);
67                write(' + Entre com seu telefone:');
68                readln( aAgenda[iQtdContatos].sTelefone);
```

```
69                    writeln('================================');
70                    write('+ Incluir mais um contato na agenda ? (S/N).');
71                    readln(cContinua);
72                 end;
73              until (cContinua = 'N') or (cContinua = 'n');
74          end;
75
76          2: begin (* alteração *)
77                writeln('================================');
78                writeln(' + Alteracao na Agenda');
79                write(' + Entre com as iniciais do nome:');
80                readln( sNomePesquisa);
81                for iContato := 1 to iQtdContatos do
82                begin
83                   (* se o início do nome cadastrado igual as iniciais *)
84                   if SubStr(aAgenda[iContato].sNome,1,
     Length(sNomePesquisa))
85                      = sNomePesquisa then
86                   begin
87                      writeln('Nome:', aAgenda[iContato].sNome);
88                      writeln('Data:', aAgenda[iContato].sData);
89                     writeln('Email:', aAgenda[iContato].sEmail);
90                     writeln('Telefone:', aAgenda[iContato].
     sTelefone);
91                     writeln;
92                     repeat
93                     begin
94                        writeln('===========================');
95                        write('+ Alterar este contato ? (S/N).');
96                        readln(cContinua);
97                     end;
98                     until (cContinua = 'N') or (cContinua = 'n') or
99                           (cContinua = 'S') or (cContinua = 's');
100
101                    if (cContinua = 'S') or (cContinua = 's') then
102                    begin
103                       write(' + Entre com o seu nome:');
```

```
104         readln( aAgenda[iContato].sNome);
105         write(' + Entre com sua data de nascimento:');
106         readln( aAgenda[iContato].sData);
107         write(' + Entre com seu e-mail:');
108         readln( aAgenda[iContato].sEmail);
109         write(' + Entre com seu telefone:');
110         readln( aAgenda[iContato].sTelefone);
111       end;
112      end;
113     end;
114    end;
115
116    3: begin (* Exclusão *)
117         writeln('=================================');
118         writeln(' + Exclusão na Agenda');
119         write(' + Entre com as iniciais do nome:');
120         readln( sNomePesquisa);
121         iContato := 1;
122         while iContato <= iQtdContatos do
123         begin
124           (* se o início do nome cadastrado igual as iniciais *)
125           if SubStr(aAgenda[iContato].sNome,1, Length(sNomePesquisa)) = sNomePesquisa then
126
127            begin
128              writeln('Nome:', aAgenda[iContato].sNome);
129              writeln('Data:', aAgenda[iContato].sData);
130              writeln('Email:', aAgenda[iContato].sEmail);
131              writeln('Telefone:', aAgenda[iContato].sTelefone);
132              writeln;
133              repeat
134              begin
135                writeln('=============================');
136                write('+ Excluir este contato ? (S/N).');
137                readln(cContinua);
```

```
138                    end;
139                 until (cContinua = 'N') or (cContinua =
    'n') or (cContinua = 'S') or (cContinua = 's');
140
141
142                 if (cContinua = 'S') or (cContinua = 's') then
143                 begin
144                   (* puxar do final para o inicio *)
145
146                   for iPosicao := iContato to iQtdContatos-1 do
147                   begin
148                     aAgenda[iPosicao] :=
    aAgenda[iPosicao+1];
149                   end;
150                   (* exclusão sempre ao final *)
151                   iQtdContatos := iQtdContatos - 1;
152                 end;
153               end;
154               iContato := iContato + 1;
155             end;
156         end;
157
158         4: begin (* consulta *)
159             writeln('================================');
160             writeln(' + Consulta na Agenda');
161             write(' + Entre com as iniciais do
    nome:');
162             readln( sNomePesquisa);
163             for iContato := 1 to iQtdContatos do
164             begin
165               (* se o início do nome cadastrado igual
    as iniciais *)
166               if SubStr(aAgenda[iContato].sNome,1,
    Length(sNomePesquisa))
167                  = sNomePesquisa then
```

```
168                     begin
169                         writeln('Nome:', aAgenda[iContato].sNome);
170                         writeln('Data:', aAgenda[iContato].sData);
171                         writeln('Email:', aAgenda[iContato].sEmail);
172                         writeln('Telefone:', aAgenda[iContato].sTelefone);
173                         writeln;
174                     end;
175                 end
176             end;
177
178             5: begin (* relatório geral *)
179                 writeln('Relatório geral');
180                 for iContato := 1 to iQtdContatos do
181                 begin
182                     writeln('Nome:', aAgenda[iContato].sNome);
183                     writeln('Data:', aAgenda[iContato].sData);
184                     writeln('Email:', aAgenda[iContato].sEmail);
185                     writeln('Telefone:', aAgenda[iContato].sTelefone);
186                     writeln;
187                 end
188             end;
189             9: writeln('Sair');
190             else
191                 writeln('Opção inválida:');
192         end;
193     end;
194
195 End.
```

10.12 Exercícios da seção 7.5.3

Programa 10.95: Exercício 01

```
1     (* exer_matriz01.pas *)
2
3     (* Faça um programa que mostre na tela letras grandes. Cada
          letra é formada por uma matriz 8x8, com algum caractere
4         nas posições adequadas de forma a compor o desenho
5         de cada letra (cada caractere é como se fosse um pixel). *)
6
7     Program exer_matriz01 ;
8       var
9
10      aMatriz : array [1..8,1..8] of char;
11      iI, iJ: integer;
12
13    Begin
14      (* zerando a matriz *)
15      for iI := 1 to 8 do
16      begin
17        for iJ := 1 to 8 do
18        begin
19          aMatriz[iI,iJ] := '.';
20        end;
21      end;
22
23      (* desenhando a letra A*)
24      aMatriz[1,4]:='*';
25      aMatriz[2,3]:='*';
26      aMatriz[2,5]:='*';
27      aMatriz[3,3]:='*';
28      aMatriz[3,5]:='*';
29      aMatriz[4,2]:='*';
30      aMatriz[4,6]:='*';
31      aMatriz[5,2]:='*';
32      aMatriz[5,3]:='*';
33      aMatriz[5,4]:='*';
```

```
34      aMatriz[5,5]:='*';
35      aMatriz[5,6]:='*';
36      aMatriz[6,1]:='*';
37      aMatriz[6,7]:='*';
38      aMatriz[7,1]:='*';
39      aMatriz[7,7]:='*';
40      aMatriz[8,1]:='*';
41      aMatriz[8,7]:='*';
42
43
44      for iI := 1 to 8 do
45      begin
46        for iJ := 1 to 8 do
47        begin
48          if aMatriz[iI,iJ] = '.' then
49          begin
50            write(' ');
51          end
52          else
53          begin
54            write('*');
55          end;
56        end;
57        writeln;
58      end;
59   End.
```

Programa 10.96: Exercício 02

```
1   (* exer_matriz02.pas *)
2
3   (* Em uma confecção são produzidos três modelos
4      de calças: A, B e C. Sendo usado dois tipos de
5      botões G (grande) e M (médio). O número de botões usado
6      por modelo de calça é dado pela seguinte tabela:
7
8              Calça A  Calça B  Calça C
```

```
9          Botões P 6 4 2
10         Botões G 4 3 2
11
12         O número de calças produzidas nos meses de novembro
13         e dezembro é fornecido pela tabela a seguir:
14                   Novembro Dezembro
15         Calça A 60 100
16         Calça B 8090
17         Calça C 70 120
18
19         De acordo com os dados fornecidos, faça um programa que
20         calcule a quantidade de botões gastos nos meses referidos.
21     *)
22     Program exer_matriz02;
23     Var
24         aCalcas : array [1..2,1..3] of integer;
25         aProducao : array[1..3,1..2] of integer;
26         aBotoesUsados : array[1..2, 1..2] of integer;
27         iI, iJ, iK, iSoma: integer;
28     Begin
29
30         (* botoes por calcas *)
31         aCalcas[1,1] := 6;
32         aCalcas[1,2] := 4;
33         aCalcas[1,3] := 2;
34         aCalcas[2,1] := 4;
35         aCalcas[2,2] := 3;
36         aCalcas[2,3] := 2;
37
38         (* producao *)
39         aProducao[1,1] := 60;
40         aProducao[2,1] := 80;
41         aProducao[3,1] := 70;
42         aProducao[1,2] := 100;
43         aProducao[2,2] := 90;
44         aProducao[3,2] := 120;
45
```

```
46      (* calcular a multiplicação de A x B *)
47      for iI := 1 to 2 do
48      begin
49        for iJ := 1 to 2 do
50        begin
51          iSoma := 0;
52          for iK := 1 to 3 do
53          begin
54            iSoma := iSoma + (aCalcas[iI,iK] * aProducao[iK,
     iJ] );
55          end;
56          aBotoesUsados[iI,iJ] := iSoma;
57        end;
58      end;
59
60      writeln('Resultado da producao:');
61      for iI := 1 to 2 do
62      begin
63        for iJ := 1 to 2 do
64        begin
65          write( aBotoesUsados[iI, iJ]:5, ' ' );
66        end;
67        writeln;
68      end;
69   end.
```

Programa 10.97: Exercício 03

```
1    (* exer_matriz03.pas *)
2
3    (* Dadas duas matrizes numéricas A e B de dimensão 4 x 3,
4       fazer um programa que gere uma matriz lógica C,
5       tal que o elemento C[i][j] seja verdadeiro se os
6       elementos nas posições respectivas das matrizes A e B
7       forem iguais, e falso caso contrário. Exibir
8       as matrizes A, B e C. *)
9
10   Program exer_matriz03 ;
```

```
11   var
12
13   aA, aB : array [1..4,1..3] of integer;
14   aC: array [1..4,1..3] of boolean;
15   iI, iJ: integer;
16   Begin
17     (* lendo a matriz A *)
18     for iI := 1 to 4 do
19     begin
20       for iJ := 1 to 3 do
21       begin
22         write('Entre com um numero para A[', iI,',',
     iJ,']:');
23         readln(aA[iI][iJ]);
24       end;
25     end;
26
27     (* lendo a matriz B *)
28     for iI := 1 to 4 do
29     begin
30       for iJ := 1 to 3 do
31       begin
32         write('Entre com um numero para B[', iI,',',
     iJ,']:');
33         readln(aB[iI][iJ]);
34       end;
35     end;
36
37     (* calculando C *)
38     for iI := 1 to 4 do
39     begin
40       for iJ := 1 to 3 do
41       begin
42         aC[iI][iJ] := aA[iI][iJ] = aB[iI][iJ];
43       end;
44     end;
```

```
45
46      (* imprimindo as matrizes *)
47      for iI := 1 to 4 do
48      begin
49        for iJ := 1 to 3 do
50        begin
51          write('A[', iI, ',', iJ,']=', aA[iI][iJ]);
52          write(' B[', iI, ',', iJ,']=', aB[iI][iJ]);
53          write(' C[', iI, ',', iJ,']=', aC[iI][iJ]);
54          writeln;
55        end;
56      end;
57  End.
```

Programa 10.98: Exercício 04

```
1   (* exer_matriz04.pas *)
2
3   (*
4     Elaborar um programa que leia uma matriz M[6,6] e
5     um valor A e multiplica a matriz M pelo valor A
6     e coloca os valores da matriz multiplicados por A em
7     um vetor de V[36] e escreve no final o vetor V.
8   *)
9
10  Program exer_matriz04 ;
11    var
12
13    aMNumeros: array [1..6,1..6] of integer;
14    aVNumeros: array [1..36] of integer;
15    iI,iJ,iA,iK:integer;
16  Begin
17    (* lendo a matriz *)
18    for iI := 1 to 6 do
19    begin
20      for iJ := 1 to 6 do
21      begin
```

```
22          (* carga automática *)
23          aMNumeros[iI,iJ] := random(100);
24        end;
25      end;
26      write('Entre com o valor de A:');
27      readln(iA);
28
29      (* verificando multiplicando *)
30      iK := 1;
31      for iI := 1 to 6 do
32      begin
33        for iJ := 1 to 6 do
34        begin
35          aVNumeros[iK] := aMNumeros[iI,iJ] * iA;
36          iK := iK +1;
37        end;
38      end;
39
40      (* impressao do resultados *)
41      for iK := 1 to 36 do
42      begin
43        writeln( 'Numero[',iK,']=',aVNumeros[iK]);
44      end;
45
46    End.
```

Programa 10.99: Exercício 05

```
1   (* exer_matriz05.pas *)
2
3   (* Escrever um programa que leia uma matriz A[15,5] e
4      a escreva. Verifique, a seguir, quais os elementos de A que
5      estão repetidos e quantas vezes cada um está
6      repetido. Escrever cada elemento repetido com uma mensagem
7      dizendo que o elemento aparece X vezes em A.
8   *)
9
```

```pascal
10   Program exer_matriz05;
11    var
12
13    aNumeros, aRepetidos : array [1..15,1..5] of integer;
14    iI,iJ, iK,iW,iNumero:integer;
15    Begin
16      (* lendo a matriz *)
17      for iI := 1 to 15 do
18      begin
19        for iJ := 1 to 5 do
20        begin
21          (* carga automática *)
22          aNumeros[iI,iJ] := random(100);
23          aRepetidos[iI,iJ] := 0;
24        end;
25      end;
26
27      (* verificando repeticao *)
28      for iI := 1 to 15 do
29      begin
30        for iJ := 1 to 5 do
31        begin
32          iNumero := aNumeros[iI,iJ];
33          (* verificando quantas vezes o número
34          se repete *)
35          for iK := 1 to 15 do
36          begin
37            for iW := 1 to 5 do
38            begin
39              if aNumeros[iK,iW] = iNumero then
40              begin
41                aRepetidos[iI,iJ] := aRepetidos[iI,iJ] + 1;
42              end;
43            end;
44          end;
```

```
45        end;
46      end;
47
48      (* impressao do resultados *)
49      for iI := 1 to 15 do
50      begin
51        for iJ := 1 to 5 do
52        begin
53          writeln( 'Numero[',iI,',',iJ,']=',aNumeros[iI,iJ],
54            ' repetiu-se ', aRepetidos[iI,iJ], ' vezes!');
55        end;
56      end;
57
58   End.
```

Programa 10.100: Exercício 06

```
1    (* exer_matriz06.pas *)
2
3    (* Escrever um programa que lê uma matriz M[10,10] e a
        escreve.
4       A seguir, troque a diagonal principal com a diagonal
        secundária.
5       Apresente a matriz modificada.
6    *)
7
8    Program exer_matriz06;
9      var
10
11     aiMatriz : array [1..10,1..10] of integer;
12     iI,iJ,iK, iAuxiliar: integer;
13   Begin
14     (* lendo a matriz *)
15     for iI := 1 to 10 do
16     begin
17       for iJ := 1 to 10 do
18       begin
```

```
19            (* carga automática *)
20            aiMatriz[iI,iJ] := random(100);
21          end;
22        end;
23
24        (* impressao da matriz original *)
25        writeln('Matriz original');
26        for iI := 1 to 10 do
27        begin
28          for iJ := 1 to 10 do
29          begin
30            write(aiMatriz[iI][iJ]:3,' ');
31          end;
32          writeln;
33        end;
34
35        (* processo de troca *)
36        iK := 10;
37        iJ := 1;
38        for iI := 1 to 10 do
39        begin
40          iAuxiliar := aiMatriz[iI][iK];
41          aiMatriz[iI][iK] := aiMatriz[iI][iJ];
42          aiMatriz[iI][iJ] := iAuxiliar;
43          iK := iK - 1;
44          iJ := iJ + 1;
45        end;
46
47        (* impressao da matriz alterada *)
48        writeln('Matriz alterada');
49        for iI := 1 to 10 do
50        begin
51          for iJ := 1 to 10 do
52          begin
53            write(aiMatriz[iI][iJ]:3,' ');
54          end;
55          writeln;
```

```
56      end;
57
58      writeln('Fim do programa!');
59    End.
```

Programa 10.101: Exercício 07

```
1   (* exer_matriz07.pas *)
2
3   (* Na teoria dos sistemas, define-se como elemento
4      minimax de uma matriz o menor elemento da linha onde
5      se encontra o maior elemento da matriz. Escreva um
6      algoritmo que leia uma matriz 10 x 10 de números e
7      encontre seu elemento minimax, mostrando também sua
       posição.
8   *)
9
10  Program exer_matriz07 ;
11    var
12
13    aiMatriz : array [1..10,1..10] of integer;
14    iI, iJ, iPi, iPj, iMaior, iMenor: integer;
15    Begin
16       (* lendo a matriz *)
17       for iI := 1 to 10 do
18       begin
19         for iJ := 1 to 10 do
20         begin
21            (* carga automática *)
22            aiMatriz[iI,iJ] := random(100);
23         end;
24       end;
25
26       (* impressao da matriz original *)
27       writeln('Matriz lida');
28       for iI := 1 to 10 do
29       begin
30         for iJ := 1 to 10 do
31         begin
```

```
32        write(aiMatriz[iI][iJ]:3,' ');
33      end;
34      writeln;
35    end;
36
37    (* procurando o maior elemento *)
38    iMaior := aiMatriz[1][1];
39    iPi := 1;
40    for iI := 1 to 10 do
41    begin
42      for iJ := 1 to 10 do
43      begin
44        if aiMatriz[iI][iJ] > iMaior then
45        begin
46          iMaior := aiMatriz[iI][iJ];
47          iPi := iI;
48        end;
49      end;
50    end;
51
52    (* procurando o menor item na linha
53    com maior item *)
54    iMenor := aiMatriz[iPi][1];
55    iPj := 1;
56    for iJ := 1 to 10 do
57    begin
58      if aiMatriz[iPi][iJ] < iMenor then
59      begin
60        write('oi');
61        iMenor := aiMatriz[iPi][iJ];
62        iPj := iJ;
63      end;
64    end;
65
66    writeln('maior elemento ', iMaior);
67    writeln('minimax = ', aiMatriz[iPi][iPj]);
68    writeln('I = ', iPi, ' e J = ', iPj);
```

```
69    writeln('Fim do programa!');
70    End.
```

Programa 10.102: Exercício 08

```
1    (* exer_matriz08.pas *)
2
3    (* Escrever um programa que leia uma matriz M[5,5] e crie
4       2 vetores SL[5] e SC[5] que contenham, respectivamente,
5       as somas das linhas e das colunas de M.
6       Escrever a matriz e os vetores criados. *)
7    Program exer_matriz08 ;
8    var
9
10   aiMatriz : array [1..5,1..5] of integer;
11   aiSL, aiSC : array [1..5] of integer;
12   iI, iJ, iSL, iSC: integer;
13   Begin
14     (* zerando os vetores *)
15     for iI := 1 to 5 do
16     begin
17       aiSL[iI] := 0;
18       aiSC[iI] := 0;
19     end;
20     (* lendo a matriz *)
21     for iI := 1 to 5 do
22     begin
23       for iJ := 1 to 5 do
24       begin
25         (* carga automática *)
26         aiMatriz[iI,iJ] := random(100);
27       end;
28     end;
29
30     (* impressao da matriz original *)
31     writeln('Matriz lida');
32     for iI := 1 to 5 do
33     begin
```

```
34        for iJ := 1 to 5 do
35        begin
36           write(aiMatriz[iI][iJ]:3,' ');
37        end;
38        writeln;
39     end;
40
41     (* soma das linhas *)
42     iSL := 1;
43     for iI := 1 to 5 do
44     begin
45        for iJ := 1 to 5 do
46        begin
47           aiSL[iSL] := aiSL[iSL] + aiMatriz[iI][iJ];
48        end;
49        iSL := iSL + 1;
50     end;
51
52     (* soma das colunas *)
53     iSC := 1;
54     for iJ := 1 to 5 do
55     begin
56        for iI := 1 to 5 do
57        begin
58           aiSC[iSC] := aiSC[iSC] + aiMatriz[iI][iJ];
59        end;
60        iSC := iSC + 1;
61     end;
62
63     writeln('Somatório das linhas:');
64     for iSL := 1 to 5 do
65     begin
66        writeln('Linha ', iSL , ' = ' , aiSL[iSL]:3);
67     end;
68     writeln('Somatório das colunas:');
69     for iSC := 1 to 5 do
70     begin
```

```
71            writeln('Coluna ', iSC , ' = ' , aiSC[iSC]:3);
72        end;
73
74        writeln('Fim do programa!');
75    End.
```

Programa 10.103: Exercício 09

```
1    (* exer_matriz09.pas *)
2
3    (* Faça um programa leia uma matriz A 7x7 de números e
4       crie 2 vetores ML[7] e MC[7], que contenham,
5       respectivamente, o maior elemento de
6       cada uma das linhas e o menor elemento de cada uma das
     colunas.
7       Escrever a matriz A e os vetores ML e MC. *)
8    Program exer_matriz09 ;
9      var
10
11     aiMatriz : array [1..7,1..7] of integer;
12     aiML, aiMC : array [1..7] of integer;
13     iI, iJ, iK, iMenor, iMaior: integer;
14   Begin
15
16       (* lendo a matriz *)
17       for iI := 1 to 7 do
18       begin
19         for iJ := 1 to 7 do
20         begin
21           (* carga automática *)
22           aiMatriz[iI,iJ] := random(100);
23         end;
24       end;
25
26       (* impressao da matriz original *)
27       writeln('Matriz lida');
28       for iI := 1 to 7 do
29       begin
```

```pascal
30        for iJ := 1 to 7 do
31        begin
32          write(aiMatriz[iI][iJ]:3,' ');
33        end;
34        writeln;
35      end;
36
37      (* procurando maior elemento de cada linha *)
38      iK := 1;
39      for iI := 1 to 7 do
40      begin
41        iMaior := aiMatriz[iI,1];
42        for iJ := 1 to 7 do
43        begin
44          if aiMatriz[iI,iJ] > iMaior then
45          begin
46            iMaior := aiMatriz[iI,iJ];
47          end;
48        end;
49        aiML[iK] := iMaior;
50        iK := iK + 1;
51      end;
52
53      (* procurando menor elemento de cada coluna *)
54      iK := 1;
55      for iJ := 1 to 7 do
56      begin
57        iMenor := aiMatriz[1,iJ];
58        for iI := 1 to 7 do
59        begin
60          if aiMatriz[iI,iJ] < iMenor then
61          begin
62            iMenor := aiMatriz[iI,iJ];
63          end;
64        end;
65        aiMC[iK] := iMenor;
66        iK := iK + 1;
```

```
67        end;
68
69        writeln('Maior de cada linha:');
70        for iK := 1 to 7 do
71        begin
72          writeln('Linha ', iK , ' = ' , aiML[iK]:3);
73        end;
74        writeln('Menor de cada coluna:');
75        for iK := 1 to 7 do
76        begin
77          writeln('Coluna ', iK , ' = ' , aiMC[iK]:3);
78        end;
79
80        writeln('Fim do programa!');
81      End.
```

Programa 10.104: Exercício 10

```
1   (* exer_matriz10.pas *)
2
3   (* Faça um programa que gere a seguinte matriz:
4   1 3 3 3 3 2
5   3 1 3 3 2 3
6   3 3 1 2 3 3
7   3 3 2 1 3 3
8   3 2 3 3 1 3
9   2 3 3 3 3 1
10  *)
11  Program exer_matriz10 ;
12    var
13
14    aiMatriz : array [1..6,1..6] of integer;
15    iI, iJ: integer;
16  Begin
17
18      (* gerando o número 3 em toda a matriz *)
19      for iI := 1 to 6 do
20      begin
```

```
21        for iJ := 1 to 6 do
22        begin
23           aiMatriz[iI,iJ] := 3;
24        end;
25     end;
26
27     (* gerando o número 1 na diagonal principal *)
28     for iI := 1 to 6 do
29     begin
30        aiMatriz[iI,iI] := 1;
31     end;
32
33     (* gerando o número 1 na diagonal secundária *)
34     iJ := 6;
35     for iI := 1 to 6 do
36     begin
37        aiMatriz[iI,iJ] := 2;
38        iJ := iJ - 1;
39     end;
40
41
42     (* impressao da matriz original *)
43     writeln('Matriz gerada');
44     for iI := 1 to 6 do
45     begin
46        for iJ := 1 to 6 do
47        begin
48           write(aiMatriz[iI][iJ]:3,' ');
49        end;
50        writeln;
51     end;
52     writeln('Fim do programa!');
53  End.
```

Programa 10.105: Exercício 11

```
1   (* exer_matriz11.pas *)
2
```

```
3    (* Faça um programa que gere a seguinte matriz:
4    1 1 1 1 1 1
5    1 2 2 2 2 1
6    1 2 3 3 2 1
7    1 2 3 3 2 1
8    1 2 2 2 2 1
9    1 1 1 1 1 1
10   *)
11   Program exer_matriz11 ;
12     var
13
14     aiMatriz : array [1..6,1..6] of integer;
15     iI, iJ: integer;
16   Begin
17
18       (* gerando o número 1 em toda a matriz *)
19       for iI := 1 to 6 do
20       begin
21         for iJ := 1 to 6 do
22         begin
23           aiMatriz[iI,iJ] := 1;
24         end;
25       end;
26
27       (* gerando o número 2 *)
28       for iI := 2 to 5 do
29       begin
30         for iJ := 2 to 5 do
31         begin
32           aiMatriz[iI,iJ] := 2;
33         end;
34       end;
35
36       (* gerando o número 3 *)
37       for iI := 3 to 4 do
38       begin
39         for iJ := 3 to 4 do
```

```
40        begin
41           aiMatriz[iI,iJ] := 3;
42        end;
43     end;
44
45     (* impressao da matriz original *)
46     writeln('Matriz gerada');
47     for iI := 1 to 6 do
48     begin
49        for iJ := 1 to 6 do
50        begin
51           write(aiMatriz[iI][iJ]:3,' ');
52        end;
53        writeln;
54     end;
55     writeln('Fim do programa!');
56  End.
```

10.13 Exercícios da seção 8.2.5

Programa 10.106: Exercício 01

```
1   (* exer_procedure01.pas *)
2
3   (* Implementar uma instrução que receba os coeficientes a,
4      b e c de uma equação do segundo grau e retorna suas raízes.
5   *)
6   Program exer_procedure01 ;
7
8      procedure Coeficiente( rA, rB, rC: real; var rX1, rX2:
    real);
9      var
10        rDelta: real;
11     begin
12        rDelta := sqr(rB) - ( 4*rA*rC);
13        if rDelta < 0 then (* não existe raiz quadrada de
    número negativo *)
14        begin
```

```
15            writeln('Delta negativo');
16        end
17        else
18        begin
19            rX1 := (-rB + sqrt(rDelta))/(2*rA);
20            rX2 := (-rB - sqrt(rDelta))/(2*rA);
21        end;
22    end;
23
24  var
25      rA, rB, rC, rX1, rX2: real;
26  Begin
27      write('Entre com o coeficiente A:');
28      readln(rA);
29
30      write('Entre com o coeficiente B:');
31      readln(rB);
32      write('Entre com o coeficiente C:');
33      readln(rC);
34
35      Coeficiente( rA, rB, rC, rX1, rX2);
36
37      writeln('Raiz 1:', rX1:0:3);
38      writeln('Raiz 2:', rX2:0:3);
39
40      writeln('Fim do programa!');
41  End.
```

Programa 10.107: Exercício 02

```
1   (* exer_procedure02.pas *)
2
3   (* Elaborar um procedimento que mostre os números de 1 a
    100 *)
4
5   Program exer_procedure02 ;
6
```

```
7      procedure Imprime1to100();
8      var
9        iNumero: integer;
10     begin
11       for iNumero := 1 to 100 do
12       begin
13         write(iNumero:2, ' ');
14       end;
15     end;
16
17   Begin
18     writeln('Inicio do procedimento');
19
20     Imprime1to100();
21
22     writeln('Fim do programa!');
23   End.
```

Programa 10.108: Exercício 03

```
1    (* exer_procedure03.pas *)
2
3    (* Declarar um procedimento semelhante ao acima,
4       mas que receba como parâmetros os valores inicial e
     final.*)
5
6    Program exer_procedure03 ;
7
8      procedure ImprimeIniciotoFim(iInicio, iFim: integer);
9      var
10       iNumero: integer;
11     begin
12       for iNumero := iInicio to iFim do
13       begin
14         write(iNumero:2, ' ');
```

```
15        end;
16     end;
17
18  Begin
19     writeln('Inicio do procedimento');
20
21     ImprimeIniciotoFim(-25,25);
22
23     writeln('Fim do programa!');
24  End.
```

10.14 Exercícios da seção 8.3.1

Programa 10.109: Exercício 01

```
1   (* exer_funcao01.pas *)
2
3   (* Escrever um programa para fazer estatísticas de notas
4      de um aluno. O programa oferece opções de: entrar com nomes
5      de disciplinas e respectivas notas, achar a maior
6      nota, achar a menor nota e calcular a média das notas.
7      Quando mostra algum resultado, o programa espera ser
8      teclado algo para oferecer novamente o menu.
9   *)
10  Program exer_funcao01 ;
11
12  type
13     (* máximo de 50 disciplinas e 4 notas por disciplina
    + média*)
14     VetorNotas = array [1..50,1..5] of real;
15     VetorDisciplinas = array[1..50] of string;
16
17     (* mostras as opções do menu *)
18     function MostraMenu(): integer;
19     begin
20        MostraMenu := 0;
```

```pascal
21       repeat
22       begin
23         writeln('Menu');
24         writeln('1 - Entrar com nome de disciplinas e notas.');
25         writeln('2 - Achar a maior nota.');
26         writeln('3 - Achar a menor nota.');
27         writeln('4 - Calcular média das notas.');
28         writeln('5 - Imprimir boletim.');
29         writeln('6 - Finalizar.');
30         readln(MostraMenu);
31       end;
32       until (MostraMenu >= 1) and (MostraMenu <=6);
33     end;
34
35     (* cadastro simples de disciplinas e suas notas *)
36     procedure EntrarDisciplinaNotas(var asDisciplinas: VetorDisciplinas;
37                      var arNotas: VetorNotas;
38                      var iQtdDisciplinas: integer);
39     begin
40       iQtdDisciplinas := iQtdDisciplinas + 1;
41       write('Entre com o nome da disciplina:');
42       readln(asDisciplinas[iQtdDisciplinas]);
43
44       (* utilizar a linha para associar o vetor
45       de disciplinas a matriz de notas *)
46       write('Entre com a 1a nota:');
47       readln(arNotas[iQtdDisciplinas,1]);
48       write('Entre com a 2a nota:');
49       readln(arNotas[iQtdDisciplinas,2]);
50       write('Entre com a 3a nota:');
51       readln(arNotas[iQtdDisciplinas,3]);
52       write('Entre com a 4a nota:');
53       readln(arNotas[iQtdDisciplinas,4]);
54     end;
55
56     (* verifica se tem disciplinas cadastradas *)
```

```
57      function TemDisciplina(iQtdDisciplinas:integer):
     boolean;
58      begin
59        (* retornar V ou F*)
60        TemDisciplina := iQtdDisciplinas > 0;
61      end;
62
63      (* busca da maior nota *)
64      function ProcuraMaior(arNotas: VetorNotas;
65                            iQtdDisciplinas: integer): real;
66      var
67        iLinhas, iColunas:integer;
68      begin
69        ProcuraMaior := arNotas[1,1];
70        (* procura em cada disciplina *)
71        for iLinhas := 1 to iQtdDisciplinas do
72        begin
73          (* a maior nota *)
74          for iColunas := 1 to 4 do
75          begin
76            if arNotas[iLinhas,iColunas] > ProcuraMaior
     then
77            begin
78              ProcuraMaior := arNotas[iLinhas,iColunas];
79            end;
80          end;
81        end;
82      end;
83
84      (* busca da menor nota *)
85      function ProcuraMenor(arNotas: VetorNotas;
86                            iQtdDisciplinas: integer): real;
87      var
88        iLinhas, iColunas:integer;
89      begin
90        ProcuraMenor := arNotas[1,1];
```

```pascal
91        (* procura em cada disciplina *)
92        for iLinhas := 1 to iQtdDisciplinas do
93        begin
94          (* a menor nota *)
95          for iColunas := 1 to 4 do
96          begin
97            if arNotas[iLinhas,iColunas] < ProcuraMenor then
98            begin
99              ProcuraMenor := arNotas[iLinhas,iColunas];
100           end;
101         end;
102       end;
103     end;
104
105     (* calcula das médias *)
106     procedure CalcularMedias(var arNotas: VetorNotas;
107                              iQtdDisciplinas: integer);
108     var
109       iLinhas, iColunas : integer;
110       rSoma : real;
111     begin
112       for iLinhas := 1 to iQtdDisciplinas do
113       begin
114         (* soma de todas as notas de uma disciplina *)
115         rSoma := 0;
116         for iColunas := 1 to 4 do
117         begin
118           rSoma := rSoma + arNotas[iLinhas,iColunas];
119         end;
120         arNotas[iLinhas,5] := rSoma/4;
121       end;
122     end;
123
124
125     (* impressão do boletim *)
126     procedure ImpressaoBoletim(asDisciplinas:VetorDisciplinas;
127                                arNotas: VetorNotas;
```

```
128                         iQtdDisciplinas: integer);
129   var
130     iLinhas, iColunas : integer;
131   begin
132     for iLinhas := 1 to iQtdDisciplinas do
133     begin
134       writeln;
135       write('Disciplina:', asDisciplinas[iLinhas]:20);
136       for iColunas := 1 to 4 do
137       begin
138         write(' Nota ', iColunas, ':', arNotas[iLinhas, iColunas]:2:2);
139       end;
140       write(' Média Final::', arNotas[iLinhas,5]:2:2);
141     end;
142     writeln;
143   end;
144
145   var
146     iOpcao, iQtdDisciplinas: integer;
147     rNota:real;
148     arNotas: VetorNotas;
149     asDisciplinas: VetorDisciplinas;
150
151   Begin
152
153     iQtdDisciplinas := 0;
154     repeat
155     begin
156       iOpcao := MostraMenu();
157
158       case iOpcao of
159         1: EntrarDisciplinaNotas( asDisciplinas, arNotas, iQtdDisciplinas);
160         2: begin
161             if TemDisciplina(iQtdDisciplinas) then
162               begin
```

```pascal
163                    rNota := ProcuraMaior(arNotas, iQtdDisciplinas);
164                    writeln('A maior nota é:', rNota:0:2);
165                  end;
166                  writeln('Tecle algo.');
167                  readln;
168                end;
169             3: begin
170                  if TemDisciplina(iQtdDisciplinas) then
171                  begin
172                    rNota := ProcuraMenor(arNotas, iQtdDisciplinas);
173                    writeln('A menor nota é:', rNota:0:2);
174                  end;
175                  writeln('Tecle algo.');
176                  readln;
177                end;
178             4: begin
179                  if TemDisciplina(iQtdDisciplinas) then
180                  begin
181                    CalcularMedias(arNotas, iQtdDisciplinas);
182                  end;
183                end;
184             5: begin
185                  if TemDisciplina(iQtdDisciplinas) then
186                  begin
187                    ImpressaoBoletim( asDisciplinas, arNotas,
      iQtdDisciplinas);
188                  end;
189                end;
190          end;
191       end;
192    until iOpcao = 6;
193
194    writeln('Fim do programa!');
195 End.
```

Programa 10.110: Exercício 02

```
1   (* exer_funcao02.pas *)
2
3   (* Escrever uma função que calcule um inteiro elevado
4      a outro inteiro, usando multiplicação.
5   *)
6   Program exer_funcao02 ;
7
8      function Eleva( iNumero, iExpoente: integer): integer;
9      var
10        iContador:integer;
11     begin
12        Eleva := 1;
13        for iContador := 1 to iExpoente do
14        begin
15          Eleva := Eleva * iNumero;
16        end;
17     end;
18
19   var
20      iResultado, iNumero, iExpoente: integer;
21   Begin
22      write('Entre com o número:');
23      readln(iNumero);
24      write('Entre com o expoente:');
25      readln(iExpoente);
26
27      iResultado := Eleva(iNumero, iExpoente);
28
29      writeln('Resultado:', iResultado);
30
31      writeln('Fim do programa!');
32   End.
```

Programa 10.111: Exercício 03

```pascal
1    (* exer_funcao03.pas *)
2
3    (* Implemente uma função que recebe uma data no formato
4       'DD/MM/AAAA' e retorne a mesma por extenso. Por exemplo:
5       a data 27/12/1975 deve retornar 27 de dezembro de 1975.
6    *)
7    Program exer_funcao03 ;
8
9       function ExtensoData( sData: string): string;
10      var
11         sDia, sAno, sMes: string;
12         iMes,iErro : integer;
13         asMes : array[1..12] of string;
14      begin
15         asMes[1]  := 'Janeiro';
16         asMes[2]  := 'Fevereiro';
17         asMes[3]  := 'Março';
18         asMes[4]  := 'Abril';
19         asMes[5]  := 'Maio';
20         asMes[6]  := 'Junho';
21         asMes[7]  := 'Julho';
22         asMes[8]  := 'Agosto';
23         asMes[9]  := 'Setembro';
24         asMes[10] := 'Outubro';
25         asMes[11] := 'Novembro';
26         asMes[12] := 'Dezembro';
27
28         (* pega o DD de DD/MM/AAAA *)
29         sDia := SubStr(sData,1,2);
30
31         (* pega MM *)
32         sMes := SubStr(sData,4,2);
33         Val(sMes,iMes, iErro);
34
35         (* pega AAAA *)
36         sAno := SubStr(sData,7);
```

```
37
38        ExtensoData := sDia + ' de ' + asMes[iMes] + ' de 
   + sAno;
39      end;
40
41  var
42     sData: string;
43  Begin
44     write('Entre com a data no formato DD/MM/AAAA:');
45     readln(sData);
46
47     writeln('Resultado:', ExtensoData(sData));
48
49     writeln('Fim do programa!');
50  End.
```

Programa 10.112: Exercício 04

```
1   (* exer_funcao04.pas *)
2
3   (* Implemente uma função que receba uma data no formato
4      'DD/MM/AAAA' e retorne a mesma por extenso. Por exemplo:
5      a data 27/12/1975 deve retornar 27 de dezembro de 1975.
6   *)
7   Program exer_funcao04 ;
8
9      function ExtensoMes( iMes: integer): string;
10     var
11        asMes : array[1..12] of string;
12     begin
13        asMes[1] := 'Janeiro';
14        asMes[2] := 'Fevereiro';
15        asMes[3] := 'Março';
16        asMes[4] := 'Abril';
17        asMes[5] := 'Maio';
18        asMes[6] := 'Junho';
19        asMes[7] := 'Julho';
20        asMes[8] := 'Agosto';
```

```
21          asMes[9]  := 'Setembro';
22          asMes[10] := 'Outubro';
23          asMes[11] := 'Novembro';
24          asMes[12] := 'Dezembro';
25
26          if (iMes >= 1) and (iMes <= 12) then
27          begin
28             ExtensoMes := asMes[iMes];
29          end
30          else
31          begin
32             ExtensoMes := 'Mês especificado inválido';
33          end;
34       end;
35
36    var
37       iMes: integer;
38    Begin
39       write('Entre com o mês:');
40       readln(iMes);
41
42       writeln('Resultado:', ExtensoMes(iMes));
43
44       writeln('Fim do programa!');
45    End.
```

Programa 10.113: Exercício 05

```
1   (* exer_funcao05.pas *)
2
3   (* Elabore um programe que calcule a expressão
4      N = 1!/(N+1)! + 2!/(N+2)! + 3!/(N+3)! + ... + N!/(N+N)!.
5   *)
6   Program exer_funcao05 ;
7
8       Function Fatorial( iNumero: integer ) : integer;
```

```pascal
9        var iFatorial, iContador:integer;
10       begin
11         iFatorial := 1;
12         for iContador := 1 to iNumero do
13         begin
14           iFatorial := iFatorial * iContador;
15         end;
16         Fatorial := iFatorial;
17       end;
18
19    Function CalculaExpressao(iNumero:integer) : real;
20    var
21      iContador:integer;
22      rExpressao:real;
23    begin
24      rExpressao := 0;
25      for iContador := 1 to iNumero do
26      begin
27        rExpressao := rExpressao + Fatorial(iContador)/
   (Fatorial(iContador+1));
28      end;
29      CalculaExpressao := rExpressao;
30    end;
31
32    var
33      iNumero: integer;
34      rResultado : real;
35    Begin
36      write('Entre com o N:');
37      readln(iNumero);
38
39      rResultado := CalculaExpressao(iNumero);
40      writeln('Resultado:', rResultado:0:2);
41
42      writeln('Fim do programa!');
43    End.
```

10.15 Exercícios da seção 8.4.6

Programa 10.114: Exercício 01

```
1    (* exer_recursividade01.pas *)
2
3    (* Faça um procedimento recursivo para computar a função
     de Ackermann. *)
4    Program exer_recursividade01 ;
5
6    function Ackermann( iElementoM, iElementoN: integer ):
     integer;
7    begin
8      if iElementoM = 0 then
9      begin
10       Ackermann := iElementoN + 1;
11     end
12     else
13     begin
14       if iElementoN = 0 then
15       begin
16         Ackermann := Ackermann(iElementoM-1,1);
17       end
18       else
19       begin
20         Ackermann := Ackermann(iElementoM-1,
     Ackermann(iElementoM, iElementoN-1));
21       end
22     end;
23   end;
24
25   var
26     iElementoM, iElementoN, iResultado: integer;
27   Begin
```

```
28        write('Entre com o M:');
29        readln(iElementoM);
30
31        write('Entre com o N:');
32        readln(iElementoN);
33
34        iResultado := Ackermann(iElementoM, iElementoN);
35        writeln('Resultado:', iResultado);
36
37        writeln('Fim do programa!');
38    End.
```

10.16 Exercícios da seção 9.4

Programa 10.115: Exercício 01

```
1    (* exer_pesquisaordenacao01.pas *)
2
3    (* Ler um vetor com 20 números inteiros, colocar em ordem
4       do menor para o maior e imprimir na tela. Usar ordenação
5       bolha *)
6
7    Program exer_pesquisaordenacao01 ;
8      var
9        aiVetor: array [1..20] of integer;
10       iI, iJ, iNumero: integer;
11   Begin
12
13       (* leitura do vetor *)
14       writeln('Leitura dos dados vetor');
15       for iI := 1 to 20 do
16       begin
17         write('Entre com um valor:');
18         readln(aiVetor[ iI ]);
19       end;
20
21       (* ordenacao bolha *)
```

```
22      for iI := 1 to 20 do
23      begin
24        for iJ := 1 to 20-iI do
25        begin
26          if aiVetor[ iJ ] > aiVetor[ iJ + 1 ] then
27          begin
28            (* troca entre os vetores *)
29            iNumero := aiVetor[ iJ ];
30            aiVetor[ iJ ] := aiVetor[ iJ+1];
31            aiVetor[ iJ+1 ] := iNumero;
32          end
33        end;
34      end;
35
36      writeln('Resultado:');
37      for iI := 1 to 20 do
38      begin
39        writeln(aiVetor[ iI ] );
40      end;
41
42      writeln('Fim do programa!!');
43    End.
```

Programa 10.116: Exercício 02

```
1    (* exer_pesquisaordenacao02.pas *)
2
3    (* Ler um vetor com 20 números inteiros, colocar em ordem
4       do maior para o menor e imprimir na tela. Usar ordenação
5       bolha *)
6
7    Program exer_pesquisaordenacao01 ;
8      var
9        aiVetor: array [1..20] of integer;
10       iI, iJ, iNumero: integer;
11   Begin
12
13       (* leitura do vetor *)
```

```
14      writeln('Leitura dos dados vetor');
15      for iI := 1 to 20 do
16      begin
17        write('Entre com um valor:');
18        readln(aiVetor[ iI ]);
19      end;
20
21      (* ordenacao bolha *)
22      for iI := 1 to 20 do
23      begin
24        for iJ := 1 to 20-iI do
25        begin
26          if aiVetor[ iJ ] < aiVetor[ iJ + 1 ] then
27          begin
28            (* troca entre os vetores *)
29            iNumero := aiVetor[ iJ ];
30            aiVetor[ iJ ] := aiVetor[ iJ+1];
31            aiVetor[ iJ+1 ] := iNumero;
32          end
33        end;
34      end;
35
36      writeln('Resultado:');
37      for iI := 1 to 20 do
38      begin
39        writeln(aiVetor[ iI ] );
40      end;
41
42      writeln('Fim do programa!!');
43    End.
```

Impressão e acabamento
Gráfica da Editora Ciência Moderna Ltda.
Tel: (21) 2201-6662